이종윤 1931년 7월 19일생

ⓒ 20세기민중생활사연구단
www.minjung20.org
이 책에 실린 글과 사진의 저작권은 구술자와 20세기민중생활사연구단에 있습니다.
사전 서면 동의 없이 그 내용의 일부를 인용하거나 발췌하는 것을 금합니다.

이 책에 실린 연구성과는 한국학술진흥재단(KRF-2005-078-HL0001)의
 지원으로 이루어졌습니다.

한국민중구술열전 21

이종윤 李鍾崙
1931년 7월 19일생

김양섭

20세기민중생활사연구단
눈빛

김양섭 金陽燮

경희대학교 대학원 사학과에서 중국유학사를 전공하여 문학박사학위를 취득한 다음 송원대의 사상계를 주도하였던 금화학파(金華學派)를 중심으로 주자학에서 양명학으로의 전이과정에 대한 연구를 지속하고 있다. 현재는 영남대학교 20세기민중생활사연구단의 연구교수로서 재직하면서 본 연구조사에 참여하고 있다. 주요 논저로는 「방효(方孝, 1357~1402) 연구」(1992), 「원말 명초 금화학파의 정통관념 - 명조의 건설 및 황제상의 정립과 관련하여」(2004), 「제물포시대 인천의 표상과 그 기억」(2005), 『20세기 한국민중의 구술자서전 1 짠물, 단물』(소화, 2005, 공저), 『한국민중구술열전 4 박상규 1922년 6월 30일생』(눈빛, 2005) 등이 있다.

한국민중구술열전 21
이종윤 1931년 7월 19일생

편찬 총괄 — 박현수

초판 1쇄 발행일 — 2007년 9월 29일
발행인 — 이규상
발행처 — 눈빛출판사
　　　　서울시 마포구 상암동 1653번지
　　　　DMC 이안 상암2단지 506호
　　　　전화 336-2167 팩스 324-8273
등록번호 — 제1-839호
등록일 — 1988년 11월 16일
편집 — 정계화·고성희·박보경·최지영
출력 — DTP하우스
인쇄 — 예림인쇄
제책 — 일광문화사
값 7,500원

Published by Noonbit Publishing Co.,
Seoul, Korea
ISBN 978-89-7409-731-8

· 한국민중구술열전을 펴내며

20세기민중생활사연구단과 '한국민중구술열전'
박현수

어느 시대에나 사람들은 자기 시대가 급변하는 시대라고 생각하였다. 그러나 20세기의 변화는 그러한 급변의 시대와 달라서 한 사람이 나고 자라서 늙는 동안에 자연의 변화를 느낄 수 있을 정도의 절대적인 변화였다. 이토록 현기증 나는 사회·문화 변화의 속도는 우리들로 하여금 '20세기민중생활사연구단'의 깃발을 내세우고 그 아래 모이게 하였다. 나날이 사라져 가는 가까운 옛날의 일상을 서둘러 기록하고 해석하여 민중생활사를 중심으로 새로운 역사를 구축하기 위한 자료를 집성하기 위함이었다. 소멸과 망각의 위기에 대처하여 지난 백 년의 민중생활 자료를 살려내고 이를 전산화하여 누구나 이용할 수 있게 하자는 것이었다. 우리 이웃의 일상생활을 중심으로 새로운 역사를 구성하면 역사는 민주화되고 한국 인문학은 새로운 바탕 위에서 새롭게 출발할 수 있을 것이 아닌가. 2002년에 조직된 우리 연구단의 목적은 여기에 있다.

우리가 걸어온 가까운 옛날을 잃어버린다면 우리는 그보다 조금 더 오래된 옛날과 분리되어 버린다. 풍경은 근경에서 원경으로 연속되어 전개되어야 완벽한 풍경이 되듯이 시간의 풍경도 원근법을 갖추어야 한다. 시간의 깊이가 보이지 않는 풍경은 촬영장 세트처럼 우리를 어지럽게 만든다. 가까운 옛날의 역사를 상실하면 의식의 필름도 끊기는 것이다.

 가까운 시대의 역사 중에서도 친숙한 생활의 역사가 제 위치를 차지해야 한다. 가까운 시대와 이웃의 생활사를 원근법에 맞춰 살려내는 것은 역사에 기록을 남기지 못한, 역사 없는 사람들의 역사를 복권시켜 역사를 민주화하는 일이다.

 문헌자료를 최고의 사료로 평가하는 역사학은 그 자료의 성격과 한계 때문에 가까운 이웃의 일상적 생활사에 접근하기 어렵다. 한국 고고학은 산업화와 개발을 위한 치다꺼리에 바빠 그런 이웃의 과거에 관심을 보이지 못하였다. 이제 새로운 주제에 대한 총체적 접근을 위해서는 새로운 자료들에 착안해야 한다.

 기성 학문체계를 바탕으로 하는 학문의 울타리는 이러한 접근에 도움을 주기 어렵다. 그 울타리를 허물고 20세기민중생활사연구단에 모여든 백여 명의 연구자들은 이제껏 소외되어 온 역사학의 이른바 보조사료(補助史料)들을 재평가하여 중시하게 되었다. 거대한 경관으로부터 조그만 부엌 살림살이나 어린이 장난감에 이르는 생활의 물증(物證), 앨범에 간직된 개인적 사진, 각종 서류, 이제껏 사료로써 이용되지 못한 문학작품 또 기록영화나 극영화 자료 등이 유기적으로 동원되어야 한다.

 특히 중요한 것은 형태가 없는 이야기들이다. 한 사람의 가슴과 머릿속의 이야기도 몇 권의 책으로 엮을 만큼 귀중하고 풍부하다. 그러나 아무도 들어줄 사람 없고, 아무에게도 들려주지 못하고 세상을 뜨게 되는 것이 보통 사람들의 이야기다. 민중의 이야기는 역사 없는 사람들의 역사를 구성하는 기본 자료일뿐 아니라 가장 풍부한 자료인 것이다.

 흔히 역사 없는 사람이 살아온 이야기는 '생애사(生涯史)'라 불러 역사에 이름을 남길 만한 사람의 '전기(傳記)'와 구별한다. 문자 기록이 적거나 없는 집단의 역사는 에트노히스토리(ethnohistory)라 하여 문헌자료를 바탕으로 하는 '진짜' 역사, 히스토리와 구별한다. 이런 자기 문화 중심주의를 지양하지 않고서 한 걸음 나아간 역사 서술을 기대한다는 것은 어불성설이다. 문자 자료가 없는 사람들의 구술을 바탕으로 전기를 기록하는 작업은 구술자와 연구자의 대화다. 역사 서술의 주체와 객체를 통합하거나 아니면 적어도 접근시키는 일은 새로운 역사의 기본 조건이다.

역사는 항상 새로 써야 한다지만 역사를 한 번 쓰고 버릴 일회용품으로 생각하는 것은 역사허무주의에 다름 아니다. 희랍어 '히스토리아'는 원래 이야기를 뜻하다가 나중에 과거지사(過去之事)까지 뜻하게 되었다. 독일어 '게쉬히테'는 원래 과거지사를 가리키다가 나중에 이야기도 뜻하게 되었다. 같은 말로 표현되더라도 과거지사 자체와 이에 대한 이야기나 담론(談論)은 구별되어야 한다.

그렇다면 무엇이 중요할까. 고대 중국에서도 '술이부작(述而不作)'이라 하여 지어낸 이야기보다 사실 기록을 중시하였다. 사라져 가는 20세기 민중생활의 역사에 대하여 그럴 듯한 담론을 전개하는 것보다 생활의 역사에 관한 사실을 찾아내어 이를 기록해내는 일이 절실함은 당연하다. 마지막 잎새처럼 아슬아슬하게 남아 있는 민중의 일상 모습을 기록하는 일은 지금 아니면 도저히 할 수 없다. 그것은 이 시대의 시민인 우리가 하지 않으면 안 되는 일이다. 이는 역사를 남기지 못한 채 세계적으로 가장 어려운 시대를 살았던 사람들에 대한 최소한의 예절이며, 자라날 후손에게 뿌리를 보여주는 최소한의 배려다.

이러한 작업은 그 작업 과정 자체가 중요한 구실을 한다. 자기의 일생을 이야기하여 시대를 증언하는 사람과 이 이야기를 듣고 받아내는 연구자가 마주앉는 것은 개인의 역사를 사회의 역사 속으로 또 사회의 역사를 개인의 역사에 편입시키는 일이다. 이러한 과정에서 이야기를 펼치는 노인들은 커다란 심리적 만족을 숨기지 않는다.

본 연구단은 새로운 자료들을 '디지털' 방식으로 정리하면서 전통적 방식으로 사진전을 열고 사진집을 인쇄하여 간행해 오고 있다. 2005년 여름에는 이십여 명의 구술자료로 '20세기 한국민중의 구술자서전'이라는 큰 제목 아래 6권의 책을 엮어 낸 바 있다. 이어서 한 사람의 이야기를 한 권의 책으로 펴내는 '한국민중구술열전'을 계속하여 간행해 오고 있다. 앞으로 계속 간행해야 될 이 총서를 무엇이라고 불러야 될지 활발한 논의 끝에 '한국민중구술열전'이라는 총서명이 결정되었다. 후보 제목으로 올랐던 것에는 '우리 곁의 위인' '민중이 이야기하는 어제와 오늘' '이웃이 이야기하는 우리 시대' '이웃들은 어떻게 살아왔는가' '위인전' '대비(對比)열전' '대비구술열전' '진짜 위인전' '평범한 사람을 찬양하자' 등이 있었다. 이들 모두가 본 연구단의 지향점과 이 총서의 실체를 잘 보여준다.

이제껏 눈길을 제대로 받지 못한 가까운 이웃과 옛날의 생활 모습을 총체적으로 기록, 해석하고 또 온 국민이 이용할 자료집성을 구축함으로써 빈사의 한국 인문학을 구출하겠다는 연구단의 야심찬 계획은 이제 외로운 작업이라 할 수 없다. 한국학술진흥재단의 적극적 지원을 얻게 되었기 때문이다. 이 재단을 통하여 우리는 국민의 지원을 받고 있는 것이다. 우리의 작업을 도와주는 모든 이웃에게 감사의 말씀을 드리지 않을 수 없다. 〈20세기민중생활사연구단장·영남대학교 문화인류학과 교수〉

"가풍을 지키려고 애쓰는 사람"

韓國民衆口述列傳 21

차례

한국민중구술열전을 펴내며 ·· 5
서문 ·· 13

1. 우리 일가만 사는 집성촌 ·· 19
2. 진주 도동국민학교로 전학을 가서 ·· 33
3. 진주농림중학교 적십자 멤버 시절 ·· 51
4. 우리 가족의 편안한 피난살이 ·· 75
5. 부산과 서울에서 대학을 다닐 때 ·· 99
6. 수곡 처갓집에서 혼례를 올리고 ·· 115
7. 부산 영주동 손방에서 신혼생활 ·· 147
8. 마산시청 수도과 정식 공무원으로 ·· 165
9. 허허벌판에다가 진양호 취수탑을 ·· 189
10. 고향에 들어온 지가 벌써 이십여 년 ·· 209

가계도 ·· 253
연보 ·· 254

서문

김양섭

　이종윤(李鍾崙, 1931년생)은 경상남도 의령군 정곡면 오방마을에서 부친 이경(李經)과 모친 강외례(姜外禮)의 자녀 5남2녀 중에서 장남으로 태어났다. 오방마을은 임진왜란 당시 경상도초유사(慶尙道招諭使) 학봉(鶴峯) 김성일(金誠一)의 종사관으로 왜적을 무찌르는 데 큰 공을 세운 정의공(貞義公) 송암(松巖) 이로(李魯)의 후손들이 모여 사는 철성(鐵城) 이씨(李氏) 은암공파(隱菴公派)의 집성촌이다. 그 일가들은 정의공의 충절을 기리며, 유교문화의 전통을 대대로 고수해 나아가는 남다른 가풍을 지니고 있기 때문에 인근 지역을 포함한 서부 경남 일대에서는 유세 꽤나 하는 집안으로 그 명성이 자자하다.

　이러한 가정에서 태어나 유교적 가풍으로 훈육되어진 이종윤은 정곡국민학교 1학년을 다니던 1939년 봄에 진주로 나가 신교육을 배울 수 있는 행운을 맞는다. 평생 신학문을 거부하며 갓을 쓰고 한학만을 고집했던 부친 이경은 일찍부터 진주에 나가 지물포를 경영하시던 형님의 권유에 따라 자녀들에게 신교육의 기회를 주기 위하여 진주 초전동으로 이사하였다. 그리하여 이종윤은 1946년 9월에 진주 도동국민학교(제16회)를, 1952년 3월에 진주농림중학교(제38회)를 각각 졸업하였다. 이어서

6·25전쟁이 한참이던 1952년 4월에는 부산으로 피난을 내려온 성균관대학교 정치외교학과에 진학하였다.

진주농림중학교 시절에 일명 '적십자 멤버'라는 서클을 조직하는 등 적극적이고, 사교적인 학창생활을 보냈던 이종윤에게 있어서 대학 진학은 삶의 또 다른 탈출구이기도 하였다. 부산시청에 근무하던 종형 집에서의 대학생활은 젊은 호기심을 충족시키기에 충분했지만, 피난민으로 북적이던 항도 부산은 친구들과의 생이별 장소가 되고 말았다. 6·25전쟁이 막바지로 치닫던 당시 수많은 젊은이들은 병역을 기피할 목적으로 도망을 치듯 일본으로 밀항하였다. 절친한 진주농림중학교 동기생들이 줄지어 일본으로 밀항하는 세태 속에서 이종윤도 대학을 병역기피의 수단으로 활용하고 말았다. 휴전협정의 체결 이후 성균관대학교가 혜화동으로 환교하자, 그는 서울 만리동에 손방을 하나 얻어서 친구와 함께 자취하며 대학을 다녔다. 그리고 1954년 3월에는 휴학생의 신분으로, 진주에서 명성이 자자했던 한학자 성환혁(成煥赫)의 차녀 숙희(淑姬)와 혼례를 올리면서 학업의 길을 포기하기에 이르렀다.

병역기피자에 결혼까지 한 이종윤은 책임져야 할 가족이 생기게 되자, 부산시청 재무과 용도계장으로 근무하던 종형의 도움으로 1954년 9월 부산시 건설국 수도과 임시직 공무원으로 촉탁되었다. 이후 근 10년간 부산시청과 마산시청의 임시직 공무원으로 촉탁되었던 그에게 있어서 병역기피자라는 이력은 사회생활을 규제하는 신분적 족쇄는 되지 못하였다. 더구나 당시 긴박하게 추진되었던 전후 복구사업과 1차 5개년 계획은 병역기피자였던 그에게 면죄부를 주었다. 부산과 마산의 상수도 확장사업에 기술직 임시공무원으로 근무하고 있었던 그는 1962년 병적지인 고향 마을에 가서 두 달간 나무를 심는 산림녹화사업단으로 봉사하면서 병역문제를 말끔히 해결하였다. 그리고 1963년 3월 마산시 건설국 수도과 정규직 공무원(지방토목기원보)으로 발령을 받은 이후부터 1983년 3월 명예퇴직을 하기까지 근 20년간 부산시, 마산시, 진주시 등의 건설과, 수도과, 구획과 등에 근무하면서 이 지역의 초기 도시계획과 상수도 확장사업을 수립함과 동시에 직접 감독까지 하였다.

그런가 하면, 근 30년간 공무원으로 근무하였던 이종윤에게 있어서 부모의 연이은 임종은 고향으로 돌아가 유가적 가풍을 지키는 단서가 되기에 충분하였다. 1978년 8월 12일에 부친이 67세의 나이로 세상을 떠나자, 그는 부친이 평소 책을 읽던 수유당(收楡堂)에 빈소를 마련하고 28일간 장례를 치렀다. 가정의례준칙이 강요되던 당시에 공무원의 신분으로 유월장(踰月葬)을 치를 수가 없었다. 이에 그는 마산시청에 사표를 제출했지만 유가의 전통적 예법을 이해했던 시장의 배려로 사표를 돌려 받았다. 부친의 삼년상을 마친 이듬해인 1981년 11월 1일 모친이 다시 세상을 떠나자, 그는 마산시 양덕동 자택에 빈소를 마련하고 조석으로 상식을 올리고 곡을 하였다. 도시 한복판에서 울려퍼지는 곡성에 이웃들은 불쾌감을 나타냈지만 차츰 유가적 가풍을 지켜 나가는 그의 노력을 이해하고는 독려를 아끼지 않았다. 소상을 마친 뒤에 모친의 빈소를 고향 집으로 옮기면서 그 자신도 근 30년간의 공무원 생활을 청산하고 귀향한 다음에 고향에서 모친의 삼년상을 마칠 수 있었다.

이와 같이 유가의 전통적 예법을 고집하는 가풍과 이를 계승함에 있어서 강한 실천력을 보인 부친의 자세를 답습하려는 이종윤의 노력은 비슷한 가정환경에서 훈육되어진 부인 성숙희의 내조가 있었기 때문에 더욱 빛날 수가 있었다. 하지만 평생 반려자였던 부인이 2004년 5월 14일 뇌출혈로 세상을 떠난 뒤부터 그의 실천의지는 다소 위축되었다. 더구나 최근에는 고향을 지키던 노인들이 하나둘 자녀들이 살고 있는 도시로 떠나는 실정에서, 마을과 집안의 크고 작은 행사도 종종 중단되는 추세를 보이고 있다. 이에 팔십을 바라보는 이종윤은 고집스럽게 독거생활을 하면서 자손들을 고향으로 불러들이기 위한 다양한 방법을 늘 모색하고 있다. 최근에는 오랫동안 손보지 못했던 아래채를 허물고 대문을 새로 만들었는가 하면, 들풀이 무성하게 자란 제실 앞마당을 주차장으로 말끔히 정비하였다.

그간 이종윤에 대한 면담은 2006년 11월 9일부터 2007년 4월 28일까지, 총 5차(2006. 11. 09~10, 2006. 11. 24, 2006. 12. 07~11, 2006. 12. 30~2007. 01. 02, 2007. 04. 28~30)에 걸친 자택 방문을 통하여 총 12회 진행되었다. 1차 원고가 완성된 6월 중순 이후에는 구술 내용을 확인하기 위한 보충질문과 원고교정을 청탁하는 차원에서 3회(2007. 06. 27~28, 08. 04~06, 08. 30~09. 01)의 추가방문이 이루어졌다. 서울에서 의령까지 4~5시간 고속도로를 달려가 이루어진 면담은 언제나 거침없이 이야기를 풀어내 주었던 관계로 늘 흥미진진할 수밖에 없었다. 더구나 이종윤에게 있어서 가문의 전통을 계승해 나가는 것은 선친의 유지를 실천하는 숙명과도 같은 명제이다. 이런 의미에서 집안의 대소사와 어른들의 행적 그리고 인척관계에 대한 기억력은 놀랄 만큼 정확하였고, 조금이라도 미진한 부분이 있으면 그 즉시 각종 기록 내지는 서책들을 펼쳐 보이면서 확인해 주었다.

이외에도 유년 시절부터 고집스런 유가의 전통적 예법으로 훈육되어진 그의 몸가짐은 대단히 엄격하여 3~4시간의 면담에도 흐트러짐이 전혀 없었을 뿐만 아니라 면담 내용과 앨범 사진의 공개에 있어서도 그 자신만으로 한정시킨 원칙론을 절대로 파기하지 않았다. 때문에 구술자의 형제들과 부인, 나아가 자녀들의 성장과정에 대한 질문들은 면담 초기부터 철저히 차단된 까닭에 그 정보를 여기에 담을 수가 없었다. 하지만 6·25동란 전후기를 회상할 수 있는 재미난 사진들을 공개함에 있어서는 면담자의 의견을 최대한 존중해 주는 배려 또한 아끼지 않았다.

1. 우리 일가만 사는 집성촌

구술자 이종윤의 최근 모습.

만성(萬姓)이 머리를 조아리는 터

어르신 함자가 어떻게 되시는지요?

내 이름은 종윤(鍾崙)이라! 성은 이가(李家)고, 본관은 철성(鐵城), 파조(派祖)는 은암공(隱菴公)[1]이라! [전화벨이 계속 울려도 받지 않았다.] 내가 시조공으로부터 삼십세. 은암공이 시조로부터 십세거든! 생년월일은 신미년(1931년) 칠월 열아흐레.[2] 선조들이 여기 [경상남도 의령군 정곡면 오방리]에 처음 들어오신 거는…. 나한테 대수로 따져서 칠대조 평촌공[3]이 여기 들어오신 입향조(入鄕祖)라! 칠대조니까, 삼칠에 이십일, 내 나이 팔십이 가까웠으니, 이걸 모두 합하면 이백팔구십 년! 근 삼백 년 가까이 이 동네에 사는 기지 뭐~. 여기 들어오시게 된 사유는, 은암공이 여말에 이씨 조선을 싫어해가 은거를 한 데가 저~기 [경상남도 의령군] 부림면 경산이라는 데라! 거기서 십삼대를 살다가 내 칠대조께서 큰 홍수가 있자 여기로 옮겨 왔지. 아마 낙동강이 범람해서 경산이 물바다가 된 모냥(모양)이라! 그래서 가솔들을 데리고 홍수를 피하려고 월현재(마을 북동쪽에 있는 고개 이름) 먼 당에서 내리다보니까, 이 동네가 아무런 물 피해가 없더래. 그래서 여기로 들어오게 됐다고 어른들이 그래. 당시 일가가 다 여기로 이사를 왔기 때문에 현재 경산에는 일가가 거의 없어. 겨우 몇 집이 남아 있을 뿐이지. 또 여기 이 동네는 윗오방(五方)과 아랫오방이 있는데 내나 같은 곳이야. 모두 다 우리 일가만 사는 집성촌이라!

또 여기로 오게 된 직접적인 동기가 있을 것 같애(같아). 내가 보기에 왜 그런 생각이 자꾸 드는가 하면, 우리 집안에 대대로 내려오는 토지가 있어. 그 토지가 내 칠대 조비(祖妣) 친정에서 왔다는 거야. 칠대 조비가 청주 한씨인데, 여기 석곡(石谷, 오방마을에서 남쪽으로 있는 동네) 분이거든. 친정 골(고을)하고는 한 오륙 리 길도 안 되는 거리라. 대대로 내려오는 토지가 한씨 할매(할머니) 친정에서 왔다는 이유는, 그 할매가 혼례를 올리고 신행하기 전에 돌아가셨어. 칠대조하고 혼례를 올리고 친정에 눌러 있다가 시댁으로 신행을 오지도 못하고 그만 세상을 떠난 기라! 그러니 장인이 사위한테 신행 전에 세상을 버린 딸 앞으로 된 토지와 재산을 주면서 '자네가 내 딸의 제사를 좀 지내 주시게나!' 라고 했겠지. 그렇지 않으면 청주 한씨 할매의 친정 토지가 우리 집안에 올 까닭이 없지 않은가!

타성바지가 이 마을에 한 번도 들어온 적이 없나요?

천만에~. 우리가 들어오기 이전에는 다른 사람들이 살았지. 우리 선조들이, 입향조가 여기 오방마을에 들어올 때는 이 동네에 인천 이씨가 살았어! 그래 가지고 계비(繼妣)가 인천 이씨라! 그것도 인자 옛날에는 상속하는 사례가 꼭 남자한테만 갔던 것이 아닌 모양이거든! 그 존재로서 인천 이씨가 이 동네에 한 집도 없다고. 한 집도 없는데…. 우리 종산에 있는 산소들을 보면 아주 고축(古築)이 많아! 아주 오래전에 쌓아올린 상석 좌판을 보면 대개 인천 이씨라고 쓰여 있어! 그러니까 산도, 우리 종산도 아마 계비인 인천 이씨 할매 친정 것이 아닌가 싶어! 그런 생각이 많이 든다고. 그런 걸 봐서 옛날에는 재산분배라고 하는 게 확실히 요새 개념하고는 달랐던 모양이야. 그리고 또 당시만 해도 여기에 다른 타성바지들이 함께 살았던 모양이야. 인천 이씨가 주가 되었고, 현풍 곽씨가 일부 있었고, 청송 심씨가 좀 있었던 모양이라! 그 사람들은 우리가 모르는데…. 허나 이 근처 산에 가 보면 상석들이 그런 게 나온다고. 그런 거로 볼

경상남도 의령군 정곡면 오방마을 전경.

때, 분명히 우리 집안이 여기 들어오기 전에 그 사람들이 살았다고 보면 틀림이 없거든. 하지만 현재 여기는 철성 이가들만 모여 사는 집성촌이라! 요즘에는 타성이라고는 하나도 없지. 최근에 타성바지라고는 사위들이 여기 처가에 와서 잠시 눌러 살았던 강씨, 조씨가 있었는데, 몇 해 안 가서 다부(다시) 가 버리더라고. 여기는 만성(萬姓)이 머리를 조아리는 터라! 그 말이 먼(무슨) 말이냐 하면, 이가들만 모여 사는 집성촌에 여러 성의 사위와 며느리들이 인사하러 온다는 뜻이지!

내 형제와 사촌들

어르신 선고(先考), 선비(先妣)의 함자가 어떻게 되시나요?

아버님은 '이(李)' 자, '경(經)' 자이시고,[4] 어머님은 '강(姜)' 자,

'외(外)' 자, '례(禮)' 자이시지! 어머님은 진양 강씨이고, 고향은 합천군 쌍책면 성산리! 어머님이 시집오신 때가 열여섯이 되던 해라! 혼례를 올릴 때 아버님이 열세 살이고, 어머님이 열여섯 살이었으니 나(나이)가 세 살 차이인 기라! 아버님이 태어난 해는…. [한참을 생각하신다고 장시간 대답이 없었다.] 아이~고! 이렇게 하니까 퍼떡 기억이 안 나노(나네)! 임자(1912년)생이지 싶은데…. 내가 실수를 해 가지고 될 택(턱)이 있나!['잠깐만 기다려요' 라는 말과 함께 바삐 거실로 나가서 『고성이씨은암공파보(固城李氏隱庵公派譜)』를 들고 안방으로 오신 다음에 메모지를 끼워 놓은 페이지를 펼쳐 놓고 보시면서] 맞다! 임자생이 맞다!

부친 이경(1912~1978): 집에 어른 문집을 만들 때 사용하던 사진이라! 평생 사진 찍기를 싫어하셨기 때문에 남아 있는 사진은 이것밖에 없지.

모친 강외례(1909~1981): 어머니 사진인데, 시기적으로 봐서 칠십팔년도쯤이 되겠네. 뒤에 두른 병풍은 내 집 거라! 내 집에 병풍을 두르고 내 동생이 찍었겠네!

두 분은 중매결혼을 하셨어! 뭐~, 옛날에는 다들 그렇게 혼인을 했지! 중매를 서신 분이…. 추측컨대, 어머니 고모가 내 고종제 성재갑이 종조모거든. 그리 혼인을 권했던 것이 아닌가 싶어! 그리 봐야지. 왜냐면, 아버지는 삼형제, 칠남매! 내 고모가 넷인데…. 막내 고모가 저리 결혼하고 나서, 아버지가 몇 해 후에 어머이(어머니)하고 인자 결혼을 했거든. 내 고모의 시숙모가 어머이 고모란 말이다! 그 외에는 쌍책 외가하고는 아무런 연관이 있을 리가 없거든. 다른 연분이 없어!

형제분은 어떻게 되시죠?

두 분이 결혼하신 다음 육 년 뒤에 첫 자식으로 내를 봤지. 아버지하고 내하고 나(나이) 차이가 근 이십 세이니까. 일찍 보셨나? 늦게 보셨나? 어머니가 나를 가졌을 때 태몽 같은 거를 꿨다는 얘기는 전혀 모르고…. [허~ 허~ 웃으시면서] 알아도 내가 그런 거 얘기할 턱도 없고…. 나는 오형제, 칠남매! 내가 맏이고, 밑으로 남동생이 둘이 있고, 여동생 하나, 또 남동생 둘, 마지막으로 여동생 하나! 바로 밑에 동생은 바다 '해(海)' 자를 써서 '종해(鍾海)'라 허지! 나는 산이고, 밑에 동생은 바다이지! 그 밑에는 셋째라는 뜻으로 석 '삼(三)' 자를 써서 '종삼(鍾三)'! 그 다음에 큰 여동생은 '종란(鍾蘭)'이라고 해. 그 밑에 남동생은 넷째라는 뜻으로 법 '헌(憲)' 자를 써서 '종헌(鍾憲)'이라고 하는데, '헌' 자 안에 넉 '사(四)' 자가 들어가 있거든. 그리고 막내 남동생은 다섯째라는 뜻으로 다섯 '오(五)' 자를 써서 '종오(鍾五)'! 맨 끄트머리 여동생은 '종화(鍾和)'! 칠남매 중에서 종란까지…. 아니다! 셈(삼)이까지 여기 고향에서 낳고, 종란, 종헌, 종오, 종화는 진주 가서 낳았지 싶네. 이거는 내 형제와 사촌들이 함께 찍은 사진인데, 내가 가지고 있는 사진들 중에

내 형제와 사촌들.

서 가장 오래된 거라. 아마~, 올해로 칠십 년이 넘지 싶은데…. 그때 내가 다섯 살 땐가 보다. 집에 어떤 행사가 있어서 찍은 건지는 기억이 잘 안 나. 아버지 형제가 셋이거든. 내 다섯 살 때까지 나온 사촌들이 이게 전부 다라! 그 당시 제일 어린 기 내 셋째 동생 종삼인데, 지금 나가 일혼셋이라! 이게 한 살 때 같은데…. 그 다음 작은 기 내 둘째 동생 종해인데, 두 살 더 먹었으니 인자 살아 있으면 일혼다섯. 그러고 내를 보듬고 있는 거는 제일 큰집 종형(족보명 鍾庸, 1918.5.20~1950.6.11)인데, 너무 일찍 돌아가셔 놓으니께 나이를 기억 못해! 아마 내하고 엄청 차가 있지. 종형의 본래 이름은 종진(鍾震)이라! 그 다음은 둘째 큰집 종형인 종국(鍾國, 1920.3.6~1969.4.13). 아 안 보듬고 있는 거는 제일 큰집의 둘째 종형인 종무(鍾武, 1928.1.13~). 그리고 마지막에 아 보듬은 거는 둘째 큰집의 둘째 종형인 종구(鍾球, 1925.7.9~1995.6.18), 한 어른(종진), 두 어른(종국), 세 어른(종구)하고, 내 동생(종해)하고 너이는 작고해 뻬릿고(버렸고), 남아 있는 사람이 사촌 형님하고, 내 셋째 동생하고 셋이네. 작은아(애)들은 모두 내 형제간이고, 여기 내 보듬고 있는 제일 큰 진해 형님하고, 아 안 보듬고 있는 사촌 형님하고 요렇게 형제간이고, 내 둘째 동생 보듬고 있는 계내 형님하고 내 셋째 동생 보듬고 있는 신반 형님이 요래 형제간이지.

돌띠 주구리

고향에서 있었던 일을 얘기 좀 해주시죠?
내가 소학교 가기 전에 여기 임천정(臨川亭)에서 『천자문』을 시작했거든. 임천정은 내 재종조 수산옹[5]의 서실이지! 그분이 곽면우(郭俛

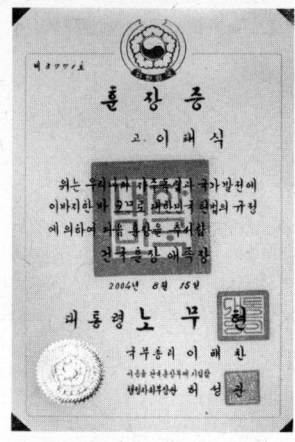

수산옹 훈장증.

宇)⁶⁾선생이 주동한 파리장서사건⁷⁾에 관여했던 사람들 중에 한 분이라! 그래서 최근에 국가에서 수산옹을 독립유공자로 인정해서 건국훈장 애족장도 주고 그랬지. 여하튼 그분한데 소학교 가기 전에 『천자문』을 뗐어. 내가 아홉 살에 국민학교에 입학했으니 그전에 『천자문』을 뗀 셈이지. 임천정에는 타 지역에서 글을 읽으라고 사람들이 많이 왔어. 내 고모부도 거기 와서 글 읽고, 집에 어른도 거기서 글을 읽었고…. 인자 집에 어른으로 봐서는 수산어른이 당숙이거든. 그래서 임천정에서 글을 읽으시다가…. 수산어른 친구로서 면우선생의 문하에서 함께 수학하셨던 합천에 김희당⁸⁾이라고 하는 어른이 있어. 거기 인자 우리 재종조 어른하고 동문이니까. 수산어른이 나한테 글을 읽지 말고, 합천에 있는 희당에게 가라!'고 시켜서 집에 어른이 그리 갔지. 집에 어른이 임천정에서 창계서당으로 간 동기는 수산옹이 파리장서사건 이후에 일본 경찰을 피해서 도피생활을 다니게 되었거든! 일본 경찰을 피해서 도피생활을 하다 보니까 집안사람들이 올바르게 글을 읽을 데가 없단 말이야. 그래서 집안의 조카가 되는 선친을 김희당 밑으로, 합천 창계서당으로 보내신 거지. 내가 임천정에서 읽을 때는 해방 훨씬 전이지. 수산옹이 고향으로 돌아와 갖고 노년을 보내실 그때라! 그러니 올바른 서재꾼도 없었고, 집안 아(애)들이 천자나 이래 읽고 할 때라! 그때는 내하고 사종되는 사람

둘이 있었으니 가내 서당이나 다름이 없었지 뭐! 그분들은 내보다 한 살 위에지. 근데 책은 오히려 하나 어린 내가 먼저 뗐지. 책거리라 해서 떡을 해줘. 떡을 내 집에서 제일 먼저 먹었거든. 처음 들어가서는 하늘 천 따 지부터 시작했지.『천자문』을 떼고,『명심보감』 들어가려고 하자 학교에 들어가게 되어 버렸지.

학교는 멀었나요?
내가 일학년까지 다닌 정곡국민학교는 여서 십 리나 되지. 면소재지인 중교에 있었어. 학교까지 걸어가는 거는 그리 힘든 거 몰랐어. 그때는 예사로 여겼지. 혼자 다니지 않고, 사종 형님들하고 같이 다녔지. 나는 한 살 차이가 있어도 같은 학년이지! 학교에 같이 갔지. 쉬엄쉬엄 산보 삼아 간 거는 아니고 바빴지. 학교에 간다고 나서면 자연히 바쁘게 가야지. 여름에는 그런 것도 없고, 겨울에는 좀 일찍 나서지. 해 뜨기 전에 나섰지. 동네에서 학교까지 십 리 길이니까. 그때 학교 시작은 보통 여덟시쯤! 서머타임 이런 게 없을 때거든. 여덟시에 시작하고, 네 시간 하고 열두시에 점심시간이라서 벤토(도시락)를 먹고 이랬거든. 그때 내가 일학년 다니다가 진주로 전학을 갔거든. 그러니 여서 다닐 때는 도시락 싸 간 일은 없었지. 여기 시골에서 국민학교 다니던 시절에 소풍은 학교 앞 동산. 학교에서 남쪽으로 일 키로미터도 채 안 되는, 학교 앞에 동산이 하나 있어. 그때 그 동산에 사쿠라(벚꽃)가 많이 피었어. 사쿠라 나무가 많이 있어서 일학년들은 거기로 소풍을 갔어. 동산 이름도 없고, 지금은 '정곡농공단지'가 됐지. 그때 여기서는 일본 선생 기억이 잘 안 나! 일학년만 여기서 해 놓니께네. 그때 일학년 담임이 최복갑! 최복갑 선생인데…. 그건 기억하고, 지금도 가물가물하고 그래. 그 외에는 선생 이름이라고 기억나는 게 없어.

학교 다니던 시절 재미난 기억 없으세요?
처음에 이 촌에서는 한복을 입고 학교를 갔다고. 어린애들이 속꼬쟁이(고쟁이), 가랑이 따진 거. 대소변하기 좋으라고 그거 입고 댕겼다고. 대변도 그리하고, 소변도 그리하고…. 그거 잘못 놀다 보면 [고추가] 나오지. 넘어지거나, 앉으면 터진 데로 [고추가] 나와! 그때 낭패는 뭐~, 예사지! 그때 여자라 하는 건 뭐~. 그런데 대해서 별로 관심도 없고…. 여자 학생이 쪼매 있긴 있었어. 우선 기억하기로 주구리(저고리)가 요새 주구리처럼 그렇지는 않았어. 그저 옷고름을 갖다가 뺑 돌려서 맸다고. 옷고름이 두 개는 두 갠데, 긴 거를 몸에 한 바퀴 돌려가 이래 맸다. 그래 입었어! 맞다! 그때 그거를 '돌띠 주구리'라고 했다! 돌띠 주구리가 뭐냐면, 주구리 고름을 이리 바로 매는 게 아니고, 긴 고름을 한 바퀴 돌려가 맸다는 이 말이야. 돌띠 주구리! 가랑이 터진 돌띠 주구리를 입고 학교에 갔지. 신은 내 같은 경우 검정고무신을 신었고, 다른 아들은 짚신을 신었고…. 그때 흰 고무신은 없었지. 흰 고무신은 아마 해방 후에 나왔지 않았나 싶은데!

비바람이 치거나, 눈바람이 올 때 어떻게 학교를 갔나요?
그때 양산이니, 우비니 없었을 때거든. 내나 삿갓이라고 있어. 김삿갓 삿갓 맨쿠로(처럼) 삿갓 쓰고…. 풍우가 치면 머슴들이 짚으로 만든 우장이라고 있어. 짚으로 만든 우이(우의)! 이걸 뭐 어깨에 이렇게 걸치고, 삿갓 쓰고 그래 갔지. 다리는 걷으면 되고…. 머리에는 모자 같은 거 쓴 일이 없고, 책가방도 없고…. 책을 보자기로 이렇게 싸 가지고 어깨에 둘러 매는 것이 최고지 뭐~. 여자들은 허리에 매고, 남자들은 어깨너머로[오른팔을 어깨 위로, 왼팔을 허리에 올려 대각선으로 책보자기를 매는 시늉을 하면서] 대각선으로 이리 맸지. 그때 공책이라 해야 요새 원고지만큼 된 건데, 사각 줄만 있지. 칸을 친 줄 그게 아니고, 그런 공책이라! 과목마다 한 권씩 있는 거가 아니라 종합본이지. 산술 공책은 또 달랐지. 백지이긴 한데, 그냥 갓에 윤곽만 있었지 싶네. 당시 과목은, [곰곰이 생각하시다가] 그때 국어라 않쿠고(안 하고), 일본어가 국어다! 일본어, 그게 국어야! 조선어라고 하는 과목은 따로 있었어. 그리고 수신, 수신은 일학년 때 그림이나 있고, 그런 거지 뭐. 또 산수는, 그땐 산수라고 않쿠고 산술! 음악! 그 다음에 붓글씨를 배우는 거를 갖다가 서예라고 안겠는데(했는데)! 그게 뭐더라 습자! 습자라 했는데…. 붓을 가지고 쓰기는 써도 한자를 주로 배운 게 아니고, 일본 꺼 주로 했지. 뭐~, 처음에 일학년이 무슨 한자를 달려들어서 쓸 수 있나! 그러니까 가, 기, 구, 게, 고 뭐 이런 식으로 배웠지. 국민학교 처음 들어가서는 조선말로 하고 그랬지. 집에서는 다 조선말로 얘기를 했으니, 학교에서 일본말로 말할 수가 없는 기지.

2. 진주 도동국민학교로 전학을 가서

진주 초전동으로 이사

진주로 이사 갈 때는 여기서 차편이 있었나요?

여기서 차편이 없어 군북역9)까지는 걷고, 거기서 다시 기차를 타고 진주까지 갔지. 우리 식구들은 그리 가고, 이삿짐은 소달구지에 싣고 그 이튿날 진주에 도착했고…. 군북역에서 진주까지 가는 열차는 경전남부선이라고 했어. 그때는 이게 삼랑진에서 진주까지만 갔지. 진주가 종착역이지. 해방 후에는 삼랑진, 마산, 진주를 거쳐서 순천까지 갔지. 여기서 기차를 처음 타 보았지. 기차 안에서의 기억은 없고…. 기차를 보았을 때, 뭐 그냥 큰 차다! 그때 칸이 아마 세 개 내지 네 개를 이었을 낀데. 뭐 우리가 볼 때는 엄청시리 긴 것같이 보였거든. 요새 열 개나, 스무 개나 있는 것처럼 긴 것같이 보였지. 진주로 이사 갈 때 식구들이 정곡에 있는 강나루로 걸어가는데…. 나루를 건너야 함안 대산 거시기로 해서 법수로 빠지거든. 그 당시 우리 식구는 다섯인가?, 여섯인가? 바로 밑에 동생 종해와 셋째 종삼이는 걸어갔을 끼고, 큰 여동생은 갓난애라서 업혀갔겠지. 나루를 건널 때, 아버지가 주머니에서 돈을 꺼내는데…. 뱃사공 세경 줄라고 돈을 꺼내는데…. 하필 백원짜리! 그때 백원짜리가 요새 천원짜리, 만원짜리보다 훨씬 컸다고. 이놈이 두장 세장이 바람에 날려가 모래밭에 구르니 내가 뛰어가서 잡았다고. 그게 백원짜리, 백원짜리 큰돈인데…. 물론 동전을 갖고 뱃삯을 줬을 끼고! 동전 내려다가 백원짜리가 날아가 버리니까, 아버지가 하시는 말씀이 '나는 돈하고 먼 사람인갑다(사람인가 보다.)!'라고 하시면서 허~ 허~ 웃으시더라고.

진주에 대한 기억은?

내 큰집은, 백부집이 진주역에서 그리 멀지 않아. 명치정(明治町)에 있었거든. 요사이 망경동[10]이라! 그 당시는 명치정이라고 했어. 거기까지 거리가 이 키로도 안 되었으니까. 그 당시 백부는 진주에서 '교남상회'라는 지물상회를 하셨고, 내 큰집에 종형이 진주농림학교를 다녔어. 내 백부가 동생한테 '아~(애)들 키우려면 도시로 나가야지. 여기 있으면 안 된다!'고 이래 말씀해 가지고 아버지가 내 국민학교 일학년 때 진주로 이사 나갔지. 오방이라는 시골에 살다가 진주라는 '도방'[11]으로 이사 갔을 때…. 그 당시 진주를 도방이라고 했어. 도시란 말이겠지. 도시를 도방이라 했거든! 그때 진주 촉석루 앞에 남강교[12]가 참 신기해 갖고…. 요새는 그게 없어져 버렸는데, 없애 버리고 변형을 해 갖고 잘해 났는데…. 그 당시는 인도가 없는 이차선이지. 아주 큰 철교…. 남강 다리를 '진주 철교!'라고 이리했거든. 요새 상황으로 보면, 우째(어찌) 철교인지, 무엇 때문에 철교라 했는지, 그 뜻을 모르겠어. 순콘크리트 다리인데…. 사실 철교가 아닌데도 '진주 철교'라고 했거든. 교명판에는 '남강교(南江橋)'라고 쓴 게 붙어 있었지만도, 인자 우리가 볼 때에는 진주 철교이지. 그 당시는 그게 진주를 대표하는 큰 건축물, 시설물이었지. 남강 다리에서 진주역까지 거리는 잇점오 키로. 진주역은 현재도 그 위치야! 그때 역에서 법원까지는 '종로'라고 해 가지고 포장이 되어 있었어. 그게 하나 인상이 남거든! 거리가 아마 한 사오 키로는 될 거야. 아스팔트 포장! 역에서 철교까지는 콘크리트 포장! 콘크리트 포장인데, 전면이 아니고…. 일차선! 일차선! 차량 바퀴 닿는데,[두 손을 올려 차량의 두 바퀴 모양을 그리면서] 양쪽으로 두 줄만 이래 포장이 되어 있었어. 가운데와 가에는 비고 그랬어. 그게 무슨 식이지? 해방 후로는 그런 거를 본 일이 없거든. 그 철교를 지나서면 아스팔트 포장이 되어 있었고…. 그때 상행선, 하행선은 따로 없었고, 그런 교통량이 없을 때거든. 차 하나가 비켜서도 되는데, 그런 식으로 포장을 해 놨어. 역에서 철교까지는 콘크리트고, 그 다음에 철교에서 법원까지는 아스팔트 포장! 처음에 진주역에서 내려 갖고 큰집에 들렀다가 걸어서 집 사 논 곳으로 갔지. 진주서, 큰집에서 한 사 키로 가까이 떨어진 진주부 낸데…. 초전동이라고 농촌이라! 거기에 전답을 장만하고, 과수원을 장만했거든. 근게 아버지가 고향에서 그리로 이사를, 분가를 나온 거지.

촌놈이란 별명

초전동에 학교가 있었나요?

음~ 초전동! 하대동이라 하는데 학교가 하나 있었어. 그게 내가 전학을 간 도동국민학교라! 이 당시 출석을 부르면 철두철미하게 일본말로 불러! 우리가 학교에 처음 들어가서 일본말을 전혀 모를 때도 선생들이 일본말로 출석을 불렀는데 뭐! 우리 이가들이 창씨를 개명해서 한자로 아침 '조(朝)' 자, 들 '야(野)' 자이거든. 조야데…. 왜놈들이 지들 말로 부를 때는 '아사노'라고 불렀거든. 그래서 '아사노 쇼랑'! 내 이름 '종윤(鍾崙)'을 갖다가 '쇼랑'이라고 했거든. 일학년 때, 학교 들어갈 때부터 '아사노 쇼랑'이라고 불렀지. 집에서는 아버지나, 집에 어른들이 어데(어디) 일본말을 들미기나(들먹이나) 하나! 친구들도 마찬가지지. 뭐~, 전부 우리말로 '종윤아'! 이리 부르지. 단지 학교만 가면 무조건 일본말로 '아사노 쇼랑'이지. 학교에서 그래 하라고 하니까, 우리들도 그래 한 거지 뭐. 그리고 우리 졸업할 그 임시에는 조선어라고 하는 게 아예 없어졌어. 일학년 때 조선어라는 그런 책이 있었고, 이학년, 삼학년 그때는 그게 없어져 뺏다(버렸다)고. 그래 갖고 우리가 조선어로 '기역', '니은' 하는 거를 해방되고 나서 육학년 때 처음 시작한 기거든. 진주에 있는 도동국민학교로 전학을 가서 본 일본 여선생이 지금도 기억나! 여기 정곡학교에서도 일본 선생이 있었는데 기억 안 나고, 이름도 모르지만도…. 내가 이학년 때 담임이 '이마무라' 라고 하는 여선생인데! 한자로 금촌(今村)! 그 여선생이 일본 사람이야. 여기서 인제 전학을 간 다음에 담임선생이 내를 소개시켰지! '아무데서 왔다! 이름은 아무개다. 이제부터 같은 반이니 잘지내라!' 고 이렇게 말하면서 이마무라 여선생이 나를 친절하게 소개시켜 줬지. 담임선생이 아마, 요새 같았으면 처녀 선생이었던 모양이지. 그 집에 노모가 한 분 있고, 아무도 없었거든. 간혹 집에 심부름 가면 노모만 달랑 한 분 있었다고….

전학 왔다고 놀림 받은 건 없었나요?

내 별명이 '촌놈' 이라! 거기 도동국민학교로 전학을 가서 촌놈이란 별명을 얻게 된 동기는…. 내가 봐도 '촌놈' 이라고 그랬겠어. 촌놈이라고 놀린 이유는, 여기 시골학교에서 입고 다니던 가랑이가 터진 돌띠 주구리를 입고 전학을 갔으니께네! 그거를 전학 가서 한 사나흘 입고 다녔거든! 새 교복 맨들(만들) 때까지 한 사나흘 그걸 입고 다녔단 말다. 그러니까 교복을 입고 다니던 여기 학교 애들 눈에는 돌띠 주구리를 입고 있는 내가 촌놈으로 보일 수밖에 없지. 또 집에 어른이 나를 학교로 데려갈 때가 삼십전이거든! 나를 도동국민학교로 데려갈 때, 갓을 쓰고 두루마기를 입고 갔으니 촌놈이 아니겠나! 더구나 집에 어른이 상투가 있었거든. 구한말에 단발령이 내렸을 때도 이 동네어른들은 상투 자르는 거를 다들 피했다고. 여기서는 상투를 틀고 갓 쓰는 거가 예산데. 거기 가니까 동네사람들이 아버지를 '국단지!'라 했거든. 별명이 '국단지!' 그게 무슨 뜻이냐면, 상투를 큼지막하게 머리에 이고 댕긴다고, 상투가 국단지 같다 이 말이야. 그러나 옷을 그래 입고, 행동을 그래 하니까 자연히 두려워는 한다고. 상투에 갓을 쓰고 다녔으니까 두려워는 한다고. 나이 한 삼십인데도 두려워는 하고…. 또 그 중에 나이 들고, 조금 식견이 있는 사람은 글을 배우러 오고…. 요새 내 가만히 생각해 보니까 글도 특글(특별한 글)도 아니라! 저의 집에 제사 지낼 때 축이나 되는 거. 축글(축문)이니 이런 거. 글 배우러 오는 사람들이 나이는 아버지보다 훨씬 많고…. 그~저, 그만 축 쓰는 거, 제문 쓰는 거, 이런 거 배우러 오는 기라. 소학이나 대학 그리고 사서삼경 뭐 그런 깊게 들어오는 사람이 아니고…. 여기 도동국민학교에 와서 봤을 때, 한복을 입고 다니는 학생은 하나도 없었어. 그 당시 교복이 검정색인데![큰 목소리로] 북한의 김정일이 정장 같은 그런 기라. 우와기(윗도리)가! 인자 여름에는 반바지, 겨울에도 반바지! 여름에는 맨다리. 겨울에는 검은 양말, 검은 스타킹 신고 다녔거든. 신도 여기서는 검정 고무신을 신었는데, 거기선 운동화를 신고…. 새카만 검정 운동화인데, 앞에 끈 매는 게 아니고, 고무 같은 하얀 줄이 있었어. 고무가 있어 가지고 여기가 하얀 줄이 있어. 여기다 이름을 써 다녔거든. 그러고 인자 그때 가 가지고…. 그때 못사는 사람들, 가난한 학생들은 무명베를 새카맣게 물들여 갖고 교복을 해 입었는데…. 그래도 나는 전학 가서 처음 해 입으면서 좀 나은 것 해 입었던 모양이지. 그 다음부터…. 그래도 촌놈이란 별명은 못 뗐고…. 촌놈이란 별명은 일이 년이나 있다가 자연히 없어져 버렸어. 이 촌놈이라는 별명도 학교에서는 일본말로 '이나카투베'(시골뜨기)이라고 하고, 밖에 나가서는 조선말로 촌놈이라고 했지.

운동회와 소풍

운동회와 소풍에 대한 기억이 없으세요?

뭐 여러 개가 있으니까는 말하기는 곤란하고…. 고학년이 되어 갖고…. 사학년이나 오학년쯤 되면 제일 먼 데까지 걸어서…. 한 십삼사 키로 가면 사천이라고 있어. 사천에 가면 그때 '선진공원(船津公園)'[13]이라고 했는데…. 거기가 바닷가하고 조그마한 야산이 어울려 있는데…. 사학년 때에 사천에 있는 선진공원으로 봄소풍을 가서 처음으로 바다를 보았지. 그때 바다를 처음 봤어! 사천 바다라고 하는 게, 멀리 안 보이거든! 조그마한 만이 되어 놓으니까. 호수 같은 거, 큰 호수 같기도 하고 그랬지. 그 당시 선진공원에 벚꽃나무가 많이 있고 그랬어. 요새 와서 가만히 생각해 보니까, 왜놈들이 벚꽃나무를 심은 것 같아! 선진공원이 임란 때 아주 심한 격전지였던 모양이거든. 선진이라 하는 데에 성이 있는데, 그게 아마 왜성이지! 임란 때 쌓은 왜성인 모양이라. 요새 보니까, 성곽이 있고 그랬거든. 아마 지금도 있을 거야. 그러니까 왜놈들이 소풍으로 우릴 거기로 데려간 게 아닌가 싶어. 그 당시 왜놈들이 진주에서 거기까지 구보도 해 쌓는데. 거기 가서 도시락 까먹고 오는 거지. 그때는 거기가 일본공원이지. 왜놈들이 공원이라고 근게 공원이지 뭐~. 거기 가서 선생들이 해설 같은 거는 전혀 없었고…. 요새 케이비에스에서 하는 '불멸의 이순신'을 보니까, 왜놈 장군들이 사천성이라고 하는 게 거기지 싶어. 우리가 도동국민학교 다닐 때도 촉석루만 알았지, 진주성은 몰랐지! 촉석루하고, 이암(의암)이라고 하는 것만 알았지! 논개가 이암에서 왜장을 안고 강물에 빠져 죽은 건 몰랐지. 그런 거 없지. '논개' 란 소리를 못 들었으니까. 이암이라 하는 건 단지 바위 이름이고, 촉석루는 뭐 누각일 뿐이지! 왜정시대에는 그런 걸 전혀 몰랐지. 알 택(턱)이 없지!

운동회 기억은 없으세요?

운동회야 해마다 하지. 그때야 청군, 백군이 아니라 홍군, 백군이지. 그 당시 도동국민학교는 일학년부터 사학년까지는 두 학급이고, 오학년부터 한 학급인가 그랬지. 한 학급에는 육십 명 가까이 됐어. 운동회, 일본말로 운도우까이(運動會)를 하면 홍백으로 학급을 반으로 나누는데…. 특별한 이유가 있는 것도 아니고, '너는 홍군이다. 너는 백군이다.' 이런 것도 아닌 게고…. 학급마다 이학년이 두 학급이면, 학급으로 가르는 게 아니고, 학급마다 동가리를 내! 한 학급에서 삼십 명은 홍군, 삼십 명은 백군이지. 그리고 종합운동회를 하기 전에 학급마다 연습을 받을 때도 홍백을 가르거든. 선생들이 홍백으로 갈라 놓고 이렇거든. 오늘 홍군이라고 해서 운동회 날, 반드시 내가 홍군이 되는 것은 아니지. 운동회를 시작하면 처음에는 종합적으로…. 종합 체조! '라디오 다이소우'(라디오 체조)라고 그런 게 있었거든. 요새 말하면 새마을운동 노래 나오면서 국민 체조하는 그런 식이었어. 경우에 따라서는 하나! 둘! 셋! 넷! 그래 하는 수도 있었고…. 종합 체조를 하고 나면 철봉을 했지. 철봉하면 뭐~, 요새 기계체조하고는 다르지. 그저 뭐, 발로 차 올라가는 거, 사카다치라고 해서 물구나무서기, 또 회전하는 거, 이런 거를 했었지. 그리고 요새 '단거리'라고 하나! 백 미터 한 바퀴 도는 거. [오른손으로 운동장 한 바퀴 도는 모양을 그리면서] 릴레이가 아니고, 단거리가 있었어. 대개 키 큰

아(애)들이 번호가 빠르거든. 앞에 서니까. 비슷한 키순으로 해가 여섯 내지 여덟 명이 한 번 뛰고, 또 뛰고…. [오른손을 올려 한 조씩 출발하는 모습을 그리면서] 이래가 일등 하면 공책 한 권, 이등 하면 연필 한 자루 준다, 이런 식으로 상도 주고 그랬어. 또 공굴리기! 대로 갖고 큰 공을 만들어 가지고…. 요새 생각하면 직경 한 일 미터쯤 되지. 대로 만든 공에 종이를 발라 가지고, 빨간 칠한 다음에 홍군은 빨간 공 구르고, 백군은 흰 공을 구르고…. 아카(赤), 시루(白)식으로 갈라 가지고 공을 굴려서 들어오는 이런 게 있었지. 기마전도 있고…. 기마전은 너이(네) 한 조가 되고…. 한 사람 앞에 서고, 두 사람이 뒤에 서서 손을 앞 사람의 어깨에 걸치면 그 위에 한 사람 타고…. 그래 갖고 홍백으로 싸워 가지고…. 싸운다고 하는 거가 뭐냐면, 요즘처럼 떨어뜨리기도 아니고, 모자 벗기기도 아니고, [왼손으로 이마의 띠를 벗기는 흉내를 내면서] 머리에 두른 띠를 벗기는 기라! 그때 모자라고 하는 건 별 기억이 안 나! 띠를 가(가지고) 했다고. 그걸 뺏기면 죽고! 그래 갖고 인자 남은 숫자가 홍이 많으면 홍이 승리고, 백이 많으면 백이 승리고 그랬지. 그리고 점심시간은 종을 쳐서 알리지. 오자미를 던져 바구니가 터지면서 '점심시간'이라는 글씨가 나오는 것은 요새 와서 본 거지. 우리 댕길 때는 그런 게 없었거든. 가령 홍군 같으면 빨간 오자미를 잡아 주어 던져 넣고…. 망태를 짊어진, 양아치 망태 같은 거를 만들어 가지고 그놈을 지고 이래가. 넝마 망태 같은 거를 백군이 지고 뛰어다니면, 홍군이 빨간 오자미를 주워서 망태에 넣는 기라. 그런 식으로 해 갖고, 인자 망태에 넣은 오자미 개수를 세 가지고 홍군이 많이 넣었으면 홍군이 승이고, 백군이 많이 넣었으면 백군이 승이고 그랬지. 바구니 두 개를 붙여 가지고 오자미를 던져 터뜨리는 거는 내가 생각하기로 해방 후에 그런 거 아니겠나! 나는 그래 봤는데…. 그리고 운동회가 끝날 때쯤 되면 폐막 릴레이를 하지. 릴레이는 학생 전부, 전원이 다 하는 건 아니고 학급별, 학년별 대표 선수만 하지.

소풍 가면 어떤 놀이를 하셨어요?

소풍을 가면 놀이가 뭐 있노(있나)! 집에서 싸 준 도시락 까먹고, 용돈이나 가가면(가져가면) 과자나 사 먹고 그거지. 간혹 보물찾기를 했지. 보물찾기라고 하는 게 별거 아니야! 선생들이 어디다가 뭐 숨겨 놓고…. 숨겨 놓아 봐야 연필이나, 지우개나 이기지 뭐. 다른 게 어디 있나. 요새처럼 수건돌리기나, 노래자랑 이런 거도 없었어. 그때는 군것질로 제일 선호한 게 끔(껌)! 요새 말하는 추잉끔인데, 요새 맹쿠로 그렇게 안 생겼어. 그때는 연필 모양으로 지다막게(기다랗게) 그랬어. 그 껍데기를 까 가지고 씹어 먹고 이랬거든. 여하튼지 내가 씹고 있으면 다른 놈이 '내 한 번 씹어보자!'고 그래서 입에서 내가(꺼내어) 서로 씹고 이랬어. 놈에 입에 들어갔던 거를 씹을 정도로 끔이 귀하고 그랬지. 끔(껌) 씹다가 벽에 붙이고…. 색깔 낸다고 크레파스를 함께 씹었던 그런 기억은 안 나고…. 그때는 또 끔 색깔이라고 하는 거를 우리가 몰랐거든. 끔은 다 흰 건 줄 만 알고…. 끔 말고, [다소 격양된 목소리로] 솜사탕도 있지! 소풍을 가면 솜사탕 장사는 반드시 따라온다고! 솜사탕 내나 설탕 넣어 가지고, 회전해 가지고 감는 기거든. 그런 장사꾼이 반드시 따라온다고! 솜사탕 장사꾼은 기계를 자전거에다가 싣고 따라오지. 그 당시 솜사탕 하나가 얼마인지는 기억이 안나!

도시락은 어떤 도시락이었어요?

그때 짐밥(김밥) 싸는 걸 몰랐고…. 요새 말하는 그런 짐밥이 아니고, 밥을 둥글게 둘둘 뭉쳐가 짐(김)을 둘둘 말아 논 거. 짐으로 싸는 주먹 짐밥은 잘사는 사람이고, 또 못사는 사람은 콩고물로 주먹밥을 하고 해. 도시락을 안 가가니까 올 때 편하거든. 근게 소풍 간다고 하면 도시락 안하고, 콩고물을 묻힌 주먹밥이나 짐밥(김밥)이나 그런 식으로 하지. 도시락 통이 없이 종이에 싸 가지고, 개나리 보따리를 해 가지고 짊어지고 가고…. 그때 진주에서 잘사는 사람은 니쿠사쿠(Rucksack, 배낭) 조그마한 게 있어. 또 거기에다가 물통 이래 차고…. 물통이 생기기로 요새 군용하고는 다르고, 납작하니 뭐 같을꼬? 둥근데 좀 납작하게 만들었지. 그러고 요새는 흔히 뚜껑이 컵이 되는데, 그때는 그런 게 없어. 뚜껑은 뚜껑대로 있고, 컵은 컵대로 옆에 달랑달랑 매달려 있다고. 물통 옆에 알미늄컵이 철사 줄로 매달려 있지.

또 다른 놀이

어르신이 학교 다닐 땐가요?

대동아전쟁! 일본이 한참 승승장구할 때지. 싱가포르 함락시킨 날! (1942년 2월 15일) 그날을 기념하기 위해서 아마 전국적일 거야. 학생들한테 흰 고무공을 하나씩 줬거든! 고무공! 요새 말하자면 테니스 공만 해! 고런 기고…. 애들은 그런 거보다 조금 큰 공을 하나씩 줬다고. 그때 우리가 고무신, 검은 고무신을 신을 때라! 그런데 그 공은 흰 고무더라고. 테니스 공만 하지만, 테니스 공하고는 다르지. 그놈을 갖다가, 자연히 가놀다가 가시밭에 찔리면 빵꾸(구멍)가 나 버리거든! 빵꾸가 나면 쭈그려진단 말이야. 쭈그러지면 자전거방에 가서 띠안다(때운다)고. 띠아(때워) 갖고, 인자 바람 넣는 거는 자전거방에 가서 자전거 펌프로 주사기 바늘을 찡가(찔러) 가지고, 그저 공 안에 바람 넣는 시설이 되어가 있는 기. 그 안에 톱톱한 배꼽을 만들어 놓았어. 배꼽에 주사기 바늘 낑가 갖고 바람 넣고 빼 삐면(버리면) 바람이 안 나와. 그 공 여러 번 띠아 갖고 썼는데…. 주로 차고…. 그걸 차고, 볼 차기. 작은 거는 방망이로 치는 거를 했어. 요샛말로 케이트 볼[14]이지. 그 방망이나 있나! 아무 말뚝이나 빼가 하고…. 또 뭐할 때는 처음 우리 저학년들은 마땅한 판자 같은 거 주워다 때리고 했지. 별도로 공, 빳따(방망이) 같은 게 없었거든. 내나 요새 그 룰은 야구 식으로 돼가 있어. 원 스트라이크 투 볼. 그때도 우리가 원 볼, 원 스트라이크 이렇게 했다고. 아니, 원이라 안 크고, 이찌 볼, 니 스트라이크 이리했다고. 인원은 보통 제한이 없었지. 동네 아들끼리 많으면 많고, 적으면 적고 그리 놀았지.

다른 놀이는 없었고요?

딱지치기도 많이 했고, 구슬치기는 많이 했지. '딱지'는 요새 와서 붙인 말이고, 그때는 우리가 '때기'라고 했다. 학교에선 절대 안 하거든. 학교서 하면 야단이 나. 집에서나 골목길에서 주로 했지. 요새 아들은 종이때기를 만드는데, 그때는 때기를 팔았어. 사각인데, 요새 트럼프만한 거라! 앞에는 그림 있고, 뒤에는 글이 있지. 때기를 놔놓고 때리(때려) 가지고 넘기면 이기는 거야. 넘겨서 먹는 기지. 구슬치기는 여러 방법이 있지. 던져서 맞히는 방법. 또 이래 저 손가락 통해서 여러 개를 놔놓고 허쳐(헤쳐) 묵는(먹는) 거. 땅바닥에다가 원이면 원, 삼각이면 삼각을 그려 놓고 하지. 원을 그릴 수도 있고, 삼각을 그릴 수도 있지. 그 안에 여러 개를 놔놓고 선 밖으로 나오는 걸 허쳐 먹기지! 던져서 맞혀서 먹는 거 있고, 또 산치기라 해 갖고…. 그때 그 단위로 몇 개다 안 쿠고(그러고) '이찌다!', '니다!'. 홀수는 '이찌'고, 짝수는 '니'라! 일에 갔다, 이에 갔다 이래 한다고. 일, 이, 삼은 정하기 나름으로 간다! 둘이 하면 이찌, 니밖에 할 게 없거든. 여러 사람이 하면 이찌, 니, 산도 할 수 있지. 구슬치기 해 갖고 따면, 호주머니에 넣어 가지고 다니다가 친구들한테 주지. 많으면 '내 책보 좀 갖고 가라! 구슬 두 개 주꾸마(줄게)!' 이런 식이고…. 구슬은 직경 일점오 센치(센티) 정도 되는 유리도 있고, 사기도 있어. 주로 구멍가게 가면 파는데, 그것도 일제말에는 없었어. 여기에서는 구슬 자체가 없었어. 자치기는 길이가 한 사십 센치 대충 되는 긴 자 막대기. 또 '토깡이'라고 요새 말하면 토끼를 갖다가 '토깡이'라고 했거든. 그거는 길이가 한 십오 센치 되는 조금 작은 나무로 한쪽을 빼쪽하게 깎아 가지고, 가로 탁치면 팅겨(튀어) 올라오도록 만들지. 이놈을 들고 때려가 멀리 보내는 거지. 그때 보통 세 번 쳤지. 세 번 쳐가, 예를 들어서 내가 암산해 가지고 오십 자다. 이기거든. 오십 자 안 되는 것을 오십 자라고 할 때, 상대방이 이의를 걸면 실제 내 자로 잰다고. 재 가지고 내가 만약 오십 자가 안 되면, 오히려 오십 자 상대방한테 줘 버리는 거야. 그 출발은 처음에 원을 그려넣고, 그 안에서 긴 자로 토깡이를 때리면 멀리 가거든. 그럼 밖에 상대방이 떨어진 지점에서 그걸 주워 가지고 원에 대고 던져가 들어가 버리면 무효인 기라. 그럼 공수가 바뀌지. 그리고 일자로 땅을 파서 날리는 방법도 있고…. 술래잡기도 더러 하지. 뭐이고! 퍼뜩 기억이 안 나네. 일본말로 '꼭! 꼭! 숨어라!' 하는 그런 식이지. 하여튼 눈 감는 놈을 갖다가 '오니'(鬼, 도깨비)라고 했거든. '오니'라 그런기 술랜데…. '오니'라고 하는 단어 자체가 일본말로 '도깨비'란 말이거든. '구신(귀신)이다!', '도깨비다!' 이런 뜻이거든. 술래잡기할 때 부르던 노래는 이젠 기억이 없어!

양은 도시락

국민학교 다닐 때 노력동원 당했던 것은 없고요?

국민학교에서 뭐 그런 게 있나! 가을이 되면 월동준비를 하느라 솔방울 주우러 다녔지. 따러 다닌 게 아니고, 줍는 거지. 어린 아들이 나무에 올라가나! 줍기도 하고, 큰 아들이 꼬챙이를 갖다가 따기도 하고 그랬지. 몇 학년 때 갔는지 기억은 잘 안 나! 하여튼 솔방울 주우면 책보 같은 데 담아 가지고 들고 오고 그랬지! 책보를 가지고 산에, 야산에 올라가서 솔방울을 주워 가지고…. 담임이 '오십 개 주워라!' 이런 식으로 시키고 그랬거든. 인자 보스들은 쫄병 불러가 가지고 '니가 구슬 세 개를 가져 갔으니 나머지 니가 주워 오라!' 고 하고는 놀고 그랬지. 가을이 되면 학교마다 솔방울을 준비한다고, 겨울이 오기 전에 얼축(대충) 모았거든. 주일에 한두 번씩, 날 좀 포근하고 이럴 때 방과 후에…. 솔방울 주워 오면 천장만 있는 학교 창고에 대충 야적을 하느라! 교실에다 한 게 아니고, 야적장에다가…. 그래 딱 모아 가지고 추울 때가 되면 한 교실에 몇 바게쯔(양동이)씩 이리 배당을 받지. 추워서 난로를 때면 솔방울만 때는 게 아니라 집에서 장작도 가 갔다고. 학교에서 장작을 갖고 오라고 그랬지! 대개 좀 사는 아들이 내가 추운께네 가져오고…. 장작을 갖다가 한 놈이 한 쪼가리, 두 쪼가리만 들고 와도 숫자가 많거든. 그러면 학교 소사가 …. 소사를 그때 뭐라 했니라? 학교마다 소사 영감이 있었어. 소사가 톱을 가지고 큰 장작을 끊어 모아 갖고…. 그거 좀 잘게 끊어 갖고 난로에 넣고 그랬다고.

화목만 땐 겁니까?

내 기억에는 석탄은 [지루한지 파리채로 파리를 때려잡으면서] 아주 고급이거든. 그러께네 주로 화목을…. 솔방울을 가지고 불살개(불쏘시개)를 하고, 화목은 주로 장작으로 했지. 그리고 일제말에 기억나는 기, 관솔이라고 있어! 관솔! 그게 뭐냐면, 소나무 공이 썩은 거. 아주 기름기가 많은 거! 이거를 군에서 뭐 때문에 그랬는지 증발해 갔어. 흔히들 그거를 가솔린, 비행기 가솔린을 한다고 했는데…. 그거 가지고 비행기 가솔린 땔 택(턱)이 없고…. 하여튼 군에서 뭘 한다고 가지고 갔어. 해방 직전에 우리가 학교에 가면 관솔을 캐기 위해서 자주 동원되어 갔지. 조회시간에 담임선생이 오늘 오전에 관솔을 채취하러 간다든지, 오후에 간다든지 사전에 알려 주고 그랬다고. 산에 가서 관솔을 채취하는 날은 집에 있는 톱이라든지, 짜구(자귀)라든지, 이런 연장을 갖고 오라고 알려 주고 이랬거든. 학교별로 할당량은 우리가 똑똑히 모르고…. 그것도 인자 도동국민학교에서, 시내에서 삼사 킬로를 걸어야 산이 있거든! 진주 같은 데는…. 그때는 어북(제법) 힘이 들었다고. 놋그릇, 쇠붙이 이런 거는 그저 무슨 반이라고 하노! 애국반이 아니고…. 왜놈시대 반편성이 되어 있었거든. 우리 국민들이, 민가에…. 주로 반에서 반장이 시켜 가지고 하고…. 그때는 통장 제도가 없었는데. 요새 말하면 동장, 동장을 총대라고 했어. 총대가 댕기면서 '놋그릇 내노라!' 하고…. 처음에는 몇 개 냈는데, 나중에는 있는 대로 몰수했거든. 처음에는 '몇 개씩 내라! 몇 개 내라! 니(너)는 좀 낫게 사니까 많이 안 있나! 가서 다섯 개 내라! 없게 사는 놈은 한 개 내라!' 이런 식으로 했겠지. 나중에는 그러니까 인제 다 내라!' 그러니까 집을 들추고, 수색을 하고 이랬거든. 그래 다 뺏어갔거든. 학교에서 내라는 얘긴 없었어.

난로 때면서 재미난 일은 없으세요?

주로 추울 때 도시락 구워 먹는 기지 뭐. 대개 다 도시락을 갖고 댕기니까 도시락 구워 먹고, 물 따사(데워) 먹고…. 난로는 교실 한가운데 놨지. 그 당시 도시락이라고 하는 게 양은이지. 뭐 구멍 난 것도 있고 그렇겠지! 그리고 인자 구멍 안 난 거 가지고 물을 끓여 먹거든. 구멍 난 것은 밥을 따사 먹지만도, 물은 못 끓인단 말다! 그래서 학교 주전자에다가, 큰 주전자에다가 끓여 묵는데…. 그래 우쨰다 보면 난로 위에 올려놓은 양은 도시락을 태워가 주변이 시커멓게 타고 그랬거든. 그러고 도시락을 그냥 아무나 갖다가 올리는 게 아니야. 담임선생이 언강(엄청) 엄해야지! 이 교시, 삼교시에 막 갖다 올릴 수가 없어. 점심시간 되면 올리지. 자연히 인자 한 시간이면, 점심시간 한 시간 동안 다 먹어야 되니까. 물은 큰 주전자에다가 장장 끓여 놓고 있고…. 먼저 간 놈은 위에 언져(올려놓아) 빨리 꺼내 먹고, 나중에 간 놈은 가에 놔뒀다가 남들 도시락 구워 먹고 난 뒤에 먹어야 되니까. 난로 위에 얹어 봐야 서너 개. 포개 놔 봐야 뭐 대여섯 개거든. 밥 탈 여가가 있나! 서로 얼른 먹으려고 '니 꺼(것) 내라, 내 꺼 널란다!' 고 이리 야단이지. 도시락 반찬은 김치이지. 밥은 요즘 말하는 쌀밥은 몬(못) 갖고 간다니까. 보리밥! 밀밥! 집에서 쌀밥을 먹는 부잣집 아(애)들도 학교에는 그거 가져가야 돼. 점심시간에 담임선생이 도시락 검사를 하거든! 그러고 반찬은 얼축(대충) 김치이지만, 좀 낫게 사는 놈은 그때 쇠고기 장조림! 도시락 반찬그릇에 쇠고기 장조림 그걸 가져오면 한 젓가락씩 얻어먹고 싶어서…. 허~ 허~ 허~. 그걸 가간(가져간)

놈은 자연히 못 먹어요. 서로 친한 사이끼리 이놈 한 젓가락 가가고(가져 가고), 저놈 한 젓가락 가가고…. 나는 뭐하고 묵꼬(먹을꼬)~.' 허허~. '내 김치 가가라!' 해서 김치를 얻어먹기도 하고 그렇겠지. 그 당시 도시락 못 싸온 사람은 기억이 없네! 그때 도시락 못 싸올 정도로…. 요새처럼 의무교육이 아니니까! 월사금을 내고 국민학교를 다녔어. 월사금 날짜를 어기면, 대개 선생이 조금 살기 힘든 사람은 한 달 더 유예를 주고, 그러고 부모를 부르는 거라. 개중에 못된 놈은 유용한 놈이 있어 갖고 정학, 퇴학 쌓고 이래했지.

3. 진주농림중학교 적십자 멤버 시절

해방 전후기 일본인과 조선인

일왕이 항복선언을 했다는 얘기를 들어보신 적이 있나요?

나는 그때! 갑자기 기억이 안 나는데…. 내 조모가 죽었거든. 전 식구들이 시골에, 고향에 와 있었다고. 내하고, 내 종형하고가 진주에서 자취를 하고 있다가 장사에 참여했거든. 초상에 와가 있다가… 조모상을 당했을 때가 방학 때였지. 왜정 때는 지금처럼 병가나, 상사를 출석으로 인정을 안 했지. 학교서 인정을 안 해줬지. 다만 결석을 하되, 용납은 하는 기지. 신고를 했으니 무단결석은 아니지. 친부모 상을 당해도 내가 결석하면 결석한 거니까 개근상이 안 되지. 그건 안 되는 기지. 결국 개근상은 못 받고…. 그러니 개근이 참으로 힘든 기지. 해방 후도 그기(그것이) 존속되다가 요즘 최근에 와서 봐주고, 제사 같은 거 간다라고 하면 봐준다고 하고 그러던데. 그리고 그때는 장사라도 돌아가시고 나서 근 한달 두달 이리 걸렸거든. 처음에 와 가지고 인자 입관해 가지고, 내빈해 놓고, 내하고 종형하고는 진주로 들어가 삐고(버렸고), 다른 식구들이 시골에 있었지. 그래~, 장례를 아마 해방! 팔월 십오일! 요새 생각하니까! 장례를 팔월 십이일이나, 삼일 요때 했던 거 같아. 그래 여기서 장례 마치고, 종형하고 둘이서 걸어갔다고. 그때는 여기서 진주까지 걸었다고. 우리가 진주로 걸어가다가 그 중간에 [경상남도 의령군] 화정면 보천이라는 데가 우리 고모네 집이 있어서 거기서 자고…. 그래 또 인자 걸어서 그 다음 밤이 떨어지면 [경상남도 진주시] 대곡면 소재지 북창이라고 있어. 북창! 거기 가다가 내 종형 친구를 만났어. 내 종형은 징병, 그거 영장을 받고 있었거든. 그때 종형이 스물한 살이었지. 스물한 살이니까 징병영장이 나왔지. 그 당시에 각 지역별로 청년훈련소라는 게 있었어. '세이넨쿤렌죠(靑年訓練所)라는 게. 군에 가기 전에 거기서 훈련을 많이 하거든. 북창에서 내 종형이 거기 가 있는 친구를 만났다고. 그랬더니 '니(너) 인제 징병에 안 가도 된다!' 이기야. 그 이유는 '해방이 됐다!'고, '일본이 졌다!'고 하니께네 내 종형이 부부 울더라고.

종형이 왜 울었지요?

종형 친구가 '일본이 졌다!'고 하니께로…. 일본이 패전했다고 하는데, 우리가 해방이 되었다고 하는데…. 종형이 기뻐서 울었던 게 아니라, 일본이 졌다는 사실이 그만큼 슬펐던 기지 뭐. 그때, 내 종형은 직장을 안 다니고 교남상회를 운영하고 있었거든. 그래 함서 인자 청년훈련소를 나왔어. 요새 생각하니까, 소방서 감시대원이라는 게 있었어. 이게 뭐냐면, 밤으로 비행기 오나, 이런 거 감시하는 기라. 그것도 뭐~, 한 번도 비행기가 온 일도 없고…. 단지 훈련이지. 그런 게 인자, 북창에서 훈련소 친구를 만나 갖고 '일본이 졌다! 인자 징병에 안 가도 된다!' 고 그랬더니 내 종형이 우째 그리 슬피 우는지! 부부 소리를 내어 슬프게 울더라고. 종형이 징병 이기(2期)거든. 나는 그 소리를 들으니 슬프지가 안 턴데…. 또 내 종형이 뭐 때문에 우는지도 모르고…. '일본이 졌다!'고 하는 것만 알지. 졌으면 내가 울 일도 아니고…. 그때 내 종형 같으면 훈련도 하고, 내일 모레면 군에 갈 거라고 하고 있었거든. 그러니 억울했을지도 몰라! 그러고 진주에 도착해서 한 사날 있으니께네 확 달라지데.

해방 전후기에 일본인들의 모습 기억하세요?

하모! 왜놈들 많이 봤지! 잘사는 놈은 좋은 집들을 차지하고, 좋은 자전거를 타고 댕기고…. 근데 그때 왜놈들도 자가용 타고 이런 건 없었거든. 대도시에는 있었는가 모르지만도, 진주에는 그런 게 없었다고. 자동차야 물론 있지! 있기야 있어도, 개인적으로 자가용 가지고 다니는 사람은 없었다고. 해방이 되었어도 왜놈들 어북(제법) 상당히 있다가 갔어. 해방되고 바로 안 갔어. 몇 달 걸렸을 꺼로~. 집을 팔라고 내놓았는데, 이걸 살 사람이 있나! 그리고 얼마 있으니까 일본 재산을 적산이라고 했지. 그래 갖고 적산! 그때 군정시댄데…. 미군이 들어와 가지고 적산을 관리하는…. 아이고~, 이름이 퍼뜩 생각이 안 나네. 시청 말고 별개 청으로 적산을 관리하는 부서가 하나 생겼어. 결국 말하자면, 이거는 적산을 매매 못하게 한 기라! 그게 우리가 정부가 없을 때께네! 미국 군정청에서 그렇게 한 거 같아. 군정에서 그런 거를 만들어 갖고, 결국 왜놈들이 못 팔고 그냥 놔두고 들어갔지. 여기 진주에는 일본인이 경영하는 큰 농장 하나 있었어. 그러고 큰 정미소를 하는 사람도 있고…. 진주에는 큰 농장이 '다케모도'라는 거. 죽본(竹本)이지. 꾸미는 조(組)거든. '죽본조'(竹本組). '다케모도꾸미'라고 했거든. 그 재산들이 컸어. 다케모도 농장이라고 큰 농장이 있고, 다케모도 정미소도 큰 기 있고, 다께모도 양조장도 있고 이랬거든. 정미소는 지금 현재 진주에 강남동하고, 망경동 중간쯤에 있었는데 아주 컸다고. 해방 후에 그기(그것이) 학교가 됐거든. 해인대학이 거기서 나왔다고. 처음에는 해인고등학교라 해 가지고 해인대학! 해인대학이 마산 와 갖고 경남대학! 그렇게 된 거거든. 해인대학 창설에 효당(曉堂) 최범술(崔凡述, 1904-1979)이라고 하는 중이 했다고. 불교계에서…. 최범술이라는 사람은 다솔사[15] 주지하다가…. 재단은 해인사에서 댔기 때문에 처음에 해인고등학교라고 했거든. 그리고 해인고등학교 생긴 그 이듬해에 해인대학을 만들었다고. 그러고 다케모도 양조장은 어디쯤이라고 내가 기억이 안나. 농장은 도동 하대에 있었어. 몇천 석 했는지는 내가 어려서 잘 모르겠고….

징용, 징병 갔던 사람들 귀국하는 모습을 보았나요?

첫째로 내 일가들도 안 있나! 징병은 그때 숫자가 별로 없었지. 왜 그러냐 하면, 징병 이기(2期)가 우리 신반 형님 같은 이거든. 신반 형님이 영장을 받아 가지고 해방이 됐거든. 그렇게 징병 이기(2期)가 몬(못) 갔으니께네! 당시 우리 신반 형님이 나(나이)가 스물하나 둘! 아마 징병 일기(1期)는 갔다고 봐야지. 그거 뭐 훈련중에 다시 돌아왔다 안 했나! 근데 그전에 일본 군대 간 사람들은 많이 있거든. 내나 자원병이지! 왜 내가 그렇게 기억하냐면, 해방 전에 각 국민학교마다 훈련소라는 게 있었어. 그거는 뭐이냐 하면, 그 지역에서 징병연령이 다 되어 가는 사람들 훈련하는 데라! 요샛말하면 신병훈련인데, 군에 가기 전에 거기 가서 기초훈련을 참 많이 받았다고. 거기 훈련을 이 년이나, 삼 년 받은 사람은 거의 군인과 같다고. 우리 형님도 그때 보면 여기 각반을 차고 훈련받으러 댕겼거든. 당꼬바지 비슷하게 생긴 군복 같은 거를 입고…. 그 당시 신반 형님은 징병 이기생으로 영장이 나와 있었거든! 징용은 오래 전부터 있었고…. 징용하고, 보국대 두 종류가 있어. 보국대는 연령제한이 없다고. 나이 사십, 오십이 되도 가고 그랬다고. 진주지역에선 보국대라고 하는 거가 어디 가는 게 아니라 사천비행장 건설하는 데 간다고. 그거는 대개 기한이 그리 멀지 않아. 한 달 아니면, 두 달 간다고. 근데 그거는 약했던 기, 아버지가 그거를 받았거든! 그때 집안 어른이 상투를 찌고 있을 그럴 땐데, 그거를 받았단 말이야. 그때는 또 그리 엄하지 않았던 모양이야.

통지서를 받아 갖고 머슴을 대로(대신) 보냈거든. 아버지 때도 머슴이 대로 갔다고. 요새 생각하면 고만 너그(너희) 집안에서 노력동원을 몇 명 해라 이런 정도겠지. 그러니께 아버지를 대신해서 머슴이 가고 그랬겠지. 그게 보국대라고! 그리고 징용이라 하는 거는 뭐~, 육 개월, 일 년 이런 건데…. 그거는 일본도 가고, 남양도 가고, 그밖에 사할린도 가고 그랬던 갑데. 그거는 인자 나이가 있어. 징병대상이 넘은 젊은 사람들이거든. 근데 사십 된, 오십 넘은 사람들은 그건 안 가고…. 그건 아마 요새 생각하니까 북해도니, 사할린 그게 전부 다 여기에 해당되는 게 아닌가 싶어! 우리 집안에서 내 끝에 외삼촌이 징용을 갔어. 저 어딘고 하니, 구주에 갔단 말이야. 구주탄광에…. 그래 갔다가 해방 후에 왔지. 그게 인자 소위 말하는 귀환동포지! 우리 외삼촌은 구주탄광으로 징용을 갔다가 해방되고 한두 달이 지난 시월 달에 귀국했지! 우리 외숙모가 외삼촌 오고 나서 죽었다고. 외삼촌이 징용을 가고 나서 외숙모가 병을 얻어 가 있다가 죽었거든. 그사이 소생이 하나 있었지. 내 외종이 하나 있었는데 일찍 죽어. 그게 참 우리 큰외가! 큰외삼촌이 무자하니, 그리 양자를 했지. 그 양자한 거는 막내 외삼촌인데, 그 이유는 그 대에 계비가 들어왔거든. 계비가 들어와 가지고 소생을 많이 낳았단 말이야. 그니께네 아마도 큰 거를 저리 빼 가므로써 여기도 온전해지니까 그리 했던 것이 아닌가 싶어! 또 아(애)도 제일 나았고….

해방되고 나서 바로 학교 갔나요?

해방되고 나서 한두 달은 학교도 안 갔어! 어차피 방학했으니까! 그냥 집에 있는 기지 뭐. 해방되었으니 학교에 갈 필요도 없었지. 첫째 학교에 있던 왜놈들 다 도망가서 선생이 있나! 선생들도 한국사람이 반도 안 되니까 말이지. 근게 그 학교가 될 수가 있어? 교장은 주로 왜놈이제! 그래 가 수습해 가지고 학교라고 개학을 하니까, 학생들도 반쯤 나오고…. 처음에는 선생들은, 저 사람들 물러갔으니 반 이상이 비었으니…. 근게 해방되고 한두 달은 휴교를 했지. 한두 달은 학교도 안 갔거든! 본양 칠월달에 여름방학을 시작을 해가 팔월 말에 개학인가? 팔월 말이지 싶네! 구월이라고 하는 거는 우리 한국교육 시작하고 나서 구월했든가 했다고. 그래가 팔월 달에 해방되고 근 한 달은 학교에서 휴교를 했으니께네, 날짜는 도저히 기억이 안 나고…. 한 시월경이나 이래 돼가 학교 안 갔잖나! 그때부터 그 다음 해에 팔월달까지 일 년 동안 우리가 조선어를 배운 택이 아니겠나! 해방되고 조선말을 배우는데 처음엔 책이 없단 말이야. 그때 책이란 게 없고, 프린트를 가지고, 그림을 그려 가지고 배우는데…. 선생이 프린트를 긁어 갖고, 가리방(등사판)으로 밀어서 한 장씩 갈라 줬어. 그래 갖고 조선말을 깨우치기 시작했거든. 우리가 말은 다 아는 기거든. 글만 모른다 뿐이지. 그러니까 자연히 '기억', '니은' 하니께네 글자 깨우치기는 빨랐지. 조선말은 '국문'이 아니라, '국어'라고 했지. 옛날에 국어라고 그러면 일본말을, 해방 전에 일본어를 갖다가 국어라 했어. 왜놈 선생들이 오학년 때에 카드 같은 걸 줘 갖고, 조선말 하면 뺏기고, 받고 그런 게 있었지. 일주일이면 열 장씩 줘서 서로들 뺏게 했다고. 최소한 삼사학년 이상이지 싶네. 그걸 카드라 안 켔고(했고), 그거를 뭐라 했더라. [한참 머리를 숙이고 생각하시다가] 기억이 잘 안 나네. 그걸 많이 가지면 점수를 낮게(좋게) 받아. 국어 상용이라는 점수를 낮게 받지. 친한 사이도 뺏아 가면 밖에 나가서 싸우기 일쑤지. 그래 갖고 약한 놈이 좀 센 놈한테 뺏기기도 일쑤고…. 출석을 부르는 것도 해방되고 나서는 전혀 달랐지. 일본말이 아니라 김, 이로 나가지 뭐! 창씨개명도 다 치아 뿌렸고…. 밖에 나가면 전부 다 우리가 조선말로 이름 부르고 이랬지. 뭐~, 학교에서는 '가네야마(金山)'이지만, 집에 가면 '김가'라는 걸 다 알지. 하지만 우리가 이듬해 구월 달에 졸업을 했어도 국어를 갖다가 그리 융통하게 잘 읽고, 쓰고 그러는 것이 불가능했지. 태극기는 해방되고 나서 저기 일본기에다가 파란 것도 아니고, 먹을 갖고…. 요새 생각하면, 일장기 가운데 붉은 데를 갖다가 먹을 갖고 태극을 돌린 기지. 또 먹을 갖고 괘를 그려 넣고…. 우리가 해방되고 나서 학교에서 태극기를 배웠는데 괘 그리기가 참 혼돈하기 쉽다고! 위에 올라간 거, 밑에 내려간 거, 이거 혼돈하기 쉽다고! 그래 그거를 배우고 그리 쌓거든. 근데 배워도 근본을 안 들미따(들먹였다)고. 이거는 가운데가 연결되고, 이건 가운데가 떨어진다고. 그런 식으로 배웠다고.

해방되기 전에 졸업했나요?

내가 육학년 올라가 가지고 내년 삼월, 사십육년 삼월달에 우리가 졸업할 낀데. 해방이 되어 가지고 삼월달에 졸업하는 기가 없어져 버렸단 말이야. 그러니까 졸업 못하는 거 아니가! 또 공부도 안 했고…. 그래가 그때부터 구월 학제가 성립되었거든. 구월 일일이 신학기 시작이니까 아마도 팔월 말쯤 졸업했겠지.[16] 내가 졸업할 때는 졸업식 노래라는 게 없었거든. 요새 아들이 부르는 '빛나는 졸업장을~' 그런 노래도 없었고…. 일제 때는 있었지. 선배들 졸업할 때는 잘 모르지만, '호다루노히카리'라는 그걸 불렀지! '호다루노히카리'라는 일본말은 반딧불의 불빛이라는 뜻이거든. 반딧불을 '호다루'라 안 카나? 그러고 '히카리'는 빛 '광(光)' 자를 말하는 기거든. 그걸 불렀지 싶다! 지금도 우리가 '호다루노히카리' 그거를 가사하고 악보가 기억이 나거든.[17] 노래 제목이 반딧불의 불빛'이라는 그거지 싶으다! 국민학교 졸업할 때 졸업장은 가리방(등사판)으로 긁어서 등사한 것을 받았을 끼다! 지금 그거 어데 두었는지 기억도 없다.

진주농림중학교

중학교 입학시험은 언제 치셨어요?

우리가 중학교 들어갈 때는 한글로 갖고 이름도 쓰고, 시험지 답안도 쓰고 했거든. 근게 중학교 입학시험은 한글로 쳤거든. 구월 일일이 중학교 신학기 시작이니까 입학시험은 뭐~, 칠월 말이나, 팔월 초쯤에 치지 않았나 싶어.[18] 그 당시 응시자도 언깡(엄청) 많았지. 해방 갓 되어 논께네(놓으니), 어중이떠중이 많이 모아들었고…. 말하자면 그 이전에 졸업한 사람들! 근게 우리 들어갈 때는 학급에 다섯 살 이상 차이나는 사람들이 많았거든. 해방이 되어 논께네 소위 양반집에서 서당 공부를 하다가 신학문을 해야 된다는 얘기가 나와 늦게 공부를 시켜서 연령차이가 그리 많거든. 우리 일행들을 보면, 우리 동생들을 보면 다섯 살 차이가 있어. 형제가 같이 학교를 댕긴 경우도 있고, 또 과거에 국민학교를 졸업해 갖고 집에 있던 사람들도 시험을 보고 다시 학교를 다녔지. 내가 진주농림중학교 들어갈 때는 참 복잡했어! 한 삼대일쯤 됐지. 시험과목은 기억이 안 나고, 내가 택거리(턱거리)를 했는가? 철봉을 했는가? 그런 기억도 안 나고…. 그냥 시험지에 기재하는 거는 한글로 했다고. 그때만 해도 우리가 맞춤법을 제대로 못 맞췄거든. 또 국민학교에서 영어가 있나! 그러니 영어시험도 있을 수가 없고…. 중학교니, 고등학교니, 그런 게 없었다고.

중학교가 육년 졸업이거든. 내가 들어갈 때 학교이름이 진주농림중학교! 진주고등학교 같은 것도 진주중학교라고 했거든. 진주중학도 육년 졸업이고, 진주사범도 육년 졸업이고…. 그 당시 진주에 농림중학교, 진주중학교, 진주사범학교 이래 세 개가 있었거든. 진주여고도 진주여중이라 했고…. 다들 국민학교 졸업하고 들어가는 기지. 그 당시 각 군에 있는 그거는 삼년제야! 인자 군에 있는 중학교는 삼년제야! 의령 같은 데도 삼년이거든. 삼학년 마치고 나서 인자 도시에 사학년으로 편입하는 거. 그때 편입이라는 게 무척 쉬웠다고. 그때 우리 생각에는 보결이라는 게 있었어.

보결이라는 게 뭔가요?

그거는 집에 돈 있고, 공부 못하는 거. 요새 말하면 기부금입학인데, 그거를 보결이라 했어! 그거 보면, 옷을 잘 입고 다니는 놈을 보면 대개 그거거든! 보결이라는 그게 오랫동안 지속됐는데…. 정규입학식을 같이 해! 중학교 정규입학시험에서 떨어진 것들 중에서 보결이라 해서 그 숫자를 갖다가 비워 놓고 했든가? 어쨌든가? 한 학급에 오십 명 이쪽 저쪽이거든. 근데 이게 들어와 가지고 내내 그 숫자야. 합격해도 등록금 못 낸 학생을 대신해서 들어왔는지? 우째 들어왔는지는 모르겠고…. 하기야 모든 학생이 등록금 다 내진 않았겠지. 등록을 다 마치고 나서 보결을 했거든. 그럼 그때 학교 선생들한테 빽을 쓰고 이래 가지고 들어오는 것 갑데(같아)! 보결학생들은 대개 그 지역사회 유지의 자제들이지. 내가 농림학교 입학할 때 보결생이 우리 반에도 근 십 프로 정도 됐어! 그리 많은 편이었지. 한 대여섯 명이 되지 않았겠나 생각한다고. 그 당시 중학교 등록금이 얼마인지는 기억이 안나! 국민학교는 등록금이 없고, 월사금이지! 그거도 얼마 냈는지 지금 기억이 안나! 매월 월사금 봉투가 있어 가지고 도장 탁 받아 오고 이래 쓰는데…. 그때 월사금 못내 가지고 곤욕 치른 학생들도 있었지. 선생이 참 대신 내주는 것도 있고…. 근데 그 당시 월사금이라 하는 거는 그리 많지를 않았어. 선생이 보통 너다섯 내주고 이랬거든. 공부 몬(못)하는 게 아니고, 잘 하는데 집이 정말로 어려우면 선생이 자기 호주머니에서 돈 주는 수도 있고 그렇지.

진주농림중학교는 어디에 있었습니까?

진주농림중학교는 현재 진주산업대학의 전신이지! 따지고 보면, 그게 우리 모교라! 진주농림중학교는 왜정 때는 진주농업학교, 해방되어서는 진주농림중학교! 그리고 우리가 졸업하기 전에, 아마 사학년 때지! 사변 직전이야! 사변 직전에 현 경상대학이 태동할 임시라! 자본 때문에 그랬던가? 어쨌든가? 학생들한테 기부금이지. 그때 기억이 잘 안 나는데, 이름이 뭣이 있어! 그걸 갖다 뭐라고 했어! 예를 들면, 한 장에 요새 같으면 돈 만원했을 거야. 그때는 얼마인지 기억이 잘 안 나는데…. 하내(한 명에) 백 장씩 갈라 주고 소화를 하라고 했지. 그게 사학년 방학 땐가? 그거를 못질 해 가지고 진주농대를 창설한 거라고. 우리 학교 안에다가 한쪽은 '농림학교', 한쪽은 '진주농대'라고 하는 간판을 달았지. 현재 경상대학도 거기서 생겨났다고. 처음엔 진주농대라고 생겼다고. 내 이 년 후밴가가 일회 졸업생이거든! 가만~, 이 년 선배다! 이 년 선배가 진주농대 첫 입학이라고. 그 당시 무슨 회원권이라고 팔았는데…. 그래 가 농림학교를 나와 가지고 진주농대를 다시 시험을 쳤다고. 그리고 예전에 진주농림중학교 실습장에 현재 진주산업대학 건물이 들어섰거든. 실습장이 진주산업대학에 전부 다 들어갔지. 요새 보니까, 그 학교 근처가 요샌

'농업진흥청', 그때는 그게 우리 학교 '농업시험장' 이라고 했거든. 당시 우리 학교 평수가 거의 십만 평 될 거야. 상당히 넓었제! 근데 지금은 '농업시험장'이 도동으로 나와 가지고 '농업진흥원' 이라고 돼가 있지! 또 '임업시험장'은 저쪽으로 나갔고…. 내가 알기로 우리나라에서 농림학교라 하면 전국적으로 수원이 제일 빨랐고, 그 다음이 진주라! 일제 때부터 있던 학교가, 역사가 그런 거야. 진주농림중학교는 전통이 상당히 오래지! 상업학교라고 하면 마산이고…. 부산보다는 마산이 빨랐던 거 같은데! 마산하면 상업학교가 있고, 진주하면 농업학교가 있고…. 일반학교는 경남에 동래고보이고, 그 다음에 진주고보일 거야! 해방 후에 진주중이 된 거지. 해방되고 나서, 이삼 년 지나고 나서부터는 질서가 잡히고 이랬거든. 우리도 처음 들어가서 오후 수업이라는 게…. 처음에 일학년, 이학년 때는 오후 수업이 없었다고. 오전 수업만 하고 끝났지. 그러고 또 가방 들고 댕기는 걸 별로 안 좋아하고 그랬어. 가지고 갈 책도 없었으니 학교 갈 때 맨손으로 그냥 호주머니에…. 진짜 공부하는 놈들은 책가방 들고 오지. 조금 건달 끼가 있는 놈들은 고만 노트를 하나 호주머니에 끼고 가고 그랬지. 조금 있다가 질서가 잡히고 나서 선생들이 프린트로 해 갖고 줬제(주었지)! 지금처럼 이래 안 됐을 거야. 처음에는 가리방으로 등사한 프린트 내줬고…. 삼, 사학년 돼서는 전국적으로 통일된 교과서가 나왔지. 프린트 대신 책이라고 나오고 나서는 가방 가지고 댕겼고. 그게 한 사십팔 년 정도, 오십 년 정도 그렇게 되겠네. 또 일주일에 한두 시간 실습이 있었거든. 실습시간에 학교 농기구 창고에 가면 '오늘 괭이 가 가자!' 면 괭이 가 가고, '삽 가 가자!' 면 삽 가 가고…. 전 학년이라 하면, 우리가 몇 학급이고! 농과가 두 학급 있었고, 축산과,

토목과, 임업과. 그니까 모두 오 개 학급이네! 오 개 학급이면, 농기구가 삽이면 삽, 괭이면 괭이, 다 들 수가 있었거든. 그니까 농기구가 많았단 말이다! 인자 농림학교니까 그렇지! 해방 직후 진주농림중학교 선생들은 대개 일본서 대학하다가 학도병 갔다 온 사람들…. 우리 담임이 '김진건'이라는 사람인데, 그 사람도 내나 학도병 출신이거든. 이학년 때인가? 삼학년 때인가? 해군사관학교가 창설되어가 해군사관학교 교수로 다들 가 버렸다고. 그때 우리 담임은 수학선생이고, 영어선생은 기억이 안 난다. 해군사관학교로 픽업되어 간 사람들 다 죽었다고. 왜 죽었냐면 여순반란사건! 그때 해군사관학교 이기 생도인가? 일기 생도인가? 거기 여순반란사건에 관련된 사람들이 많다고. 여순반란사건은 우리가 오학년 때인데…. 그래 가지고 사변이 나 삐리께네(나 버려서) 재판도 제대로 못 받고 그 사람들 다 죽었을 거야. 그래가 죽고 난 뒤에 그 가족들이 상당히 고초를 당했거든. 교수들도 같이 가 가지고 당했다고 봐야지! 그래 죽었다고 봐야지! 내가 볼 땐 어떤 계획적인 것은 아닌 거 같아 비고, 그 중에 몇몇은 들어가 있었는지도 모르지만도…. 근데 진해에 있는 사람

측량 실습 : 진주농림학교 다닐 때 레벨 측량기 들고 실습하는 사진이라! 이때 측량실습 시간이 주당 연장을 해서 한 다섯 시간 가까이 됐을 기라!

들이 뭐 하러 여수, 순천까지 갔냐는 말이다. 그래 가지고 해군사관학교로 픽업되어 간 우리 은사들도 여순반란사건에 관련되어 가지고 다 죽었어.

적십자 멤버를 보면 조심해라

당시 농림학교에 써클 같은 건 없었고요?

저~기 악대가 있고, 축구부가 있고, 배구부가 있고, 농구부가 있고…. 이게 요새 말하는 써쿨 비슷한 거고. 뭐 이 당시 껄렁껄렁한 학생들은 깡패들이라고 말할 수도 없고…. 그때는 깡패를 갖다가 '까다' 라 해 갖고, 요새 소위 말하는 학내폭력조직이라! 뭐 그런 게 안 있나! 그거 복장도 특이해가…. 대개 보면 모자에다가 약을 발라 가지고, 번쩍번쩍 해 갖고…. 우리들도 안 해 쌓나! 거기다 기름을 붓거든. 그때 뭐야! 포마드나, 들지름(들기름) 이리 부어 갖고…. 재떨이, 담배 재떨이 갖다가 탁 엎어 가지고, 싹 문데 가지고 닦으면 반짝반짝하니 꼭 가죽 같이 그렇게 된다고. 그러고 또 멀쩡한 모자를 일부러 째서리(찢어서) 틈에다가 일부러 집어서 쓴다고. 그리고 모자 창을 갖다가 학교에서 나온 거, 본래 나온 그거를 떼 내 버리고 마분지를 가지고 커다랗게 해서 달아서 쓰고…. 인자 껄렁껄렁 그런 짓을 많이 했지. 그리고 옷은 다 같이 입고, 똥구멍에다가 수건을 차는 기라! 뒷주머니가 아니라 허리끈에…. 농부들이 여기 허리끈에 수건을 차잖아. 이런 식으로 수건 끄트머리를 허리에 차면, 이게 요 밑에 무릎까지 내려와. 그래 쭉 끌고 댕겼거든. 그게 소위 껄렁패들이 한 짓이야. 그걸 껄렁패라고 안 그러고, 당시 말로 '까다' 라고 하제. 보통 이름 있는 껄렁패 종류는 부관을 늘 데리고 다니거든. 부관이 아니라, 꼬봉(부하)을 하나씩 데리고 다녔다고. 나도 학교 갈 때, 한반에 있는 정우식이라고 내보다 크다! 그 놈이 내 가방을 들고 따라댕기고…. 학교마다 그런 조직이 하나, 둘씩 있지. 그때는 뭐 주로 지그(자기)들 이웃끼리 그렇게 댕긴 거지. 우리 멤버도 한 칠팔 명 되는데, 주먹 센 놈도 없고, 재주꾼들만 모여 가 있지. 말 잘하는 놈, 공부 잘하는 놈, 별별 놈들이 다 있지. 우리 멤버에는 놀기 좋아하는 사람이 없고, 악기 다루는 정도…. 그때 나도 악대부에 있었거든. 이것이 내가 오학년 때 악대 지휘봉을 들고 찍은 사진인가 싶네. 그때 우리 멤버들은 요새로 치면 적십자 뺏지인데…. 그걸 우리 일행들 모두가 모자에다 달고 댕겼다고. 다른 멤버들이 '적십자 멤버를 보면 조심해라!'고 이랬거든. 우리가 나타나면 '조심해라!' 이랬거든. 우리 일행들이 다른 놈하고 시비하면 단체로 달려들지. 그거는 뭐~, 그때 진주에서는 농림중학교를 따라올 수가 없지. 고마(그만) 우리가 가면 다른 멤버들이 미리 피해 버리고…. 그래도 인자 저쪽에도 그런 멤버들이 있거든. 그것들하고 우리는 서로 통하거든. 이렇게 충돌이 생기면 우리하고 잘 통하는 사람을 내세워서 해결을 보고 이러지. 진주중학하고, 농림중학교하고는 상대가 안 돼! 숫자도 진주사범하고, 진주중학하고 보태 봐야 진주농림 택이 안 되지. 그리고 비교적 보면

마분지 모자 창: 진주농림학교 다닐 때 추리닝을 입고 공도 차고, 별의 별짓을 다 했지.

농림중학교는 실업계열이니 아들이 좀 불안하지.

진주에 시내버스가 언제 처음 나왔어요?
우리 학교 댕길 때는 시내버스가 없었어. 학교에 항상 걸어다녔지. 일제 때는 마차가 있었어. 진주법원에서 진주역까지가 한 삼 키로 될 거야. 거기를 종로라고 했는데 마차가 다녔어! 인제 추울 때, 우리 백부님 가게부터 큰집까지 한 삼 키로 가까이 되거든. 춥고 그러면 큰아버지가 '마차를 타고 가라!'고 돈 주고 그랬거든. 돈을 얼마 주었는지는 기억이 없고, 역하고 법원하고 왔다갔다 하면서 중간에 사람들이 타고 내리고 하는 기라. 한 십여 명 탔어. 뚜껑이 있는 마차인데 칸막이는 없고 의자만 있지. 그건 그렇고, 시내버스라는 건 내 기억에 없고…. 해방 후에도 버스가 있을 수가 없지. 그전에는 인력거는 많았고, 다쿠시(택시)도 더러 있었지. 진주시내에는 영화관이 두 개가 있거든. 석 '삼(三)'자, 포구 '포(浦)'자, 삼포를 '미우라'라고 했지. 그거는 왜놈극장이고, 진주극장은 한국사람 꺼라! 내가 어릴 땐데, 진주극장에서 '미야모도 무사시(宮本武藏)'라고 하는 영화…. 미야모도 무사시가 일본 최고의 무사, 영웅이 아니가! 그저 사무라이

지휘봉을 들고: 사진에다가 '책을 들고 十二年'이라고 쓴 거는 내가 국민학교에 입학한 뒤부터 단기 사천이백팔십사년 시월 이십오일 현재까지 십이 년이 된다는 뜻이라!

칼싸움하는 걸 내가 본 기억이 나거든. 참 오래됐어! 하여튼 어북(제법) 큰데! [헛웃음을 치시면서] 아를 업고 들어가면 돈을 안 받거든! 그래서 우리 형님이 나를 업고 들어가서 봤어. 그때 문지기하고, 우리 형님하고 실랑이 한 게 기억이 나. 형님은 나(나이)가 십칠팔 세쯤 되었을 기고, 난 아마 여덟이 안 되었겠나! 여덟이나, 아홉 그리되었겠지. 진주로 이사를 가서 형님이 나를 업고 들어가니께네, 문지기가 형님을 보고 '업힌 아가 니캉(너보다) 크다!'고 하니, 형님이 '내 동생이요! 내 동생이요!' 그러면서 들어갔지. 그래 들어가 결국 돈을 안 냈지. 그때 내가 들어가 본 기 '미야모도 무사시'라고 하는 사무라이 영환기라! 그게 아마 내가 처음 본 영화일 거야! 해방 후에는 '자유만세'라고…. 그게 아마 우리 영화로서는 상당히 일찍 나왔을 거야! 하여튼 '자유만세'라고 김승호가 나오는 기지. 김승혼가 누군가 잘 모르겠다.[19] 그게 해방되고 처음 본 거야. 내용은 잘 기억이 안 나네. 주연 배우가 태극기를 들고 울부짖는 그거만 기억이 난다. 그 당시 진주에 뭐 쇼 같은 거 들어와도 그때 우리가 어린 게 그런 거는 별로 관심이 없었고…. '자유만세'는 저녁에 우리 멤버들하고 같이 갔지. 영화관에 가면 좌판에다가 오징어 뭐 이런 거 팔았지. 해방 후에는 오징어가 참 흔했다고. 오징어 구운 거, 밤 구운 거, 그런 거를 극장에서 들고 다니면서 팔고 그랬지. 당시 진주극장은 좌석제가 아니었어. 들어가면 그냥 뭐 아무 데나 앉았지! 당시 입장료가 얼마인지는 잘 모르겠고, 지금 기억날 턱도 없고…. 또 우리가 극장엘 가면 돈을 낸 게 아니기 때문에…. 우리 멤버들 중에서 누군가가 인자 또 어떤 봉을 잡아와 극장을 갔겠지. 보결로 들어온 것들이 돈쟁이들이 아닌가! 우리 멤버가 '오늘 우리 극장 갈란다! 같이 가자!'고 보결을 보고 그러면 지가 따라와야지! 지들이 우째할 수가 없지.

농림학교 다닐 때 술이나 담배는 안 하셨고요?

농림학교 일학년 들어가니까 그때 우리 반에 장가 간 아가 서너댓이 있었거든. 나이도 한 댓 살 차이 나고…. 시골 부잣집에는 그 당시 조혼시대께네. '박판수'라는 친구는 아까지 있었는데…. 그거는 딱 시간 마치면 어디 가서 담배 피고 그러지. 그러니 일학년 들어갈 때부터 술은 안 해도 담배는 개중에 피운 아들이 있었어. 나는 별 취미가 없었고…. 그때 말이야 '임마! 담배 살 돈 갖고, 오늘 찹쌀떡 사라! 만두 사라!' 이래 쌓거든. 농림학교 후문 바로 옆에 문씨 집이라고 하는 게 있는데, 이게 빵집이라! 거기 가면 찹쌀떡, 만두 이런 거를 해서 팔고 그랬어. 쉬는 시간에 철조망 넘어가지 않고, 후문으로 바로 나가지. 통제 있어 봐야 우리가 나가는데 껍질 놈들이 있나! 당시 선생들이 지키지는 않았거든. 쉬는 시간 보다는 주로 점심시간에 나가지. 당시 찹쌀떡 같은 거, 만두 같은 거 얼마인지 기억이 없어. 아마 그리 안 비싼 모양이지. 그래 갖고 우리가 칠팔 명 모여 나가도 늘 보결 그들이 사고 그랬지. 그러니 안 비싼 모양이지.

여장 남자.

그리고 옛날에는 사진관에 가서 사진을 찍는 게 유행해 쌓지. 사변 전후에 이리 여장을 해서 사진을 찍는 것이 그때 학생들 사이에서 유행이라! 뒤에

영화 '춘향전'을 흉내 내면서….

서 있는 기 나라! 이웃에 사는 진주여고 여학생들을 찾아가서 어떻게 사정사정을 해 가지고 교복을 한두 벌 빌려오고, 여학생들도 우릴 찾아와서 또 교복을 빌려가고 그랬다고. 그때 여학생은 남장하고, 남학생은 여장하는 이런 짓을 참 잘했다고. 그래가 서로 학생들끼리 옷을 빌리러 오고, 빌리러 가고…. 자기한테 맞는 게 있으면 여자 친구를 찾아가서 '아무 친구 옷 좀 빌려 도라 해라!'고 부탁도 하고 그랬지. 이렇게 찍어서 친구한테 보여 주거나 그런 거는 있어도, 누구한테 돌리고 그런 거는 없었지. 여기 서 있는 거가 나인데, 그때 친구들이 '참말로 계집애 같다.'고 놀리고 야단들이었지. 또 이거는 인자 영천에 사는 동기생 송순건 집에 놀러가 가지고 친구 동생하고 사진관에 가서 찍은 사진이지. 영천은 그때 처음 가 보고, 마지막 갔어. 그전에는 영천에 가 본 일도 없고…. 그 당시 사진관에 가면 영화 '춘향전'을 흉내를 낸다고 남원 광한루를 배경으로 많이 그려 놓았지. 그때 나도 사진관에서 도련님 복장을 빌려 입고 이몽룡이 매쿠로(처럼) 친구 여동생하고 남원 광한루를 배경으로 사진을 찍었지. 사진관에 가서 옷을 빌려 입고 사진을 찍는 이런 짓을 많이 했지.

좌우 대립과 빨갱이

이 당시는 좌우 대립 같은 건 없었고요?

와~, 학교에도 심했다고. 데모 같은 거는 없고…. 결국 말하자면, 이철승 계열의 학생연맹이라는 게 있고…. 이철승이가 아니라 이철승이가 학교 다닐 때에 학생운동을 하던 학생연맹이라는 게 있고, 또 학생동맹이라는 게 있어! 연맹이라고 하는 게 우파고, 동맹이라고 하는 게 좌파고. 그런데 처음에는, 초창기에는 그 좌파가 셌다고. 숫자도 많았거니와 주먹 센 놈이 그걸 많이 했지. 좌파, 우파 들어갈 때, 자진이지 뭐! 자진이 아니라 그거끼리 모이데. 우리는 별로 그런 데는 취미가 없으니 뭐 이놈하고도 통하고, 저놈하고도 통하지. 좌, 우파 저들끼리는 많이 싸우고 그랬지! 저들이 주로 싸움하는 데가 학교 구석에 가서 싸우거나 그러지. 경우에 따라서는 그것들끼리 친한 것도 있다고…. 그것들은 대개 보면 두목, 두목끼리는 친하다고. 그 당시 좌파라는 게 의식화가 되었는지는 내가 안 해보니까 잘 모르겠고…. 그때 학생동맹이라 하는 거는 반발에 의한 게 아닌가 싶어. 반발심! 그리고 거기 조금 과해져 가지고는 각 학교에 동맹휴교라는 게 많이 있었거든. 동맹휴교! 우리 학교도 동맹휴교라고 하는 게 기억이 있는데…. 학생동맹 아들이 교문에서 동맹휴교라고 붙들어내고 이랬거든. 그러면 또 학생연맹 아들이 들어가려고 발악을 치고…. 해방되고 노동절 날 시가행진하고, 철도파업하고 그런 거는 얘기 많이 나오지만, 진주에서는 그런 거 별로 없고…. 그거는 내 기억이 전혀 없는데…. 노동절이 어땠는지는 내가 몰라! 사변 전에 진주 같은 데는 빨치산 습격을 당했거든. 빨치산 습격! 지리산 빨치산이 진주로 내려와 한 번 쇼를 안 봤나! 진주법원에 불 지르고, 경찰서에 불 지르고…. 그때가 추울 때다! 사십구년인지 싶다! 그 겨울에 추울 때다! 하여튼 사변 나기 그 앞에 해라! 진주법원하고, 진주경찰서가 그때 날아갔다고. 그때 그 사람들이 내려와 가지고 진주 습격하고, 의령으로 빠졌거든. 그러고 난 뒤에 구연대가 들어왔거든. 일개 연대가 와 가지고 우리 학교에 주둔했다고! 학교운동장을 구연대하고, 우리가 같이 썼다고. 그 사건 나고 나서는 학생연맹이고, 학생동맹이고 와해가 되었지.

여순사건이 나고, 진주습격사건이 난 거죠?

암. 진주사건! 지리산 빨치산이라고 이전에 영화에서 한 거! 소설가 이병주가 쓴 거! 이병주가 지리산인가? 뭔가 하나 있지 않았는가? 이병주가 우리 영어 선생이거든. 그 선생이 실제 빨치산 그거를 갖다가 목격을 했다고. 우리 은사니까! 우리 학교에 지리산 빨치산 토벌하는 구연대가 주둔했거든. 그전에 강대창이라는 분이, 설매실 사람인데 양반집이다! 아마, 일본 명치(明治)대학 나왔지! 그 사람이 빨갱이 두목이라고 해서 여순반란사건 이전에 잡혀 간 건 알제. 대개 보면, 그때 좌익한 사람들이 명치대학, 조도전(早稻田)대학에 다니던 그런 사람들이 들어갔고…. 근데 내 어릴 때는 그걸 빨갱이라고 봤는데, 요새 가만히 생각하면 그게 빨갱이가 아니라! 일본에 항거하기 위한 독립정신을 가진 사람들 같이! 그 거는 공산 하고 싶어서 한 게 아니라, 일본을 타도하기 위한 어떤 그런 조 직이 아니었나 싶어! 요새 생각하니까 그런 생각이 들어. 아버지 외종누 나의 아들 중에 정봉식이라고 있어! 그 아버지가 정참봉이거든! 정참봉 이 아버지 외종매부거든! 근데 그 아들 정봉식이가 누구냐 하면 명치대 학 댕길 때, 일제말에 우리 집에 피난 오고 그랬거든. 학도병 가기 싫어서 우리 집에 한두 달 숨어 있었다고. 그 집이 부자이고, 또 아바이(아버지) 가 참봉이니 빨갱이 할 턱이 없단 말이야! 그런 사람들이 빨갱이 한 거 보 면 독립운동하고 관계가 있는 거지. 사상이 그런 건 아니다 싶어. 여하튼 저 사람이 나중에 월북했다고! 월북해 가지고 사변이 나고 나서 경남지 구 뭐라고 카노! 군인 말고, 후방 뭐 조직을 관리하는 거를 뭣이라 했노! 요새 말하면 이북에 보위부! 그게 있는 모양이지. 계급장도 없는데 장군 들이 질질 매던데. 맞다! 정치보위부! 거기 참여해 가지고 경남책임자로 내려왔거든. 지금 그 누(누이)가 초대 성균관장 심산 김창숙의 작은 아들 김형기, 그 부인이 안 됐나! 그 혼인을 우리 백부가 시켰거든! 심산 김창 숙이 하고, 우리 백부하고는 이리저리 통했고, 우리 백부는 그 계통에 상 당히 밝았고…. 우리 백부는 쏙(속)으로 김창숙이 돈도 대 주고 이랬거 든. 그래 갖고 해방 후에, 아니 해방 전에 혼인시켰지! 초대 성균관장 김 창숙이 작은 며느리가 정봉식이 누가 아니가! 첫째, 전성환이가 사변 당 시에 경인지구 합동헌병사령관 아니가! 그때 내가 알기로 해군 중령인 데, 경인지구사령관을 했다고! 정일권이 하고도 잘 통하고 그랬거든! 근 데 그게 바로 형기 외종처남 아닌가! 그래 가지고 박정희가, 박정희하고 는 관계가 없구나! 해방 후에는 김창숙이가 끼고 돌아섰으니…. 그러고 김창숙이가 끝에 가서는 이승만이하고 사이가 안 좋았지. 처음에는 그렇지 않았거든. 김창숙이 이승만이하고 사이 괜찮았거든. 끝에 가서 벌어져서 그렇지.

4. 우리 가족의 편안한 피난살이

姜君의 入隊를 祝賀(4283.7.13.) : 당시 군에 가는 아들이 있으면 종종 책을 읽는 모습으로 기념사진을 찍었거든.

지 집에 가서 난리를 맞제

육이오 났다는 소식은 어디서 처음 들으셨어요?

육이오 나 가지고 두 어른이 헌이를 데리고 외가로 가라! 고 하더라고. 넷째 헌이는 학교를 다니기 전이거든. 세상이 시끄럽고, 방학은 했고…. 보통 방학 때면 외가를 잘 가니까! 이거를 보면, 사변 나고 칠월 중순까지 내가 진주에 있었던 모양이라! 사진 속에 '강군(姜君)의 입대(入隊)를 축하(祝賀)하며' 라고 한 다음에 단기 '사천이백팔십삼년 칠월 십삼일' 이라고 쓴 날짜는 사변이 터지고 직후거든. 강군이 누구인지 퍼뜩 기억 안 나지만, 창문을 보니까 우리 학교 교실이고, 맨 앞에 손으로 머리를 만지고 있는 사람이 내라! 아마 이 사진을 찍고 나서 헌이를 데리고 외가로 간 모양이라. 그때만 해도 일반 여객버스라는 게 없었다고. 진주 가마못 근처에 가 가지고 화물차를 이용해 갖고 합천까지 갔다고. 어른들이 말하길 합천에서 외가까지는 한 삼십 리라고 해도, 키로 수로 따지면 아마 십오육 키로는 될 거야. 거길 걸어간다고. 학교도 안 다니는 어린아(애)를 데리고 걸어서, 산에 올라갈 땐 업고 가고 이랬겠지. 거길 가려면 나루를 하나 건너는 데가 있어. '웃갯나루' 라고! 그 근처에 가면 나루가 여러 군데 있어요. 우리 외가 동네에서 보면 위쪽 나루인데, 보통 '웃갯나루' 라고 부르지. 외가 가는 길은 웃갯나룬데…. 거기 가니까 사공이 '어디 가냐!' 고 하기에 '저 안에 강부잣집! 외가를 갑니다' 고 대답하니, '아~, 그러냐! 강부잣집 같으면 우리가 돈을 몬(못) 받는다' 고 하면서 뱃삯도 안 받더라고. 외가에 가서 이틀인가 지나고 나니까, 그때 피난민들이 막 내려올 때라! 그때 내 외증조부가 살아 계신데, 나이 한 구십 되는 걸로 기억하제. 오래되셨거든. 외조부들도 다 있고 할 땐데…. 다른 사람들은 다들 가만히 계시는데, 내 외증조부가 '너희 집에 가라!'고 어찌나 후들거리는지! 보통 때는 그리 안 하는데…. 그때 돈이 얼만가는 내 기억이 잘 안 나. 하여튼 노자를 보통 때보다 많이 줘! 많이 주면서 '동생 데리고 가라! 여기 있으면 안 된다. 이 세상이 시끈데(시끄러운데), 지 집에 가서 난리를 맞제!' 라고 하면서 후들거려 보내더라고. 거기도 진주 사람들이 피난을 오고 이러니께네, 외삼촌들이 '진주로 못 간다! 진주로 가지 마라! 진주 식구들도 틀림없이 고향으로 왔을 끼다! 그러니 고향으로 가라!' 는 기야. 외가에서 고향으로 갈라면, 초계에서 여기까지 올라 하면 길이 한 육칠십 리 된단 말이야. 일찍 나서라고 새벽에 내보내더라고. 가기 싫은데, 자꾸 가라고 하니 안 올 수도 없고, 할 수 없이 나섰다고. 또 외증조부가 노자를 많이 주고 그래서 나서 가지고 한 십오 리쯤 오면 [경상남도 합천군] 청덕면이라! 청덕초등학교 있는 동네인데, 동네 이름이 파실마을이라! 그 학교 바로 뒤편에 내 이모가 있어서 그리 들어갔다고. 그때 내 이모부가 그 학교에서 선생하고 있었어. 그리 들어가서 또 하룻밤을 자고 또 새벽에 나섰다고. 나서 가지고 뭐 피난민들 속에 웅크러서 왔지. 피난민들은 대개가 적포 다리를 건너서 창녕 쪽으로 나가더라고. 인제 나는 신반 쪽으로 걸어왔지. 거는 별로 사람이 없고 하더라고. 신반까지 오니까 딱 점심때 가까이 됐어. 신반에 와 가지고 고향의 우리 집안 아저씨를 만났다고. 그 아저씨가 '이형기' 씨라고, '법산 아제' 인데, 방앗간을 하고 이랬지. 그 아제가 '종윤아! 니들 어디서 오노! 형님하고, 아주매(아주머니)가 전부 다 고향에 다 왔다!'고 그래. 우리 어머니, 아버지가 다 왔다는 기라. 그 말을 들으니 속으로 반갑고 그러데. 여기 고향에 오니까 전 가족이 여기 다 있더라고. 큰집에 다 모여있어. 그리고 며칠 있으니까, 역시 여기도 비행기가…. 제트기 그거를 처음에는 호주끼라 했어! 제트기를 호주끼라 이랬다고. 왜 그랬는지 모르겠어. 미국 비행긴데 와 호주끼라 했는지 그걸 모르겠어. 그 당시에 뭐 호주끼라 그런 거는 이승만 대통령의 부인이 내나 호주댁이라 안 쿠나(그러나)! 그래서 호주끼라 했던 거 같애. 제트기가 쌩쌩 이래 날다가 인자 간혹 기총사격도 하고 이랬어. 그때가 아마 인민군 선발대가 낙동강 근처까지 왔던 모냥(모양)이거든. 그러니까 그렇게 비행기로 설쳤지. 우리 동네는 안 왔고…. 그래 인자 어른들이 전부 다 우르르 갔다가…. 웃동네(윗동네)에 가면, 오방 입구에 보면, 우측 도로 밑은 요샛말로 하천 물 내려가는 박스가 있었어. 거기로 사람들이 다 피난을 하는 기라! 밑이 터진 다리가 아니고 박스거든. 거기서 피난을 하고 이랬지. 거기 박스서 보니 밖이 분잡해서 나와 봤더니 그때 패잔병들이 지나가. 국군 패잔병 비슷한 기 와 가지고 지나가고 이래. 예사 패잔병인 줄 알았는데…. 그때 한참 혈기왕성할 때지. 패잔병에게 '전황이 어떻게 되었습니까!' 라고 이래 물었더니 답도 안 하고 눈만 시큰둥하고 이래. 나도 우리 비슷하고, 아주 젊은 애라. 그래서 '야~, 이 사람아! 뭐 말로 하면 답을 해야 될 것 아니냐!' 고 그랬거든. 그랬더니 홱 돌아서는데, 보니까 따발총을…. 그때 따발총을 처음 봤다고. 인민군이던 모양이라! 따발총을 딱 드는데, 아~ 저게 인민군이다 그랬지. 따발총을 그림에만 봤지. 실물은 안 봤단 말이다. 우리 국군들은 따발총이 없는 거 아닌가? 동그랗게 달린 따발총을 딱 드는데 앗 뜨거워라 싶데. 그래 인자 상대는 말도 안 하고, 나도 미안해서 박스 안으로 기어들어가 버렸지. 그게 아마 인민군의 선발대였던 모양이지. 척후병이던 모양이지. 한 이십 분 정도 있다가 발자국 소리가 나서 나와 봤더니 인민군들이 떼로 지어서 넘어오데. 저기 신반 쪽에서 넘어오지! 월현재를 넘어오고 있더라고. 근게 부대가 이동하면서 하나씩, 둘씩 이래 가지고 선발대를 보낸 모양이지. 거리는 몇 백 미터 두고 뒤에 본대가 따른 모양이라! 그때부터 낮에는 맨날 그 박스 밑으로 가고 피했지. 인민군들은 이 동네로 안 들어오고, 그냥 지나가 삐릿고(버렸고)….

가족끼리 분산하는 기라

어느 날 밤인가 내 종형이 가족들을 전부 다 모우데. 그때 집안 살림을 갖다가 내 종형 개내(介川)네 형님이 맡아가 있었거든. 가족들을 다 모아 가지고 진주서 가져온 돈을 전부 다 갈라 주더라고. 내가 그때 받기로 오원짜리 한 다발이면, 백 장이면 얼마야? 그때만 해도 신화폐가 안 나왔거든. 오백원인가! 지금도 그걸 가지고 있어! 저 있어! 조선은행권! 그 중에 보면 일본은행권도 간혹 섞여가 있다고. 아들을 다 안 주고, 우리 형제들 중에서 내만 오원짜리 한 다발을 주었지! 내가 고등학교 이학년 때 안 그랬나! 그러니까 크다고 주지! 어린기야 주겠나! 어른들은 십원짜리 한 다발씩 쫙 주고. 가구당이 아니라, 우리 형님이 진주에서 나오면서 현금을 몽당 가 나왔으니 그걸 갈라 준 거지 뭐. 지금도 저기 있는데, 그 중에서 무슨 일로 몇 장을 뺏을 기다. 그때부터는 가족끼리 분산하는 기라! 분산하는데…. 우리 가족이라 하면 인자 칠남매하고, 어머니, 아버지 보태서 아홉 아니가! 개내 형님 가족은 그때 애영이를 낳기 전이란 말이지! 애영이를 낳는가 보다. 개내 형님 가족 너이하고, 우리 가족 아홉 고리는 제립재에 있는 내 고모 집에 간 기라. 내나 내 고종 성재갑이 집으로 가고….

그리 가 가지고 인자 피난을 하는 기지. 갈 때 인자 옷가지만 가 가지고 갔지. 다른 거는 가져간 것이 없거든. 돈 가른 것 달랑 그것만 들고 갔지. 내 고모 집 자기네 식구들도 언캉(엄청) 안 많나! 거서 우리에게 배당된 데가 뒤에 제실이라! 제실에 인자 냄비를 하나 걸어 놓고 밥을 해 먹고 거처하는데…. 그때만 해도 거기는 인민군이 안 들어왔어! 거기서 한 며칠 견디는데, 양식은 또 인자 여기서 갖다가 먹었다고. 한 번 양식을 가지려고 이리 넘어온께네, 우리 큰집 식구들도 없더라고. 인민군들이 우리 큰 집을 점령해 갖고 있더라고. 우리가 제립재에 한 열흘 있는 동안에 그리 되었거든. 본가 식구는, 큰집 식구는 임천정 위에 골짜기에 있었고, 우리 큰어머니는 인민군이 점령한 큰집에 와 가지고 살림을 또 챙기고, 자주 출입하고…. 그때 그놈들이 놈(남)의 소를 잡았는지, 쇠고기를 짜드라 (많이) 도장에 걸어 놓고 떼어 먹고 그렇더라고. 그래 큰어머니가 물어물어 쌓터니만 그걸 한 뭉치 얻어 주데. 그거 하고 쌀을 짊어지고 제립재로 갔다. 갔더니만, 제립재는 제립재대로, 우리 고모 집은 고모 집대로 너무 복잡하니까 분산해야 될 판이라! 우리는 거기서 한 일 키로 되는 큰골이라고 하는 데 다부(다시) 분산되었지. 거기가 우리 고모부 친척집이라! 내나 창녕 성가들 한 일가들이거든. 거서 아래채를 또 얻어 나가 있으니까, 그때부터 인민군이 들어오기 시작하데. 근게 집에 어른이 '어차피 마찬가지이다! 인민군 없는 데는 없는 기다. 집으로 가자!'고 그래. 거기서부터 또 걸어서, 산을 넘어서 가래면으로 해서 집으로 가는데…. 아침에 나서 가지고 칠곡 들에서 우리가 점심을 먹었다고. 아침에 나설 때 밥해 간 거 그거지 뭐. 주먹밥이 아니라 광주리에 담아 가지고 그냥 숟가락으로 퍼먹는 거지 뭐. 인자 칠곡에서 재를 하나 넘으면 화정이고, 재를 하나 더 넘으면 설매실이거든. 그래 어른이 '진주는 아직 모르니, 여기 설매실에 일가들이 살고 있다'고 말씀해서 설매실로 들어갔다고. 내나 설매실 좌동, 모곡 할배 집에 들어가니 아주 반갑게 맞아 주더만. 거서 진주 소식을 물으니 '진주는 들어가지 마라! 진주는 다 비었다!'는 기라. 그래 거기서 사변을 넘긴 택이지. 그래도 우리 가족은 편안한 피난살이를 한 택이지 뭐! 한 번도 어디 노숙해 본 일이 없고, 한 번도 밥 굶어 본 일 없어. 설매실 모곡 할배 집에서 얼마나 있었는지는 내 기억이 잘 안 나! 어북(제법) 쌀랑할 때야! 내가 옷을 두껍게 입었는데…. 요새로 치면 구월 달쯤 되었겠지. 폭격도 인자 좀 들하고 이래서…. 어른이 날 보고 '진주에 함 가 보라!' 이래. 그래서 내 바로 밑에 훈이 애비하고 둘이서 도동 문 앞에까지…. 그때 우리가 망경북동 살 땐데. 초전 앞에 가니까, 뇌성벽력 같은 소리가 나. 그래 보니까 비이십구라는 그거라! 백여 대가 쑤~욱 날아오데…. 우찌된 것이 날아오더니만 굉음을 내면서 그냥 지나가 삐는데…. 비이십구 그건 요동도 않고서 싹 지나가 뺏는데, 진주 시내 전체가 불바다가 되어 버렸는가 보데. 융단폭격을 때린 모양인 기라! 그때 진주 시내가 몽땅 다 날아가 버렸다고. 촉석루도 그때 날아가 버렸고. 그래서 겁이 나서 다부 돌아서 버렸지. 며칠 있다가 소문을 들었더니 진주는 전부 다 재구덩이가 됐다고 해. 그러고 나서 어북 살랑할 때 한국군이 들어왔다고 해. 인자 설매실 바로 밑이 대곡면인데…. 대곡면 지서에서 '피난 온 사람들 전부 다 점검을 한다!'고 이래. 요새 생각하니까 부역자들 수색하려고 그런 거 같애. 그래 가 전부 다 인자 피난 온 사람들…. 본바닥 사람들은 놔두고, 피난 온 사람들만 지서로 다들 오라고 하데. 그래 가 보니까, 그 경찰에 우리 선배 둘이 있더라고. 그때 졸업하기 전의 학생이었거든. 아마 그때 군에 안 가고, 경찰에 합류하여 경찰복을 입고 그렇더라고. 그 선배가 날 보더니만 '니가 여기 웬일이고?' 라고 해서 '나 여기서 피난했습니다' 라고 했더니, 나를 데리고 들어가서 난롯가에 앉혀. 그리고 '욕봤다!'고 하면서 마산을 갔다가 부산까지 가서 경찰에 들어가서 요기로 배치를 받았다!고 그래. 진주를 물으니, '진주는 조용하다! 괜찮다!'고 그래. 그 길로 와 가지고 집에 어른에게 '진주 우리 집 탄 거 보고 오겠다'고 말하고선 그 이튿날 진주로 들어갔지. 진주를 들어가니 철교는 끊어졌고…. 나루터에 가서 사공한테 뱃삯을 주고 남강을 건너서 망경북동으로 갔거든. 가 보니까, 우리 집 있는 데 몇 집은 빨룩한(말쑥한) 게 괘안해(괜찮아). 집에 들어갔더니만 낯선 사람이 우리 집에 살고 있어. 그래서 우리 집에 사는 피난 온 사람에게 '여기는 우리 집이다. 내일 우리 식구들이 올 기다!'고 하니 '아~이 미안하다!'고 말도 공손히 잘하고 그러더라고. 그래 이튿날 돌아와서 식구들 데리고 우리 집으로 들어갔지. 당시 집이 없는 사람들은 돌아가지 않거나, 움막을 세워 가지고 밥을 해 먹는 그런 사람도 있고 그렇더라고. 우리 집 근처가 한 이십여 채가 그냥 그대로 있더라고. 우리 집에 피난 온 사람은 고물쟁이였던 모양이지. 집을 정리를 하니까 전신에 전깃줄, 전선, 송전선을 걷어다 놔두었던 모양이라. 난리통에 전깃줄이 흩어져 있으니까 걷어 모은 모양이라. 집에서 그게 수두룩하게 나오는데, 고물쟁이는 가 버리고 없어서 처치하기 곤란한데. 그래서 그냥 집 앞에다가 쌓아 두니 지서에서 한 번 나와서 '이게 웬 기냐!'고 하기에 이리저리 되었다고 이야기하니 얼마 안 있어서 가져가더라고.

큰집에 있던 인민군들

인민군이 고향 마을에 주둔할 때 큰 탈은 없었나요?

아주 점잖하드라고. 우리 큰집에 있던 것들은 요새 생각하니 장성들인 모양이거든. 우리 큰집 앞에 겸수재(謙受齋)! 지금 저 앞에 조그만 집이 있는…. 우리 큰집 앞에 본양 아버지 태생지거든. 지금 정골(井谷) 아저씨 집! 그 앞에 우리 감나무밭에다가 큰 포를 차려 놓고 저쪽 낙동강 쪽을 보고 쏘고 그러데. 그러는 바람에 우리 큰집은 대포 쏘는 진동에 허물어졌거든. 겸수재가 허물어졌어! 그건 제실이 아니고, 우리 큰집 서재거든. 지금 사촌 아지매 집 앞에 논이 본양 우리 큰집 터라. 그래가 허물어져서 할 수 없이 그걸 뜯어가 진기 저 안에 있는 현재의 겸수재 그기(그것이)라! 여기서 낙동강까지 직선거리가 [오른손으로 낙동강 쪽을 가리키면서] 삼사 키로밖에 더 되는고! 직선거리로 삼사 키로! 그때 우리가 듣기로 여기 고향에 주둔한 인민군이 쏜 포를 '군단포'라고 하고, 우리 큰집을 갖다가 군단사령부라고…. 우리 큰집에 주둔하고 있던 인민군들이 전화 시설도 하고 대단하게 있었다고. 이 마을에 주둔한 인민군 사병들은 해코지를 하지만도 고관들은 아주 점잖았다고. 이 마을 어른들이 전부 다 갓 쓰고, 도포 입고 계시지 않았나! 우리 수산 같은 이는 임천정에 딱 들어가 있었거든. 근데 쫄병들이 '할아버지 동무!'라고 한다고 호통을 치고 이랬거든. 담뱃대로 매를 막 때리고…. 인민군들이 할아버지는 무서운 분이라고 근처에 안 가려고 그랬거든. 그때 수산 어른 나이가 팔십 전이거든. 하진만도 갓 쓰고, 수염 기르시고, 허리가 꾸부렁하니…. 본양 키가 큰 양반이 허리가 꾸부렁하니 있으니까 인민군들이 겁을 냈지. 우리 식구가 제립재로 피난을 가서 우리 종형들하고 양석(양식)을 짊어지고 다닐 때, 우리 큰집 군단 거시기! 인민군들이 다른 데 쌀은 먹어도 우리 큰집 곳간에 있는 쌀은 손도 안 댔다고. 지금 행산정사(杏山亭舍) 말이다! 대가 막 나 가지고 있는 제실! 옛날엔 창고를 '고방'이라 했지. 큰집에 있던 인민군들이 행산정사 고방에 있는 곡식은 절대로 손을 안 댔다고. 마을에 있는 곡식은 손을 댔는가, 안 댔는가는 모르겠고…. 우리 집 거는 손을 안 댔다고. 저 사람들은 아주 점잖았어요. 이 동네 소는 하나도 손실을 안 당했거든. 근데 인민군들이 소를 어디서 구했는지? 소고기는 늘 달아 놓고 먹더라고. 여기서 제립재까지 양석을 계속 날랐다가 먹을 때 종형들하고 같이 베로 니쿠사쿠를 만들어 지고 가고, 우리 형수는 주로 고기 같은 거 이고 가고 그랬지. 여기서 제립재 해봐야 사 키로도 안 된다! 재를 넘어서 가면 사 키로, 한 십 리 길!

동기생들은 대개 깔꾸래기

부역한 사람들 색출하고 거 없었습니까?

처음에는 그런 거 없었지. 우리 가족이 다시 진주 집으로 들어갔을 때 경찰이 군보다 먼저 온 갑데. 그땐 말이 경찰이지, 옷도 군복이고, 총도 칼빈 총으로 군과 같고, 모자만 경찰 모자로 썼지. 우리 집안에서는 뭐 군에 끌려간 사람이나, 인민군에 끌려간 사람이 없었고…. 일사후퇴 때는 여기 남쪽에서는 큰 느낌을 못 가졌지. 피난민만 많이 왔지! 일부 얘기 들어보면, 제이국민병으로 진주를 거쳐 통영, 마산으로 갔다고 하는데 그런 행렬을 우리는 못 봤지. 그게 청방 아니가? 청년방위대라고 하는 걸긴데. 아마 청방이라 했지. 청방은 청년들이 하는 거고, 사십 세 이상 사람들이 하는 제이국민병은 한참 뒤에 생겼을 낀데. 어느 정도 질서를 세우고 나서 제이국민병이라고 하는 게 생겼을 낀데. 청방이라고 하는 거는 뭐 요새 엄청 시끄럽지 않았나! 그거는 군조직하고 비슷해 가지고 계급장만 달랐지. 그것도 소위, 중위했을 기야! 그때 계급장이 소위는 밥티꺼리(밥알)라고 하는 거. 군 계급장은 노란데, 위관급은 밥띠꺼리, 영관급은 태극기 동그라만 거 달고 이랬거든. 근데 저거는 나무 이파리 같은 거 달고 이랬어. 요새 순경 이파리 하나 달고 이런 식으로 맨들었는데. 월계수 이파리 한개 두개. 한이파리 두이파리 이렇게 달고 이랬다고…. 서울에서는 청방 사람들이 그냥 군에 안 간 사람 색출하고 그랬는지는 몰라도 여기서는 경찰이 치안을 주로 담당했고, 청방은 완전히 전투부대지. 학도병이라고 하는 그거는 별도 부대가 아니고, 학생들이 군에 편입되어 있었지. 부산, 마산으로 피난 간 우리 동기생들은 경찰로 들어갔거나, 학병으로 다 나갔거든. 경찰이나, 학도병으로 자원해 많이 나갔지. 처음에는 어린 학생들을 강제로 데리고 가진 않았거든. 우리가 어느 달인가? 계절적으로는 초봄이지 싶네. [한숨을 쉬면서 곰곰이 생각하시다가] 육이오, 그 다음 봄에 학교를 정상적으로 갔나 베! 몇 월인가는 기억을 잘 모르겠고…. 개학 날짜에 맞춰 안 갔어요. 어느 정도 회복이 되고 나서 학생들 모이기 시작한 기지. 전쟁 나고 학교가 처음 소집되어서 가니까는 학교 운동장에 구연대가 주둔해 가지고 있데. 나중에 우리가 가니까 학교 운동장 일부를 비워 주더라고. 당시 수업을 했는데…. 학생 수가 반 정도밖에 안 됐지. 고학년이 올라갈수록 여~엉 비고 그랬지. 그래 가지고 쪼매(조금) 있으니까 동기생들 중에서 조항래라고 하는 친구는 중위 계급장을 달고 오고, 그 외에는 얄궂은 상사! 그때는 이등병, 일등병, 상

사변 후에 우리 학급: 사변 후에 숫자가 반밖에 안 되었거든. 인민군에 가서 포로수용소에 있던 놈도 있고…. 저~, 이승만이 반공포로 석방할 때 나와 가지고 다부(다시) 학교에 들어온 놈도 있지.

병, 병장 이런 식으로 나갔는데…. 일등병이 작대기 두 개, 하시는 깔꾸래기 한 개, 중시는 깔구래기 두 개 이런 식으로 달아갔고, 상사가 되면 깔꾸래기가 세 개고, 작대기가 세 개고 그랬어. 그거다가 별 하나 더 달면 특무상사라고 이랬어. 근데 우리 동기생들은 대개 깔꾸래기 그놈을 두 개썩, 세 개씩 단 놈이 있는데…. 인자 복교를 막 할 때 군복 입고 바로 복교를 하데. 그래 갖고 예편을 시켰는지, 우째(어찌)했는지는 잘 모르겠고…. 당시는 휴전 안 되서 학생들 돌려보내 줬다고! 전쟁중이라도 학교 복학하는 아들은 보내주더라고…. 내 동기생 중에서 정인성이라는 그놈은 의용군에 붙잡혀 갔다가 [너털웃음을 웃으면서] 우째 도망을 쳐 와 가지고 학교 들어왔다고. 의용군에 간 사람은 내가 기억하기로는 그 친구

하나밖에 없어! 그놈은 와 가지고 학교 졸업 안 하고, 바로 군에 또 입대를 했다고. 당시 국군종합학교에서는 한 사십 일 교육시켜 가지고 소위 계급장을 줘서 전선으로 막 투입시켰거든. 공명진이라는 친구도 학도병으로 갔다가 학교에 와 가지고 도로 장교로 자원해서 육군 중위로 제대했지.

학도호국단이 생겼을 때 어떤 군사훈련을 받았습니까?

군사훈련을 주당 몇 시간도 없고, 뭐 그렇게 크게 받은 건 아니고…. 사변 후에는 어북(제법) 참 많이 받았고! 일주일에 몇 시간 씩 받았는지는 내가 기억이 잘 없고…. 하여튼 많이 받았어! 그때 우리 학교 배속장교가 '서영덕'이라는 선생인데, 우리 영어선생이었어. 이병주하고 같이 일본 중앙대학 출신들이거든! 일본 중앙대학이라 했는데…. 그 출신들인데, 영어선생을 했다고. 영어선생을 하다가 배속장교 그 사람들로 모집을 했는가 보데. 거기를 가 가지고 석 달인가, 넉 달인가 군사교육을 받고 와 가지고 우리 배속장교를 했다고. 그래 하고 또 어째했는지? 구연대 상사들이 나와 가지고 우리 훈련을 시켰거든. 목총을 가지고 총검술, 제식훈련 정도를 교육받고 주로 구보고, 그런 거지 뭐! 총을 쏴 본 적도 없고…. 그때 목총을 처음 만져 본 기지. 또 기억하기로 대개 추울 때, 진주 철교를 놔두고, 도하작전이라고 해서 얼음이 둥둥 떠서 내려오는 남강에 집어넣었다고. 학생들을…. 나이 잘돼 봤자, 겨우 십칠팔 안 되었나! 그러니까 우리가 오학년 때거든! 그때 얼음 밭에서 도하훈련을 시키고 그랬다고. 첫째 친구 하나는 얼음에 다치고, 째지고 야단이 나거든. 그때 학도호국단 감찰부를 했던 나는 배속장교한테 사정을 해 갖고 피했고…. 배속장교가 십일사단 구연대 뭐이고? 요새는 중사, 하사 하는데….

그때는 일등상사, 이등상사 쌓고, 특무상사라고 했는데…. 이등상사가 그때 우리 소대장을 했는데 '얘는 아프다!'고 나를 빼돌렸지. 진농 다닐 때 내가 구연대 하사관들 하고, 또 계급장 없는 진주특무대 친구들과 친했어. 나이가 거의 비슷한 놈들이지. 특히 내 하고 친한 특무대 전상사라고 하는 친구는 사실 하사 계급인데도 특무대에 있으니까 상사라고 큰소리치고 다녔지. 저그(저희) 집이 영등포 노량진인데 서울에 와서 하룻밤 자고 그랬지. 특무대가 참으로 특수한 권한을 가지

학도호국단 감찰부 복장: 그때는 이래 완장을 찾고 다니는 거가 속된 말로 득세가 아니래! 누가 하고 싶어 했내! 군사훈련을 하니까 한 기지.

고 있었어. 행정, 사법! 아무거나 찝찌기지 않나. 참 무소불위지. 그때는 저것하고, 해군들이 에스아이에스라고 하는 두 종류가 특별수사기관에 있었거든. 특별한 임무를 맡은 사람들이라서 경찰들, 고급 경찰들도 저것들을 괄시하지 못했지. 저 친구들이 압수한 세 발 달린 사이도카(모터사이클)[20]! 옆에 배 같은 거가 달려 있는 거. 저게 본양 인민군들이 사변 때 갖고 온 거거든. 대개가 소련제라고…. 노획한 그걸 특무대에서 압수해 가지고 타고 다녔는데, 나는 저그들 하고 같이 타고 다닐 재미로 친하게 지냈지. 저그들을 알아서 사이도카를 참 많이 타고 다녔다. 요샌 이게 있을 수가 있나…. 그땐 진주에는 저런 거가 많이 없었지 싶어. 아마 하나밖에 없었을 거로. 경찰도 저게 없거든. 그때 경찰들은 쓰리코다니, 지

특무대 친구들과 함께 : 나는 사이도 카 왼쪽에 앉아 있고, 그 뒤에 군복을 입고 서 있는 사람이 진주특무대 전상사라고 영등포 노량진 출신이라!

꺼먼 기지 두루마기 : 고등학교 다닐 때 어머니가 꺼먼 기지로 손수 두루마기를 만들어 주셨지. 새 두루마기를 이래 입고 나가는 모습을 보면 그냥 괜찮았던 모양이지.

엠무시 트럭, 그런 군용차량은 있었고 저런 거는 없었지 싶은데! 그 당시 학도호국단 편제는 한 학급이 한 소대지! 한 학년이 중대고, 전교가 대대고 그랬지. 진주에 고등학교가 사범, 진고, 진농 이래 세 개 아니가! 세 개를 한데 모아 가지고 분열식 경합도 하고 그랬어! 장소는 그때 진고 교정이 제일 넓기 때문에 장장(늘) 거기서 잘 모이더라고. 그래 가지고 시가행진하고 이랬지. 여학교가 훈련에 참석하고, 이런 거는 기억이 없어. 복장은 각반! [왼손으로 오른쪽 무릎을 가리키면서] 무르팍까지 이만큼 올라오는 거! 워커 신을 정도 되는 거! 그런 거 하나씩 했다고. 훈련할 때는 그거 다 했다고. 여기 허리에 띠는 없었고…. 인제 중대장이니, 대대장이니 하는 사람들만 허리띠 하고. 처음에는 교복에다 하다가 나중에 얼룩무늬 교련복이 나왔지. 얼룩무늬 교련복을 나라에서 공급한 게 아니고, 우리가 돈 주고 샀다고. 그래서 학교를 마치면 교련복을 많이 입었지. 난 집에 와 가지고 어디 친구들하고 놀러 가면 한복을 입고 그랬지. 사실 내니까 한복을 입고 다니지. 그리 다니다가 규율부한테 걸리면 욕을 보거든. 내가 규율부고, 적십자 멤버인데 쩝질 놈이 있나! 주로 토요일이나, 일요일 그때 입고 다니고 그랬겠지. 난 집에서 한복을 잘 입었어. 명절때는 반드시 한복을 입었거든. 어머님이 바느질 솜씨가 참 좋았어. 그때 뭐~, 어머니가 두루마기 같은 거는 손수 얼마든지 했거든.

수산 어른 장례를 치를 때

수산 어른이 육이오 때 안 돌아가셨습니까?

근데 이 시기에 [곰곰이 생각하다가] 오~, 오십~, 오십일년! 인천상륙작전이 몇 년도고? 사변이 오십년 아니가! 정일권이가 그때 저기서 참모총장[21]을 안 했나! 참모총장! 그때는 합참이 없었다. 모르겠네! 하여튼 오십일년인가 보다. 양력으로 한 시월이나, 십일월쯤 그때 수산 어른 장사를 했으니께네. 거기서 마이너스 석 달 하면 언제고? 대충 구월에 돌아가셨는가 보네.[22] 수산 어른 장례를 치를 때 진주에서 연락을 받아가 집안 어른하고 내하고 여기 왔지. [한참 생각하다가] 그때 아마도 다 안 왔을 거야! 수산 어른이 나한테 재종조 되거든. 할아버지 사촌동생이거든. 그러니까 아버지한테는 당숙 아니가! 그때 난 어려 놓으니까 복을 안 입고, 어른들이야 입었지. 그때 아주 참 물자가 귀할 때라도 그거는 하나도 안 아꼈거든! 장례가 석 달 조금 넘었지! 백 일 넘었을 낀데. 본양 유가에선 그래 하는 기고…. 각 창들이 경제력도 그래 안 되고…. 전부 다 뭐 그 제자들이니, 각 문중에서 돈을 내가 그래 지내는 거니까. 손이 천 한 사오백 됐거든! 장삿날 참석한 사람만…. 그러니까 저녁때 지낼 때, 그 사람들이 다 모여드니 여기 숙박이 안 된다고. 전부 다 이 동네, 석곡, 심지어 세간까지 방을 비었거든. 방을 빌려 가지고 식량하고, 반찬을 공급하고 이래가 거기서 각자 자는 사람들 식사를 해결하고 이랬거든. 밤이 되면 골목이 어둡고 이러니까는 또 우리 나이 또래 아들은 전부 다 횃불을 캐가 들고 서가 있었지 뭐. 왔다갔다 하는데, 임천정 올라가는 데 밑은 낭떠러지고, 또랑(도랑)이고, 길은 솔고 그러니 부득이 그리했지 뭐. 그때 기름도 귀했는데, 어디서 가 왔는지 기름도 흔하게 썼다고. 백일장을 치려니 첫째 경비조달을 해야 될 것 아니가! 그러니 거의 매일 모여가 유림회의를 하다시피 하지 뭐. 장례경비가 만만치 않으니까 각 문중에서 내고, 개인 독지가가 내고, 이런 거지 뭐. 그때 우리가 제일 먼저 기억이 나는 거는 소를 못 잡게 했거든. 금주령은 기억이 잘 안 나고…. 소가 왜 그러냐면,

인민군들이 탕을 쳐 놓았기 때문에 소가 귀하단 말이야. 그러니까 군에서 소 잡는 거를 아주 금했다고. 그때 우리는 소 두 마리를 잡았다고. 그래도 아무도 찝쩍거리지를 못 했거든. 왜냐하면 전성환이라고 내 진외재종 아니가! 그 양반이 여기 와 가지고 있었거든. 그 당시 전성환이 해군 중령인데, 직급이 뭐냐면 경인지구합동 헌병사령관이야! 그때 저 헬멧이 하했다(하얗다)고. 그 양반이 요 며칠 있었다고. 척이 있고, 또 거시기 특사로 왔다고. 초대 성균관장 김창숙의 제문을 가지고 내려왔거든. 특사라고 하는 거는 요새 우리가 말하는 건데, 그때 특사라는 명칭은 아니겠지. 그저 김창숙이 제문을 갖고 심부름 온 거지! 전성환이가 김창숙의 어찌 되노? 창숙이 아들이 형기고, 그 형기 부인이 전승환이 고종 누거든. 그래 자형쿠고, 처남쿠고 이런 사이거든. 그 제문을 가지고 내려와 여기 있었다고. 사령관이 오니께네, 헌병들이 한 십여 명이 호위를 해 가지고 여기 같이 수행했더라고. 그때 뭐 전시고 이러니까 모르지만…. 호위병들이 한 십여 명이 따라왔더라고. 그것들이 여기 천막을 치고 있는데…. 감히 소를 잡아도 군수니 서장이니 찝질 재간이 있나! 그때 때가 어느 땐데! 그래 가 조금도 걱정이 없었지. 술도 누룩하고 쌀을 갈라 주고 이랬거든. 그래가 했거든. 요새 석 달 넘게 장례를 치르면 대단한 거지! 옛날에는 유가 장사라는 건 대개 그랬다고. 우리 할아버지도 일제시대 돌아가셨지만도…. 그때 왜놈들이 그리 독해도 의례준칙이니 뭐 그런 거 없었다고. 장사야 두 달을 하든가, 석 달을 하든가 관여를 안 했다고. 우리 할아버지 같은 이도 내빈을 서너 달 했을 긴데. 내빈해 놓으면 손님이 많이 안 온다고. 양반집에는 상포계니 무슨 계니 그런 게 없다고! 근데 인자 각성바지 모여 사는 동네, 그런 데는 인자 단합을 해야 하니 그렇지.

양반집이야 있으나 없으나 문중이 다 모이는데 뭐! 온 동네가 타성이라고는 하나도 없는데 다 같이 움직이겠지. 계를 한다고 뭐 나오고, 계를 안 만든다고 못 할 게 뭐 있노.

　만장은 어느 정도 들었어요?
　아~이구야! 만장이야 말할 것도 없지 뭐! 근데 우선 수산의 장지는 [오른손을 들어 집 앞이라고 가리키면서] 앞에 여기거든. 여긴데…. 임시 장지를 갖다가 [왼손을 들어 집 북쪽 저수지를 가리키면서] 저 못, 현재 월현지 거기 위에 갔다가 했다고. 이유는 날이 좀 썰렁하고, 첫째 손님이 수가 많으니께네. 상여가 저 산에 도착했는데, 상여 뒤에 따르는 사람들의 줄은 도로를 메어가 올라가도 끝은 아직 동네에 남아 있을 정도였으니까. 뭐~, 만장이야 말할 것도 없지. 만장이야 쭉 연달아 있지. 임시 장지가 저 위에 저수지 쪽에 있었던 거는 거기다 가매장을 했다가 몇 달 뒤에 이리 이장을 했지. 이장할 때는 손님을 청하지 안 하거든. 그게 왜냐면 저거는 넘(놈)의 산인데 임시 빌린 기라. 손님을 수용하기 위해서 임시 초빈만 만든 거지. 그리고 또 요새는 그런 거는 못 느끼지만, 그 당시만 해도 장삿날 문상을 가면 반드시 만장 하나는 만들어 간다고. 그때 인자 보통 보면 글을 지어 와 가지고 여기 와 씨(쓰)거든. 여기 와 씨는 데…. 그때 글 잘 쓰는 사람으로 전직환이라는 사람이 있었어. 전두환 사촌형인데, 명필이라! 그 사람한테 써 달라고 많이 모아들더라고. 쪼맨(조그만) 쪼가리(조각) 만장을 갖다가 여러 수백 장 만들어 놓고 불러 주면 [오른손을 글 쓰는 흉내를 내시면서] 써 주거든. 그리고 여기서 대꼬챙이(대나무 장대)에 끼고 맨들어 주고 그러거든. 보통 그래 한다고. 나는 다른 심부름하기 위해서 지나가다가 봤지. 그거 들여다보고 있을 정도는 아니고…. 현재 전직환이 쓴 임천정 현판 두 개 다 도둑 맞고 어데 있나! 최근에 전부 다 도적을 맞았지. 임천정 큰 현판 그거는 공령이(孔令貽) 쓴 건데 뭐. 공자 칠십육대손이 쓴 기거든. 그거는 워낙 크니까는 못 가져가고 그냥 거기에 있지. 이 동네 공자 칠십육대손 연선공(衍宣公)이 쓴 현판이 임천정하고, 겸수재하고 두 개가 있다고. 내 종형이 북지(北支)[23]에 오래 있었거든. 저기 북경지구…. 일제말에 거기 있을 때, 아마 우리 종형이 뭐 연선공하고 연비가 있었던 것도 아니고, 거기서 토건업을 해서 돈은 잘 벌었지. 돈 잘 벌어 노니까, 아마도 돈 많이 갖다가 주고서 받았겠지. 하여튼 집안이 그렇고 하니까! 집안 어른들이 시켰겠지. 거기 가서 글을 받아 보라고. 이 어른이…. 솔직한 소리로 요새 같으면 논 몇 마지기 팔아 넣어 가지고 가서 그걸 해 가지고 오겠어. 그렇다고 해서 우리가 대단한 유가 집도 아니고, 그런 거 받으려고 하면 맨입에 안 됐을 기고, 많은 돈을 썼으리라고 보지. 우리가 어려 놓으니까 잘 모르지만도…. 하여튼 공자 칠십육대손 공영이가 쓴 겸수재하고, 임천정 현판 두 개의 글을 받아왔거든. 내 종형의 함자가 종진이거든. 북지에 있었어도 공부가 있는 곡부까지 가서 연선공을 직접 만나서 글씨를 받아올라 하면 비용이 엄청 들지 않았겠나? 현판은 도둑을 맞았지만 원본은 여기 가 있지. 내가 가 있다가 철영이한테 넘겼지. 전직환 씨가 썼다고 하는 문호, 그거는 원본이 없을 거야. 전직환이가 워낙 젊을 때 써 놓았으니까. 아마 전직환이가 나 한 사십대에 죽었을 거야. 그러니 있을 리가 없지. 아주 명필이야! 현재 전직환이 글씨 남은 거 보면 아주 대가라고 하거든. 일찍 죽어서 그렇지만, 그 당시만 해도 전직환이가 각 문중과 유림의 사람들에게 인망이 있었지.

호상은 누가 봤나요?

내가 기억하기로 수산 장삿날 호상은 중재(重齋)[24]가 했거든. 중재가 호상을 보았는데 소를 타고 가더라고. 소에다 얹어가 그래 갔다고. 호상이 소를 타고 그래 가는 거를 처음 보았거든. 다른 데는 예가 없는데 호상을 누런 황소를 태워 가더라고. 그러니까 소가 발짝을 지기니 장군 둘이가 고삐를 양쪽에서 딱 잡고 그래 갖고 갔다고. 말도 있는데, 말을 타고 안 가고, 소를 타고 갔는지 모르겠어. 호상이 황소를 타고 가는 그런 예가 있는 갑데! 흔히들 중국 고화 같은 거 보면 소 탄 선비들, 그런 거 유사하게 하데. 황희 정승도, 맹사성도 소타고 다녔다는 얘기를 들었는데, 그래 하더라고. 당시 중재의 외모는 아주 참 선비이지! 얼굴도 희고, 키도 크고, 수염도 희고 아주 일품이었지! 수염이 무인형이 아니고, 문인형으로써 아주 가늘고 길고 그랬어. 당시 나가 오십 중반인데, 이상하게도 옛날에는 조로했던가? 어쨌던가? 희더라고…. 좋은 예로써 우리 백부 겸수재 어른 같은 경우는 사십대에 모발이 아주 희었거든! 사십 초반부터 모발이 희고, 동네에 있을 때는 지포관(紙布冠 : 선비들이 쓰던 관)을 썼거든. 우(위)가 삐쭉삐쭉한 지포관을 쓰고 담뱃대를 들고 이랬거든. 아주 노인네 테(티)가 나고 이랬다고. 그때는 또 나이도 사십이면 많은 축에 속했던 모양이야. 또 우리 고모부 같은 이는 삼십대부터 모발이 희고, 수산 장사 때에는 중재하고 같이 준비하고, 다니고 이랬거든. 중재가 수산의 장례에 호상을 본 이유는 아마도 당시 동문으로서 남은 이가 중재밖에 없었을 거야. 나이는 젊어도…. 중재는 면우의 문인이고, 면우 위에는 성주의 이한주[25] 선생이 있지! 그러니까 면우의 문하에서 동문수학한 학자들이 이미 일찍 세상을 버렸기 때문에 나 어린 중재가 호상을 보게 된 셈이지. 하여간 당시 이 지방의 유림에서는 [한참을 골똘히 생각하다가] 중재가 결국 말하자면 남인으로서는 최고 거두라고 보지! 인자 노론으로서는 초계에 권학자[26]가 있고…. 중재가 세상을 버렸던 칠십팔년에도 우리나라 마지막 유림장이라고 했는가 하면, 권학자가 세상을 버렸던 팔십팔년에도 마지막 유림장이라고 했지! 텔레비전에서 마지막 유림장이라고 말하는 건 다 믿을 수 없고…. 거시기 진아 돌아가시고도 마지막 유림장이라고 말하지 않았나!

5. 부산과 서울에서 대학을 다닐 때

진주농림학교 졸업할 때 : 료마이 양복을 입으신 어른이 진농 이십팔회로 졸업한 내 종형이고, 왼쪽 두 사람은 내보다 한 살 위인 사종 형님들이라! 그때 아버지가 갓 쓰고 다니니까 종국(鍾國) 형님이 아버지를 대신해서 학부형 행세를 했지.

군에 가지 않기 위한 일종의 편법

농림학교는 몇 년도에 졸업하셨습니까?

졸업 연도를 기억 잘 못하것다. 좌우지간 사변중에…, 오십이년도인 가?[27] 기억이 잘 안 난다. 졸업앨범 찾아보면 있겠지. 여기 이게 진주농민학교 졸업할 때 종형하고, 내 사종들하고 함께 찍은 사진인데 졸업년도가 안 써 있네. 내 종형이 진주농고 이십팔 회이고, 내가 삼십팔 회거든. 그리고 대학 진학은…. 그때 수도가 부산에 있었어. 임시수도가 부산 거기에 있어서 '항도 부산'이라고 막 그럴 때가 아니가! 구도청이 임시수도 청사거든. 그러고 보니 농림학교 졸업이 전쟁중인 갑다! 내가 대학시험 치러 다닐 때 수도가 부산에 있었어. 또 우리가 대학을 갖다가 부산에서 다녔거든. 성균관대학이 대신동에 있었거든! 대신동 얕궂은 가건물에 성균관대학이 있었다고. 성균관대학을 시험 친 특별한 이유가 있는 것도 아니고 내 종형이 거기 나왔어. 난 농림학교를 나왔기 때문에 처음에는 수의과대학을 가려고 생각한 긴데…. 수원농대는 그때 서울대학에 포함되어 있었을 긴데. 아니야! 별도로 수의과대학이라고 있었어. 거기를 지원하려다가 성균관대학을 간 거는 내 종형이 거기 나왔고, 또 심산 김창숙(金昌淑, 1879~1962)이 초대 성균관대학 총장이었거든. 그래서 거기로 간 거지. 그 당시 학생처장이 김대기라고 심산의 당질이지. 그런 관계가 있고 이러니께 그리 갔겠지. 아버지가 권유한 건 아니야. 아버지가 그런데 관여하고 그러지는 않았지. 내 종형이 주동할 때고, 그때 종형이 부산에 있었어.

피난 내려온 성균관대학 가건물이 컸습니까?

부산에 있던 성균관대학 건물이 나무로 된 가건물인데, 이층도 있고 그랬어. 지금 가만히 보면 현재 부산공설운동장 동편, 부수천 상류에 거기 있었어. 전쟁중에 피난 내려왔으니 교실도 몇 개 안 되었지. 피난 내려와도 분교라고 안 하고, 본교라고 그랬지. 인자 우리가 들어갈 때 학생들이 좀 생겼겠지. 한 학년에 그저 일이백 됐는가! 이백도 채 안 됐을 거야. 이 당시에 무슨 시험을 쳤는지? [허허~ 웃으면서] 기억이 잘 안나! 국어, 영어, 수학 뭐 이런 과목을 시험 쳤을 텐데 기억이 잘 안 난다니까! 우째가 들어갔는지! 전쟁중이라 요즘처럼 뭐 엄밀하게 시험 치지는 않았을 거야. 물론 프린트 가지고 시험을 쳤겠지. 그리고 그때 원서만 내면 다 될 때고…. 원체 사람이 있었나! 성균관대학 정외과에 입학을 해서 한 일년은 꼬박꼬박 다녔지. 그때 어떻게 정외과에 갔는지도 기억이 없어. 친구들 따라간 거겠지. 친구들과 함께 들어가고 그랬겠지 뭐. 내가 짜드라(특별히) 공부에 취미가 뭐…. 그때로 봐서는 학교가, 공부가 주가 아니었고, 군에 가지 않기 위한 일종의 편법이거든. 대학에 들어가면 자동으로 연기가 되니까! 내 진농 동기생들 중에서 정현문이라는 친구는 졸업

정현문 어머니와 함께: 진주농림학교 졸업하고 난 뒤에 찍은 사진으로 앞의 아주머니는 일본으로 밀항한 정현문의 어머니! 좌측은 진양군청에서 정년퇴직한 뒤에 죽은 조용분이고, 우측은 현재 부산에 살고 있는 이동수. 현문이 어머니가 아들이 생각나면 보신다고 하면서 우리와 함께 찍었지.

하고 나서 바로 일본으로 밀항해서 가 버렸다고. 일본으로 가 버렸어! 정현문이가 인자 외아들이지. 그때 아버지하고, 할머니도 살아 계셨고, 밑으로 여동생도 하나 있고 그랬지. 내 큰 여동생하고, 그 여동생하고 또 친구고…. 근데 정현문이 어머이가 아들이 밀항하고 없으니까, 아들 친구들을 보면 자꾸 아들 생각난다고 그래서 우리가 자주 들려서 위로하고 그랬어. 내가 생각하기로는 이놈이 일본으로 밀항해 가서는 조총련계 사람하고 결혼한 것 같아! 여태까지 집에 발도 못 대거든. 아직까지 소식이 없거든. 해양대학 댕기던 윤한포라는 친구도 마찬가지야! 이 친구들이 결국 군대를 가기 싫어서

동기들과 모교 방문: 대학 입학하고 나서 진주농림학교 동기들과 은사를 찾아갔지. 오른쪽은 나, 가운데는 해양대학 다니다가 일본으로 밀항한 윤한포. 왼쪽은 부산대학 다니던 친구. 내 앞에는 우리 담임이고, 그 옆은 시공담당 선생이라!

일본으로 밀항했지. 그때 그런 사람이 많았다고. 그리고 당시 군대미필자, 병역기피자들을 색출하기 위해서 가두심문이 참 심했다. 신분증을 검사하는 검문! 군에 안 갔다 온 사람들 적발해서 바로 집어넣고, 집어넣고 할 그때라! 그땐 군입대 영장이라고 하는 게 별로 없었지 싶은데. 그런 식으로 집어넣지 싶은데. 군입대 영장이 없어도 대충 연령에 해당된 놈은 챙겨 넣는 기지 뭐. 신분증은 그때 도민증이라는 게 있었고…. 도민증보다는 학생증을 가지고 있으면 잘 안 쳐다보거든. 길거리를 가다가 경

찰이 불시에 검문하고 그랬어. 그때는 완전히 질서가 잡혀 있단 말이다. 부산에서 대학 다닐 때는 형님 집에 있었지! 종형 집에…. 그때 살림을 형님이 다 맡아서 할 때니께! 사촌지간이라도 살림이 공유된 건 아니지! 아니로데…. 그냥 짜드라(째째하게) 내게 하숙비 달라고 할 수도 없는 기고…. 아버지한테 얻어 쓰는 거보다 형님한테 내가 얻어 쓰는 게 빨랐는데 뭐. 등록금도 아버지가 준 게 없으니까! 아버지는 그런데 별로 관여를 안 하시지. 아버지가 경제력이 별로 없고…. 크게 없었고…. 우째했는지는 내 기억이 잘 안 나! 나는 부산에 있는 동안 전부 형님이 처리했고, 심지어 옷 같은 것도, 양복 같은 것도 형수가 다 사주고 이랬는데 뭐.

처음으로 경험한 것들

대학 다닐 때 다방 출입은 안 하셨고요?

우리가 농림학교 다닐 때 껄렁패처럼 놀아도 다방 같은 거 출입은 안 했지! 부산에서 대학에 다닐 때 다방에 간혹 한 번씩 갔지. 뭐 혹시 친구들을 만난다든지, 몇 시에 아무 데서 만나자, 이런 식으로 다방에서 약속을 했겠지. 그 당시에 다방에 처음 들어가 본 거지. 내가 처음 다방에…. [너털웃음을 웃으면서] 요새 우스운 거는, 기억이 나는 거는, 앉아서 '커피 도라!' 이런 거를 몰랐다고. 카운터에 가 가지고 '커피 주시오!' 라고 주문하고 내 자리에 앉았다가 받아먹고는 또 돈을 카운터에 가져다주고 이랬어. 처음에는…. 카운터에 가서 커피를 주문하고, 커피를 마시고 난 다음에 다시 카운터에 돈을 갖다가 주었지. 그게 다방을 처음 출입할 때라! [웃음을 참지 못 하면서] 요새 생각하면 참 우스운 짓을 했다고. 그때 친구들 하고 여러 명이 함께 간 것이 아니라 혼자 갔을 때 그랬다 이 말이

다. 다방 처음 들어갔을 때 분위기는 요새처럼 유행가도 나오고 그랬지. 양복도 내가 대학 다닐 때 처음으로 입었지. 그때, 하여튼 내가 곤색 양복! 그때 '료마이(兩前, 더블 양복)'라고 하는 양복이 유행할 때거든. 내가 제일 처음에 해 입은 양복이 곤색 료마이라! 그때는 제일모직이 아니고, 밀양모직이라고 있었어. 그게 처음 양복지로서 나왔을 거야. 그래 그 곤색 료마이를 해 입고 이랬거든. 이거를 부산에 있는 양복점에 가서 맞췄지. 그때는 기성복이 없었다 아이가! 한 벌에 얼마인지 가격은 기억이 없고…. 돈을 내가 안 주니 모르고…. 그런 거 전부 다 형수가 계산을 했으니께.

담배는 언제부터 피셨습니까?

담배는 대학 처음 들어가서는 안 피웠지. 술이야~, 고등학교 때도 버럭버럭 먹고 그랬지! 그게 막걸리에다가 소주를 타다 먹기도 하고, 사이다를 타다 먹기도 하고…. 뭐 요새 생각하면 술의 개념이 아니라, 일종의 뭐이라 그러지. 고등학교 다닐 때에 친구 하숙집에 여럿이 모이면 호주머니 털어 갖고 사다가 먹고 이랬다고. 술이라고 하는 게 다른 집에서는 제사를 지내고, 제주를 음복하라고 주기도 하지만…. 우리 집에서 제사 지내고, 큰집에서 제사 지내고 술 먹고 하는 건 없었고…. 첫째 어른들이 술을 별로 안 좋아 하니께네. 대개 제사 지내고 나면 머슴들이나 먹고 이랬지 뭐. 그러고 또 별로 그리 술을 먹고 싶고 이런 것도 없는 기고. 먹는 거는 인자 고등학교 다닐 때, 친구들 하숙집에 몇이 모이면 호주머니 털어 갖고 술도가에 가서 탁주를 받아오거든. 하숙집 정지(부엌)에 걸린 주전자를 벗겨 와 가지고 그놈을 갖다가 하숙집 상 위에다 놓고, 사이다를 타 묵으면 '탁사이주'고, 또 소주를 타면 '소탁주'라 하고…. '소탁주 먹을 끼야! 탁사이주 먹자!' 그래 샀거든. 그저 사이다 타 먹는 건 별 느낌 없는데, 소주 타 먹으면 참 독했다고! 당시 소주는 요새처럼 화학주가 아니지! 그때는 순곡주라! 그 뭐이고~, 불내가 확 나고 그런 거 있어. 그래서 '화근주'라고 하지. 아주 독한 술이야! 집에서 고아 낸 술! 증류주! 화근내가 확 난다고. 그때 우리는 도수에는 관심도 없고…. 몇 잔 먹으면 얼굴이 벌게 쓰러져가 심(숨)이 씩씩하니 그래 가지고 누웠다가 일어나고 그런 거지 뭐. 여기 진주에서는 술을 내리는 술도가들이 많았지! 소주방! 소주를 고는 데도 있고…. 소주는 인자 주로 가게에서도 됫병에 넣어가 팔았다고. 탁주는 대개 도가에서 큰 항아리에서 되로 퍼서 팔고, 소주는 됫병에다 넣어가 가게에서 팔고…. 구멍가게에서 소주를 팔지 않았고, 술을 취급하는 가게가 별도로 있었지.

맥주는 언제 처음 드셔 보셨어요?

맥주는 내가 진주에 있을 때, 농림학교 다닐 때…. 그런 갑다! 그때 내가 하여튼 형님 집에 있을 때라! 형수가 '도련님! 니 한 번 묵어 볼래?', '뭐이요?', '서양 술이라!'고 해. '맥주라!'고 안 쿠고(그러고)…. 본께 깡통에다 주데. 깡통맥주 그기(그거)라! 그때는 요새처럼 떼기가 안 좋았어. 칼로가 이래 돌리가 뗐었다고. 떼어 먹어보니께, 이게 오줌도 아니고 찌릿하니 별 맛을 모르겠더라고. '이게 술이야! 뭐 상한 거 아니가?' 이리했거든. 그랬더니 '본양 그런 거라고 하드라!'고 형수가 그러데. 그래 갖고 술이라고 하니 사발에 부어 가지고 먹었다. 한참 후에 사르르 올라와. 근데 맛은 지독하게 탁주보다 맛이 없고, 찌른 내 나는 게 우째 그렇더라고. 그게 맥주를 처음으로 경험한 거지. 첨에 맥주 먹을 때, 술이라 하는 거 감각을 몰랐다고. 대학에 들어갔더니 신입생 환영회 같은 것도 없고…. 모일 때가 어디 있노! 장소도 없거니와 누가 모이나! 그 당시에는 대학생 교복도 없었지. 강의는 주로 하꼬방(판잣집) 거기서 받는 거지. 성균관대학 본부 건물은 나무로 된 가건물이 있었고, 강의실은 모두 천막이라! 천막은 또 저기 산 삐아래(비탈에) 있었다고. 학교 안에는 아니고, 산삐아래에 따로 있고…. 의자는 얄궂게 쪼매난 게 하나씩 있었어. 의자도 있었고, 칠판도 있고…. 강의는 서울에서 피난 내려온 교수들이 했지! 학생들은 서울에서, 성균관대학에서 천 명이 있었으면 십 프로도 채 못 따라왔거든! 그러니께 수가 있을 턱이 없지. 대개 또 내려온 학생들은 학도병에 가 삐지(가 버렸지). 학교에 올 여가가 있나! 가족들 따라 뿔뿔이 흩어지고 뭐~. 인자 나도 군에 안가기 위해서, 군대를 연기하기 위해서 대학을 다녔고, 수복 후에도 다녔지.

만리동 삐알서 자취할 때

학교 따라서 서울까지 올라가셨겠네요?

서울수복 후에 성균관대학 본건물에 한 일 년 다녔다. 그때 내가 아마 이학년 때지! 삼학년 땐가? 기억이 안 난다. 학교가 서울로 이전해 가자, 나도 학교를 따라 서울로 올라갔지. 지금 생각해 보면 서울역 뒤에 만리동이라! 서울역 뒤에 그 삐알에 방을 하나 얻어 가지고 친구하고 자취했지. 성균관대학은 명륜동인데 친구 친척집이 만리동에 하나 있었어. 거기 방을 하나 빌린 기라. 만리동 친구 친척집에…. 지(저)하고 내하고 자취했거든. 그래 갖고 처음 학교 가 가지고…. 만리동에서 가면 남대문 지하도 안 있나. 그 중간에 가다가 그만 친구를 떨어 삐리 갖고, 엉뚱한 데로 자꾸 나와 가지고 욕을 본 일이 있다고. 지하도에서 나가 보면 저쪽 화신 쪽으로 나가야 될 긴데, 이쪽으로 다부(다시) 돌아와 가지고 욕을 좀 봤다고. 길을 모르고 그냥 들어갔다 나왔다 힘들었지. 그래 갖고, 그 뒤로 한 번 두 번 또 그랬지. 그래 가지고 전차를 탔을 기야. 남대문에서 전차를 타고 혜화동에서 내렸지. 성균관대학이 혜화동 아이가? 거기서 내려가 학교를 걸어서 갔지. 만리동에서 남대문까지는 걸어오고, 혜화동까지는 전차를 타고 가고. 남대문하고 만리동하고 가깝다 아이가! 학교 갈 때는 전차를 갔고, 올 때는 시간 있으면 지역도 알 겸 걸어서 많이 댕겼고…. 서울은 대학 다니기 전에도 몇 번 갔었지. 종로하고, 세검정은 몇 번 갔다고. 농림학교 다닐 때! 해방되고 농림학교 학교 다닐 때에 서울에 한 번 딱 갔어! 진주에서 유리창도 없는 기차를 타고 갔지. 해방 후에 유리창이 다 깨지고 있었나! 유리창이 하나도 없고…. 그러니 서울 댕기면 콧구멍이 연기를 마셔서 새까맣고…. 삼량진에서 경부선으로 바꿔 타고 올라가거든! 진주에서 삼량진까지 가서, 삼량진에서 다부 바꿔 타고 서울 안 올라가나!

대전역 우동 생각나시나요?

그때 대전역에 내려 갖고 그놈 우동 한 그릇 먹는 게 얼매나 맛이 있노! 한 오 분이나 십 분 기차가 설 때! 벌떡 내려가서 한 그릇 먹고 파딱 기어 타기 바쁘고 하던 그거. 대전역에서 다 찌그러진 양은그릇에 우동 한 그릇 먹는 거! 그래가 바쁘면 들고 기차에 올라갔다가 다 먹고 유리창으로 던지고 이랬었거든. 대학 다닐 때! 대전역이 거의 다 오면 기차에서 안내방송이 나왔지. '다음은 대전역입니다. 몇 분 정차합니다.' 이런 방송이 나오면 자던 사람도 일어나 우동 먹으려고…. 그건 대부분 젊은 사람들이지. 그때 나 많은 사람들은 관심도 없데. 우리는 그때 그게 무슨 취

미인지! 그런 것도 아닌 거 같아 보이는데. 대전을 지나가면 꼭 우동 한 그릇, 그걸 먹어야 되는지! 그걸 내가 아직도 모르겠어. 그걸 먹으려고 막 뛰어갔거든! 그것도 앞에 메여가(막혀) 있으면 바빠 사서, 기차 한 번 채려 보고, 놈(남)에 우동 그릇 한 번 채려 보고…. 그래 기다려 가지고 한 그릇 받으면 좋아라고 하고…. 지금 생각하면 아무것도 아닌 그냥 우동 한 그릇인데…. 그거 한 그릇 받아 가지고 다꽝(단무지, たくあん) 몇 쪼가리 얻어 가지고, 후루룩 마시는 긴데. 그걸 우동이라 했는가, 통국수라 했는가? 기억이 잘 안 난다. 그걸 게눈감추듯 몇 분 상간에 먹어야 하니 바쁘지! 가서 십 분 쉰다고 하면, 거기서 기다려 섰다 보면 사오 분을 떨어 삐리는 수가 있거든. 그러니 바쁠 수밖에 없다고. 그것도 파는 데가 상, 하행선 양쪽 다 있다고. 그게 한 군데가 아니라 여러 군데야! 그 당시 먹거리가 그거뿐이 아닌데! 차 안에서 오징어니, 뭐니 우메(얼마나) 판다고. 오징어도 흔했고…. 그때 오징어는 별 취미 없었고…. 대전역 하면, 참말로 우동이 머리에 퍼떡 떠오르고 그러더라고. 당시 경부선을 타고 내려가면 각 역마다 잡상인들이 올라와서 뭐 팔고 그랬거든. 잡상인이 올라오면 철도 안에서 고정적으로 파는 그거 장사 안 있나? 그 뭐라 카노? 그거 매점! 그네들…. 아~, 맞다! '홍익회!'[28] 그건 그 다음에 홍익회라 했고, 그 당시는 강생회라고 했다. 홍익회의 전신 강생회! 그네들이 잡상인들을 후들어 내기 바쁘거든. 정차시간에 이놈들이 물건 팔 생각은 안 하고, 문에서 잡상인 막기가 일이니다. 저거는 기차 가면서 팔고, 정차하면 문을 지키고 서서 잡상인들 못 들어오게 막는 기고. 잡상인들은 또 보면, 이 역에서 올라올 때 보따리 싸가 와 가지고 팔고, 다음 역에 내리고 그러더라고. 근께 보따리상은 승객으로 가장을 해서 오지. 그래

가지고 그 다음 역에 내리고, 또 올라오는 차를 타겠지. 그건 물건이 좀 싸다고. 오징어를 가서 한 마리 백원 할 것 같으면, 그놈들은 팔십원이나, 칠십원 좀 싸다고.

만리동에서 자취하시던 기억이 나세요?

만리동에서 친구하고 자취할 때 어째 그리 춥던지 몰라! 만리동 거기가 서울 중에서도 더 추운 데인 줄 안다. 서울이 수복되고 나서 기존 건물이 살아 있는 데는 거기밖에 없던 걸로 기억해. 다른 데는 다 뿌아지고(부서지고)…. 솔직히 거기가 가장 피난민이 많이 모인 빈촌이라! 거기 근처에 수산물 시장도 가깝다고 하는데, 시장은 내가 잘 모르겠고…. 그때 뭐 코우크스라고 했나! 기차역이 가까우니 쪼매 흘러나오는 것! 갈탄! 그걸로 조개탄을 맨들어가 많이 땠지 싶어. 그걸 불을 살리려면 장작을 잔잔하게 짜개 갖고 어북(제법) 욕을 보제. 나는 그걸 할 줄 모르고, 밥도 할 줄 모르거든. [너털웃음을 웃으면서] 친구가 맨날 하고, 나는 그저 심부름이나 하지. 자취한 친구가 이명길(李命吉)이라고, 내보다 나(나이)가 많고, 내보다 우(위)인데 뭐! 여기 내나 경상대 교수를 안 했나! 만리동 삐알서 자취할 때는 쌀은 여기서 가 갔지. 처음에는 가 갔고, 나중에는 꾀가 생겨 가지고 돈으로 거기서 사 먹었지. 당시에 화물이 어디 있나! 자루 같은 거에 싸 가지고 기차에 싣고 왔지. 부식은 거기 자취집에서 다 공급받고…. 자취집이 친구 친척이 되니께네 배추를 사다 주면 김치도 담아 주고 그랬거든. 그때 동태가 흔했던가? 그랬든가? 자취하면서 동탯국을 많이 끓여 먹었다고. 지나, 내나 할 줄 모르니께네. 항상 집에서 올라갈 때 된장이니, 김치니, 고춧가루니 그런 것을 쪼매씩 여기서 가지고 올라가거든. 또 주인집에서 김치를 담아 주면 그것 갖고 국이나 끓여 먹고….

동태 사 가지고 무시(무우) 한 뿌리 사 갖고 한 이틀 삐지 넣어가 동탯국을 끓여 먹고…. 그게 다지 뭐. 빨래는 모다(모아) 갖고 가 내려오고…. 한두 달 만에 집에 온께네. 여름에는 우리가 빨아 입고. 그것도 거기 할매가 잘해 주다다(주었다). '빨래 씻을 거 있으면 내놔라!' 싸고(하고) 그랬다. 이 시기에 미군 물자들이 많이 나왔지! 그때 뭐, 첫째 아들 담배 피는 거. 담배, 그거 들고 있는 뭐이고? 좌판! 그거는 한 팔십 프로가 양담배거든. 그러고 거리에 댕겨 보면 팔구십 프로가 양담배를 피우제! 국산 담뱀 누가 피우나! 국산은 그때 백두산이니, 뭐니 아주 조잡하고 그랬거든. 양담배를 좌판에 담아서 들고 다니면서 아이들이 팔았지! 성냥이니, 껌 그런 거~. 서울에서 본 영화는 주로 서양영화! 게리 쿠퍼가 나온다면 좋다고 가고…. 서부활극 그런 걸 봤지. 서부활극에는 게리 쿠퍼가 당연히 빠질 데가 있나! 존 웨인도 나오지. 서부활극 봤던 제목은 다 잊어가 있나! '오케이 목장의 결투' 이런 거는 뒤에 나온 건데. 대학 다닐 때 주로 갔던 극장은 종로에 있는 단성사! 단성사에 가서 주로 서양 영화를 많이 봤제. 단성사 건너에 있는 피카디리도 더러 가지. 학교라 해봐야 아침에 들어가 출석 표시만 하고 어데 공부 하나! 처음에는 듣는 놈 듣고, 마는 놈은 말고 그랬지. 등록금은 그렇게 비싸지 않았고…. 그 당시 대학이 서울로 올라오고 나서는 체계가 있었지. 아까도 얘기했지만도 그 당시 우리가 공부에 주 뜻이 있는 게 아니라, 그저 군에 가기 싫어 대학을 다니는 게 주로 칠팔십 프로 됐어. 그렇게 공부에 관심이 없단 말다! 그러고 책이 똑똑한 게 있나! 그저 참 진지하게 선생이 강의하면 받아 적고 이러면 되지만도, 그렇게 신경 쓸 그것도 아니고…. 당시 대학이라는 건 요새 건달들 그거보단 나을 끼다. 당시 서울에 대학이 많았지. 국민대학, 동국대학, 연세대학, 고려대학, 서울대학 다 외울 수 없지. 여대는 이화, 숙명. 동덕, 상명은 그 뒤에 안 생겼나? 사변 전에는 없었을 긴데! 그리 될 긴데. 여학교라고 하는 건 숙명, 이화 그거밖에는 몰랐거든.

군에 가기 싫어서 제주도로

대학 다닐 때 신체검사를 받으셨습니까?

대학을 다니면 군대도 자동으로 연기되었지만, 신체검사는 진주에서 받았지! 신체검사 할 때 군인들이, 군의관들이 세밀하게 했거든. 나는 신체검사 갑종이지 뭐. 징집 연기는 학생증만 가 있으면 그냥 면제가 되었거든. 가도 검문을 암만 해봐야 학생증만 있으면 무사통과지. 학생증도 인자 한 해에 두 번씩 검인을 찍거든. 그게 요새 생각하면 등록하면 찍어 주고 그런 기라! 등록금 내면 그거 확인하고 검인을 찍어 보내 주고 그렇지 싶다. 당시 기피자 검열이 참 심했지! 자유당 시절에…. [한참을 생각하다가] 기피자 검색이야 군사혁명 나고 그때는 어느 정도 정리가 되었지! 그니까 자유당 시절에 더 심했지. 마지막 판에 가서는 어느 정도 정리가 되었거든. 질서가 잡혔거든. 전에는, 사변 때에는 아무 질서가 없었고, 솔직하게 말해서 관청에 병역대장이라는 게 엉망진창이 아닌가! 요새 말하는 병역기록카드가 엉망이거든. 초기에는, 초창기에는 어떤 사람은 지 나이를 보통 다섯 살, 여섯 살 올린 놈도 있고, 별의별 게 다 안 있나! 사변 때 호적부 탄 놈들! 그놈들이야 얼마든지 맨들 수 있지 않았나. 그렇게 해서 사변 때 병역을 기피하는 거지!

무슨 일로 제주도를 가셨습니까?

대학 삼학년을 댕기다가 말고 무직으로 있으면서 부산에서 그냥 놀았지. 혼인을 했으면서도 군대에는 가기 싫어서 제주도로 놀러 갔다고. 그 때 인자 경비부 사령관이 전성환이거든. 제주도에 있는 경비부 사령관 관사에 가서 한 일 년 있었지. 제주도 갈 때, 연락선 선착장에서 승선 검색을 할 때, 대학 학생증을 보였지. 등록비는 집에서 주거든. 등록비를 주면 학생증에 도장을 받아서 나오는 기지 뭐. 서울 올라가 있으면 인편에 보내든지. 당시 제주도 갈 때 부산에서 낮에 배를 탔는데 그렇게 시간이 안 걸리던데. 아마 오전에 타고, 오후에 내린 모양이라! 제주에 재밌게 놀다가 한 육 개월 있었는가 싶네. 경비부 사령관 관사에 있으면서 거기 부관들 중위, 대위 그놈들하고 맨날 같이 놀러 다니고…. 거기서 제주도 돼지도 잡아묵고. 또 나가면 전복 이놈을 언강(엄청) 좋아 안 하노! 집에 형수한테 말하면 양주 언강 많이 안 나오나. 제주도에 가서 해녀를 처음으로 보았지. 그전에는 해녀를 본 기억 별로 없고…. 바닷가에 전복 사 먹으러 가면 해녀들이 물질하는 거를 못 봤고, 갯바위에서 전복 팔고 그러데. [담배를 한 대 피워 물면서] 그래 갖고 소주병 들고 가서 먹고 그랬거든. 당시 제주도에는 지금처럼 상가가 조성되고 그런 건 별로 없었다! 그냥 하코방(판잣집) 같은 데서 돼지, 똥돼지 수육 그런 거 하고…. 거기서 끓여서 수육을 해 가지고 팔데. 그거 맛이 있다고. 하여튼 당시 제주도는 좀 낙후된 데라고 알아! 왜 그러냐면, 어떤 장사집이 뭐 크게 잘 차려 놓고 이런 건 없거든. 또 그 당시 육군훈련소가 제주도에 있었지! 신병들 훈련하는 데가 거기 있지 싶다. 그거 면회 온 사람들 돈 좀 쓸낀데, 그런 시설이라는 게 좋질 않았다고. 뭐 가게라는 게 평범하고, 하꼬방이고 이랬지. 선거는 언제 처음 했나 하면? 아마~, 삼선개헌[29]을 부산에서 했지! 이승만이가~. 그래가 이기붕이가 부총잰가 안 그랬나! 그때 자유당 아니가! 내가 대학 삼학년인가 댕기다 말았었고, 그 뒤에 부산시청에 있었거든. 오십육년도에 내가 선거를 한 기억이 없다고. 왜 그때 뭐, 우리가 짜드라(별로) 선거에 관심도 없고, 관심도 없고 하니께네. 또 기피한 놈이 선거권이 있었는지, 없었는지 관심도 없으니 모르고…. [허~, 허~ 웃으심.] 제주도 가 있을 때 선거권은 틀림없이 진주로는 나오고…. 난 진주를 잘 안 가니께네, 그래 몬 했겠지 뭐. 요새처럼 부재자신고니, 뭐니 체계가 잡혔으믄…. 아니! 그런 게 아니라~. 내가 적(거주지 신고)이 올라가 있으면 어디서 나온지도 모르지. 우체국도 없었으니까. 진주에 있으니께네.

6. 수곡 처갓집에서 혼례를 올리고

혼인을 정해 놓고

결혼은 언제 하셨어요?

혼담은 내가 서울 만리동 삐알서 자취하면서 학교 다닐 때부터 나왔어! 스물세인가? 스물넷인가? 그때 내가 학교 다닐 땐데…. 서울을 왔다 갔다 할 땐데…. 한 번 내려오니께네 뭐 혼인을 정해 놨데. 선도 안 봤지! 그때야, 뭐 어른들이 결정하면 했지, 뭐~. 내가 서울 갔다 오니까 결정됐다고 했어! 친구들이 내게 아무개로 혼인이 정했다고 말해 주더군. 처음에는 어머니가 선 보러 몇 번 댕긴 거는 내가 알지. 처음에는 하회봉[30] 손녀하고, 백당 딸하고 혼설이 있었거든. 그게 수곡에 내나 하회봉이 면우의 수제자 아니가! 그 손녀하고 혼설이 있었는데, 어머니가 선을 보고 와서는 꼭 안 하려고 하데. 그 뒤로 난 서울 가 뺏고(버렸고)…. 그 뒤에 수곡, 참 우정 둘째 딸(成淑姬, 1932.11.~2004.5.14.)하고 혼인이 결정돼 뻰가 보데. 본양 내 처가도 남인이지! 학맥, 학연이 내나 이한주, 곽면우, 하회봉 다 그리 내려온 거야. 첫째 회봉도 내 재종조 수산하고 동문 아니가! 회봉이 수산보다 나이가 우(위)거든. 회봉의 수제자가 우정이니 그런 관계로 해서 통혼이 이루어졌지. 그리고 날로 받아 쌓고 우짜(어쩌)고 그러는데…. 집에서는 아무도 모르지. 친구들이 몇이 앉아 가지고 '야~, 임마! 그래도 장가들기 전에 처갓집에 안 가 볼 수가 없다. 가 보자!' 그래가 인자 [옛날을 생각해 허~, 허~ 웃으시면서] 친구들 하고, 그저 해양대학 댕기는 그놈이다. '윤한포'라고 친구가 하나 있는데…. '윤한포'라고 해양대학 댕기는 놈이라! 지금 오사카에 가 있다! 이놈이 '야~, 임마! 우리가 그 집에 소주나 한 잔 얻어먹으러 가 보자!' '그래 가 보

빙인 성환혁(1908~1966).   빙모 김순경(1908~1993).

자!' 그래가 혼인 정하고 난 뒤에 한 번 가 봤지! 그래 갔더니만, 쟁인(장인)이 얼굴을 딱 찡그리데. 혼인을 정해 놓고 사전에 통보도 없이 쳐들어간 기지! 통보할 수가 있나! 그때 뭐 통신이 되나! 전화가 있나! 그래 가다가 집을 모르고 하니께네…. 처갓집 고 근처에 인자 '마동중학교'라고 중학교가 하나 있어. 고기(거기) 교편 잡고 있는 친구가 하나 있었다고. '성환상'이라고, 나중에 진주교대 학장을 했다고. 학교 댕길 때 공부 잘 하는 놈! 내 가방이나 들고 다니고 그랬던 놈인데. 그놈한테 가 가지고, '너그(너희) 일가에 이런 애가 있냐! 고 하니까, '있다! 고 하데. [담배를 연속해서 길게 빨아서 온방이 뿌연 담배 연기로 채워짐.] 그래 인자 그 놈을 앞장세워서 갔지. 이놈은 '환상'이고, 우리 빙인하고 항렬이 한 항렬이라! 그래가 '형님! 요즘 혼선이 있었나?' '있지!' '아무개가 여 찾아와서 아무개를 한 번 보자고 한다!'고 하니, 장인 어른이 찡그리는데….
[호탕하게 웃음.] 사전에 환상이 그놈을 먼저 거길 보냈거든. 처갓집에
…. 내가 또 사전에 그 어른을 알지. 왜 아는 게 아니라, 아버지하고 서로
친한 사이니께. 자주 우리 집에 오고 이래 싸거든. 그것 때문에 내가 그
어른을 알지. 그러니까 환상이가 가 가지고 그러니 장인이 '실없다!'고
하지. 그때는 저 뭐야! 그런 짓을 안 할 때인데…. 우리 집에서 그걸 하니
까 이상하게 여겼겠지. 그러고 양보를 하데! 그래 인자 몸채(안채)로 장
인이 피하고, 사랑에 장모가 나와 인사를 하고…. 그리고 데리고 나왔데!
그리고 뭐 할 말이 있나? 아무 말도 없지, 뭐~. 처음으로 색시를 봤는데도
뭐, 별 그것도…. [목소리가 격양되기 시작하면서] 내가 뭐, 가 가지고 '혼
인 한다! 안 한다!'고 결정할 힘도 없는 기고, 어른들이 시키는 되로 해
야지. 친구들이 '가 보자!'고 해서 간 거지. 뭐~. 쪼매 있으니 뭐 청주! 집
에서 담은 맑은 술을, 청주를 쪼매 주데. 그리고 다과상으로 연유과를 내
놓고 그랬데. 그래 가지고 '신부 될 사람 나오라!'고 해서 한 번 보고….
봐도 그때 내가 얼굴을 똑띠기(똑바로) 마주 볼 수가 있나! 우짜노! 그러
고 나서 인자 사단이 난 거지. 어른들이 서로 혼담을 정해 놓았는데….
환상이 그놈이 내가 가고 난 뒤에 고자질을 해 버렸거든. '불안한 놈!'
이라고…. [허허~ 웃으시면서] 내 가방모찌를 하던 놈이 사실대로 얘길
한께네, 장모가 하는 말이 '양반집에서 그럴 리가 있는가!' [호탕하게 웃
음.] 그러고 내 처고종이라는 기 정간데, 그 근처에 있어. 이건 우리 하나
밑인데, 맨날 우리 꼬봉이거든. 이것도 와 갖고 '외숙모! 누나를 거기 주
면 안 됩니다!'라고 했거든. [큰소리로] 참말로 내를 깡패 취급을 했어!
그래 장모가 대답하게 '양반집에서 깡패라 하는 건 있을 수 없는 기다!

그건 성격상 그런 기지. 별거 아니다. 오히려 그런 기 나은 기다!' 이래 가지고 혼인을 했어. 혼인을 하고 보니 그런 기 아니거든. 저놈들이 말할 때 '깡패가 되어서 일 이 년 가다가 그만 내버릴지도 모른다!' 고 이런 식으로 얘기를 했던 모양이거든. '연애박사에다가 깡패다!' 고 그리 얘기했던 모양이라! 여기 진주 일대에서는 혼례 때, 보통 떡국을 안 하나! 혼례 때에 떡국을 왜 먹는지는 내가 전혀 모르고…. 큰일을 치를 때, 혼례 외에는 그렇지 않지! 그래 보통 안 하나! 서울에서는 보통 결혼식을 할 때에 '너 언제 국수 먹여 줄래!' 라고 그러거든. 근데 여기서는 하여튼 저 뭐야! 결혼할 사람에게 '언제 국수 먹여 줄래!' 라고 하는 소리는 전혀 없거든. 대신 '언제 떡국 먹여 줄래!' 라고 하지. 보통 날을 받은 사람에게 '언제 떡국 먹여 줄래!' 라고 하지 않나 베! 우리가 사회 진출하고 나서 간혹 '언제 국수 먹여 줄래!' 라는 말을 들었지! 그전에는 우리가 통 못 들었던 말이거든. 재래에는 그런 말이 전혀 없었다고. 여기서는 보통 큰일을 치룰 때 떡국 먹는 걸로 알지. 국수라고 하는 건 전혀 들미지도(들 먹이지도) 안 하지.

결혼식 날 받으면 바로 관례를 올렸습니까?

옛날에는 장가가는 날을 받고 이러면 관례를 올렸지. 인자 치면 장가를 가기 전에 내 집에서 친척들을 모아 놓고 관례를 올린다고. 근데 나는 진주에 우리 친척들이 없고, 우리 고모부만 있었거든. 내 종형들이고 그랬지. 혼례 당일날! 내 같은 경우는 혼례 당일날 관례를 했다고. 장가가는 날 아침에 일찍 일어나서 한복을 입고 관례를 올렸지. 관례라고 하는 뜻은 뭐냐면? 그날 처음 관을 쓰는 것 아닌가! 장가를 가면 갓을 쓸 것 아닌가! 원칙은 관례를 올림과 동시에 어른들이 이름 대신 자(字)를 지어 준다고. 자를 지어 주면 그때부터 집안에서 부르는 이름이 생기거든. 그래 갔는데… 나는 그때 고모부가, 황산 어른이 그걸 지어 주더라고. 물론 남매간에 의논을 했겠지! 너는 인자부터 '치숭'이다! 이를 '치(致)' 자 하고, 높을 '숭(崇)' 자! 그게 내 자라! 고모부하고, 집에 어른하고 의논을 해가 지었겠지. 왜 그러냐면 그 뒤에 내 동생들의 자를 보면 거의 비슷하게 지은 게 집에 어른이 주관한 것 같아. 모두 '치' 자 돌림이거든. 그래 갖고 장가를 갔지. 나는 관례를 갖다가 혼례 당일날 아침에 올렸지. 우리 종형들이 할 때는 혼례날을 받으면 바로 했다고. 남자일 때는 무조건 이십 세에 관례를 꼭 올렸던 것은 아니야! 그러면 가서 열세 살에 장가 가면 우찌(어찌)할 건데! 그런께네 장가가기 전에 관례를 올리고…. 결국엔 조선시대 말엽에 없어서 장가를 몬(못) 간다든지, 미혼이라도 이십 세가 넘으면 관례를 올리고 자를 짓는다 이 말이야! 관례는 남자들의 대표적인 의식이야! 관례를 치러야만 과거에 응시할 수 있었거든. 혼례라고 하는 거는 성인이 되는 의식이지만, 관례를 올려야만 성인이 되기 때문에 혼례날을 받으면 보통 관례를 올렸다고. 조혼한 사람은 혼례날을 받으면 보통 관례를 먼저 올렸다는 이 말이야! 스무 살 이후에 혼례를 하는 사람들은 이미 관례를 올렸기 때문에 별도로 관례를 올릴 필요가 없지. 나이가 들면 그래 하지. 요새 성인식을 성균관에서도 하고, 학교에서도 하고, 무슨 단체에서도 하고 그러는데 그게 관례 택이야! 요새 상투가 어데 있나. 그냥 유건(儒巾)만 씌워 주면 그만이지. 나도 고모부가 유건만 하나 씌워 주데. 그것도 내기라고 있을 수가 있나. 퍼뜩 유건이 어디서 나오나. 집에 어른 거를 내가 못 쓰고, 고모부가 자기 집에서 자기 거를 가져와 대신 씌워 주데. 요새 보니까 계집애들도 계례라고 하던가? 뭘

하고 싸테. 그건 말이 되나? 남자의 관례를 대신해서 계집애들도 계례를 하는데…. 계례라고 하는 게, 옛날에 어데 그런 게 있었나! 댕기머리! 그럼 시집가기 전에 댕기머리 풀어? 결혼을, 합궁을 전제로 하는 의례가 계례거든! 계집애라고 하는 것은…. 근데 요새 애들은 결혼도 안 한 것들이 그 짓을 뭐 하려고 시키나 이 말이야! 이런 예가 있었다고 하는 그거를 강의로써 끝내야지. 그걸 성균관이니 시민단체에서 뭐 하러 해! 계례를 하면 계집애들도 성인이거든! 계집애가 성인이 되었다고 하는 거는 합궁이 이뤄진다는 얘기거든. 그래서 과거에 기생들은 머리 올린다고 하지 않았는가 베! 기생들 머리 올리기! 그게 계례거든! 그거는 권번에 나가는 것들, 그것들이 하는 거지. 근데 요새 하는 거가 조금 무리이다 싶어. 혼례를 올리고, 초야를 치루고 나면 시애미(시어미) 되는 사람이 머리에 쪽을 지게 만드는 것이 계례이지! 빗으로 새댁의 머리를 갈라 앞 가리마를 타고, 머리를 틀어 쪽을 지고 비녀를 꽂는 것이 계례이지! 그리고 대삼작, 소삼작 같은 노리개를 차고, 이에 걸맞게 한복 몇 벌을 주거든. 내 형님들은 다들 그렇게 했어.

내 발을 좀 뚜들기고 가라

결혼식은 어떻게 올리셨습니까?

처가에서 사모관대를 하고 옛날식으로 했지! 사모관대를 쓰고 가는 게 아니라, 사모관대는 신부집에서 미리 준비를 해 놓거든. 예전에는 혼행이 출발하면 보통 말을 타고 가다가 신부집의 마을 어귀에서 사모관대로 갈아입고 들어갔지. 내가 할 때는 진주에서 도로가 있는 데까지는 바로 차로 갔고, 소로 길은 가마를 타고 들어갔지. 가마가 대기해가 있데. 그때는 상당히 뭐해서 승용차라는 게 거의 없었으니까. 택시라든지 그런 것도 없었거든. 대개 개인들도 군에서 나오는 쓰리코타! 쓰리코타 그거를 사람들이 많이 타고 다녔다고. 그거를 이용해서 개인영업을 했다고. 내가 탄 차는 집에서 대절을 했고, 군에 있는 친구들이 군용을 빌려 왔고…. 친가 쪽에서는 다른 상객들은 안 가고, 아버지하고, 나하고 단둘이 갔지. 친구들은 쓰리코타에 두 차나 싣고 뒤에 따라왔지. 여기에서 출발할 때도 내 혼자 갔고…. 그네들은 상당히 떨어져 오니께, 갈 때는 동행이 안 같아 빗찌(보였지)! 처갓집 마을 어귀에서는 차에서 내려 말을 타지 않고, 가마를 탔어. 이인교! 남자가 타는 뚜껑이 없는 남교라고 하는 거. 혼주인 선친은 걸어서 들어가셨지! 혼례 때 입은 한복은 신랑집에서 옷감을 보내지. 우리 집에서 내 옷감도 보내 갖고 내 옷도 거기서 해. 내 같은 경우는 우리 집에서 갈 때 우리 어머니가 해준 옷을 입고 갔고…. 혼례 때 내가 옷을 입기로 주황단 바지저고리 입고, 내의를 얇은 걸 하나 입었다고. 흰 모시에다가 푸르스름한 명주 안을 넣은 그놈을 입으니까, 아마 늦은 봄이거나, 아니면 이른 여름이거나 그럴 걸! 요새 계절 치면, 음력으로 삼월 말이나 사월 초나 이때가 아닌가 싶은데…. 그리고 처가에서 보낸 거는 도포감만 보내고…. 아마도 거기서 도포를 해 갖고 나중에 올 때 가지고 오고 그랬을 거야! 신랑인 내는 가마를 타고 사랑채 문 앞에까지 가고…. 사랑채에 들어가서 다과를 조금 먹고 대기하고 있다가 혼례청으로 나갔지. 사랑채에서 사모관대를 하고…. 혼례청에서 제일 먼저 한 의식을 내가 다 외울 수도 없고, 홀기를 봐야 알지. 뭐~ [웃음] 교배례, 합근례를 올리기 전에 먼저 전안례를 올렸을 끼고…. 신랑 앞에 기러기 애비야 뭐 항상 따라가고…. 기러기 애비도 내 집에서 간 것이 아니고, 거기

장가가는 날 : 인자 차에서 내리는 가 비네. 이거 승용차는 진주시내에서 대절한 기고, 논두렁을 좀 걸어 들어가서 처가에서 준비한 가마를 탔지.

처갓집 전경 : 내 결혼식 때 처갓집 전경인데, 아래에 멍석을 깔고 초례청을 만들고 있는데, 병풍을 치기 이전인가 베.

서 나와 가지고 받아 가지고 다부(다시) 들어갔지. 하여간 여기서 갈 때는 부자밖에 안 갔어. 교배례, 합근례를 어떻게 했는지 기억이 안 나는데…. 마당에다가 덕석(멍석)을 깔아가 혼례청을 만들어 놓고, 책상을 나 놓고…. 뭐이고 요새 같으면 거기다 화병을 놔 가지고 송죽을 꽂고, 청실 홍실 걸어 놓고, 닭을 한 마리 올려놓았는가 몰라! 그리고 쌀도 한 사발 놓데. 다른 음식은 내 있는 것도 못 본 것 같은데. 그거밖에 기억이 안나. [한참을 생각하다가] 교배례, 합근례는 홀기나 보면 생각날까, 모르겠는데! 내게 홀기가 있는데, 찾아보면 있을 거야. 홀기는 『사례편람(四禮便覽)』 책에 안 있나! 근데 옛날 어른들은 안 써가도 잘 알더라고. 그때 내가 가니까. 홀기를 그 친척들 중에 '백경'이라고 있어. 그 양반이 갓을 쓰고 홀기를 하더라고. 그분도 선친하고 친구고, 내나 그 집으로 봐서는 친척이 되겠지. 교배례는 신랑이 한 번하고, 신부는 두 번하는 거 아니가! 신부가 절할 때 걷어 주고 사람을 '웃각시' 내 알기는 '웃각시'라고 이래 갖고, 옛날 대개 험한 꼴 없고, 자녀 다복한 문중에 사람들이 신부가 시집에 들어갈 때 잠시 딸려 보냈지. 결혼식 기억이 잘 안 나는데, 기러기를 신부에게 던지는 그거는 내가 똑똑히 기억하지. 기러기를 던지고 받고 하는 그건 내가 봤어. 내 혼례 때, 솔직한 소리지만! 신부집에서 볼 때, 신랑 친구들을 우인대표라 하지 않고, '우환대표'라고 했지! 하도 난동을 부려 싸서! 뭐~, 오는 경비를 내라! 별별 소리 다 하지. 뭐~, 음식을 많이 싸 도라(달라)! 그런 거로 난동을 지기고 이랬지. 안 된다는 것을 알면서 무리한 요구를 하고 이래 싸지! 선물이라고 해봐야 친구들이 몇이 어울려 커다란 채경, 요즘 말로 큰 거울을 하나 사 오거나, 판(밥상) 그런 거를 떡하니 갖다 놓고 나서 진 빼는 거지. 그리고 기다란 한지

처족들과 함께 : 처족들과 찍은 사진인데 우리 식구는 하나도 없거든. 밑에 있는 거가 결혼선물이라! 선물이라 해봐야 친구들이 몇이 어울려 큰 채경(거울), 판(밥상) 그런 거를 사 오는 기라! 채경을 선물한 거가 아마~ 맑고 깨끗하게 살라는 게 아닌가 싶어.

신랑신부 기념사진 : 결혼식을 마치고, 신랑신부가 기념사진을 찍는 모습이야. 신랑이 모자같이 뒤집어쓴 거를 '희양' 이라고 하데, 우리 집엔 저걸 안 쓰는데, 처갓집에는 씨우더라고. 그리고 앞에 우인대표들이 읽은 축사 두루마리가 쭈우~욱 늘어져 있구만. 당시 처족들이 우인대표라고 안 하고 얼마나 귀찮게 했던지 우환대표라고 했지. 축사도 아마 이십여 명이 읽었을 거야.

에 축사를 써 가지고 와서 우인대표들이 읽는 기라! 당시에 아마 우인대표들이 한 이십 여명 축사를 읽었을 거야. 이렇게 난동을 부리니 처족들이 우인대표라고 안 하고 우환대표라고 했지. 그래도 우인 대표들은 선친하고 약속한 대로 이행을 아주 잘했어. 무슨 약속인가 하면, '절대 그 집에서는 폐를 끼치지 마라! 떡국 한 그릇도 먹지를 마라! 그러나 너그들이(너희들이) 돌아가서, 내 집에 가서 너희들 맘대로 먹어라!' 이래 했다고. 그래 갖고 그 시행을 딱 잘 했다고. 밖에 나와 가지고, 배가 고프니께네 다른 사람을 시켜서 뭐 요기 좀 시켜라! 처갓집에서 떡국이고 뭐고 한 솥 가져다가 주고 이랬나 보데. 야외에서 떡국 한 숟가락 먹고 달아나 버렸지. 술이란 거는 입에도 안 대었고….

신랑 달기를 당해 보셨습니까?

혼례 때, 신랑달기 그런 것도 있었지만, 그때 내 상대될 만한 사람도 별로 없고, 재미도 없데. 초야 치르기 전에, 신방에 앉아 있으면 처족들이 [두 손으로 둥글게 원을 그리면서] 빽 돌아 모여 앉아 가지고 신랑달기 시작하는 거지. 거기 모인 사람들이 주로 말로 갖고, 신랑인 나를 곤란하게 만드는 긴데. 내가 저들한테 말리(말려) 들어갈 사람인가! 예를 들면, 어떻게 시리 나오냐면(나오나 하면)? [신부 친척들이 신랑에게] '금년에 몇친고?' 이러쿠거든. 그러면 시원찮은 사람 같으면, 내가 스무 살이면, '스물이다!' 고 이러쿨 게 아닌가! 그러면 '아~따! 그놈 참!' 이러쿠면서 '느그(너희) 어매(어머니)가 스물이냐!' 라고 하면 할 말이 없단 말이다. '느그 어매가, 너그 어마이가 스물이나 되나?' 이런 식으로 갖다가 붙이거든. 예사로 나 몇이냐 물은 긴데…. 나는 느 어매가 몇이냐고 물었다!' 고 이렇게 나오면 난처하지 않나. 그런 식으로 말로 갖고 애를 먹인다고. 그러니까 신부 친척들이 묻는 말에 답을 잘못했다가는 코를 다친단 말이다. 내가 장가가기 전부터 그런 데를 자주 다녀서 환한 사람, 도가 터진 사람인데…. 그러면 '금년 내 나이 몇이다!'고 하면 할 말이 없는 거다. 그럼 자기가 오히려 할 말이 없단 말이다. 그런 식으로 답을 해 나가면…. 그래 갖고 인자 엇갈리면 신랑 달기! 신랑 다리를 뭉치(뭉쳐서) 달고 그러지. 나는 신랑 달기를 안 당해 봤어! 그런 거는 못해 봤지. 그래가 나중에 마치고 나서 '형님! 너무 안 심심하나! 내 발을 좀 몇 번 뚜들기고 가라!' 이렇게 할 정도로 내가 한 수 위에 있을 정도인데, 뭐~. 근데 소위 신랑을 달라 온 사람 중에…. 인자 아까도 얘기했지만도 내 친구라 하는 거, 그저 일가라 하는 거, 내 처고종이라 하는 거가 소위 거기서 인자 주동인데…. 저희가 내 상대가 안 되는데 우짜노 말이다. 그러니까 내 가방모찌를 하던 성환상이 이런 것들이 나를 다룰 끼라고 모아둔 식구들인데…. 그중에서도 저 사람들이 우두머리에 속하는 사람들이거든. 그기(그 사람들이) 내 상대가 되겠어? 그게 다 내 가방모찌인데! 신랑 달기라고 하는 거는 신랑보다 훨씬 위 사람이 머리를 써야지. 두뇌가 약한 사람이 달라붙어서는 오히려 손해를 봐! 요새 신랑 달기라고 하면 무작정 달거든. 그게 옛날에는 그렇지 않아. 옛날에는 글을 짓던지, 문답을 하지! 그런 거를 가지고 신랑을 곤란하게 해서, 홀키 들어가면 벌을 주는 기라. 그게 그렇게 돼야지. 무조건 달아맨다고 하면 참말로 말이 안 되거든. 요새 텔레비전을 보거나, 아들 하는 것을 보면 순 엉터리야! 옛날 양반가에서는 신랑 달기라고 하는 거는 지혜싸움의 문답이지! 지혜싸움을 해 갖고 벌을 맨들어 내야 될 긴데, 지혜싸움에서 몬(못) 이기면 벌을, 죄를 맨들어(만들어) 낼 재주가 없는 거 아냐! 이거는 아까 내가 얘기

한 거처럼 나가 몇이냐!'고 했는데 '스물이다!'라고 대답을 하면, '느그 어매가 스물이면 순 쌍놈이네! 이 집에 올 자격이 없으니 저놈을 뭉치라!' 이런 식으로 나오거든. 그런 거로 내가 달릴 사람인가?[허! 허! 허! 웃으시면서] 그런 식으로 문답을 해 갖고 저희들이 날 따라올 재주가 없는 기지 뭐!

신방 엿보기 같은 거 있었습니까?

신방도 처가 위채 작은 방을 썼지! 몸채는 사 칸이고, 아래채는 육 칸인가 그렇고. 첫날밤에 신방 엿보기도 당시에 언깡(엄청) 심하지 않나! 이래 문구멍으로 보고…. 신방에 들어갔더니 주무상[31]이 이미 마련되어 있고, 신부가 먼저 들어와 있데! 신부가 먼저 들어가고, 내가 인자 나중에 들어가고 그랬지. 낮에는, 처음에야 술판이지, 뭐~. 해가 다 지면 저녁상! 저녁상까지도 처가 식구들하고 같이 앉아서 먹는다고. 저녁을 먹고 나면 인자 해산될 거 아닌가! 그럼 신방을 차린다고 해서 병풍을 떡 갖다 놓고, 주무상이라고 하드나! 쪼깨난(조그마한) 상을 하나 봐 오거든. 여기 이 근처에서는 주무상이라고 하지. '주무상 들어갔나!'고 해 쌓데. 그때부터는 인자 내외가 앉는 기거든. 초야를 치루기 전에 참! 밥을 묵으면, 저녁을 묵으면 내 밥을 못 다 묵고로 옆에서 권해 쌓거든. 내나 일종에 장난인가? 신랑이 묵던 밥을 내가면, 남는 밥을 신부한테 갖다가 준다는 이런 뜻인데…. 저녁밥을 있는 데로 싹 닦아 먹고, 좀 더 가오라고 할 정도가 되니께네 장난을 붙일 게 없는 기지 뭐! 내가 그런 데를 자주 다녀 도가 터져 있는 사람이니 뻔하거든. 항상 먼저 앞서서 가니 장난할 것도 없고…. 저녁 먹고 나서, 상을 치우고 나서는 상당히 오래 논다고. 놀다가 요새 시간으로 생각하면 한 열한 시나, 열두 시가 되면 그제야 신방이라고 채려 준다고. 신방을 채려 주면 보통 수신방(守新房)이라고 신방 엿보기를 우리도 해봤지만도…. 문구멍을 뚫고 신방을 들여다보고 안 쌓는가 베! 그런 거를 내가 미리 알고 '병풍을 걷어라! 장난하면 병풍을 다친다!'라고 그라면서 아예 병풍을 걷어 삐리고…. 내가 먼저 병풍을 걷었지. 신부하고 단둘이 있는데 뭐~. 병풍을 걷어서 옆에 세워 놓고…. 또 신방에 보니께네, 연유과하고 간단하게 묵을 주무상이 있더라고. 신방에 주무상이 들어와 있으니 내가 술 한 잔을 부어 묵고…. 내가 문을 때라 다니는데, 신부가 따라 주겠어! 또 내가 '모두 뭐~, 구경해라! 구경할 때 문을 째지 마라!'고 큰소리를 치면서 문을 다 열어 재칠 판인데…. 나중에는 내가 '문 발라 놓은 것 아깝다!'고 하면서 신방 문을 활짝 열어 삐릿지. 문을 다 열어 놓고 밤을 지내자! 자지 않는데 신경이 쓰여서 되나!' 이러면서 신방 문을 활짝 열었지. 병풍도 내려 펴 놨는데, 우째 할 것도 없고…. 밖에서 뭐 농담하다가 지치면 가겠지. 나는 그리 생각했지. 또 내 같은 경우는 여자들이 하도 시끄럽게 해서…. 내 동서라는 기, 내 윗동서가 하나 있었거든. 임창근이라고 진고 출신이다. 서울 상대 나왔지. 그래서 '동서 어디 있노! 동서 오라고 해라! 심심해서 안 되겠다. 동서랑 술이나 한잔 먹을란다!'고 했지. 이렇게 하니 신방 엿보기가 참 싱겁게…. 구경하려는 사람들 싱겁지 뭐. 그래 보냈더만, '낮에 술 많이 먹어서 곯아 떨어져 안 일어난다!'고 하데. 그래서 혼자 한잔 묵었지 뭐. 내가 너무 그래 해 삐니까 처족들이 일찍 해산해 삐리데…. 그러니 처족들에게 걸릴 턱이 뭐 있겠노! 대꾸야 뭐~. 너무 그래 해 삐니께네, 남자들은 다 가 버리고, 여자들 몇이 앉아서 뭐 질질거리고 놀고 그래 샀데. 난 상대도 안 하고…. 혼례가 끝나고 나서 나는 바로 인자 신행은 안 했어! 친

영도 안 했고…. 혼례가 끝나고 난 돌아와 삐꼬(버렸고)! 돌아왔다가 여기 며칠 후에 다시 가는 거를 재행이라고 그러지! 신랑이 처가에 가는 거를 보고 재행! 나는 재행을 안 갔다고. 안 가고, 그대로(대신해서) 거기서 인자 하루, 이틀 밤 자고 처갓집서 일단 나와야 되거든. 신방은 차려 놓은 위채 작은 방 거기서 이틀 밤을 자지. 하여튼 예라고 하는 것이 간 날 자고, 또 그 이튿날 자고 오는 기거든. 그러면 이틀 밤, 사흘 낮 아닌가! 가는 날 하루 쉬고, 오는 날 있지 뭐. 그러면 이박 삼일이라고 봐야 되나. 그러고 처가에서 나와 가지고 열천정(冽泉亭)에 가서 하룻밤을 잤다고. 내나 음식도 처갓집 거 갖다 먹고, 열천정도 처갓집에 따른 재실이지. 장인의 서실이지. 거서 하룻밤 자고, 인자 아침 갖다 먹고 처가에 다부 들어간 거지. 그니까 그게 요즘 얘기하는 재행을 들어간 택이지. 왜 그랬냐면, 그때 교통이 아주 불편하거든. 처가가 있는 수곡에서 진주까지 거리가 사십 리라고 하니께네, 십육 키로 아니가! 말이 십육 키로지! 거기를 사람들이 걸어서 댕기는 기 아직까지 불편하지. 집안 어른은 혼례 마치고 하룻밤도 안 자고 당일 돌아가셨고…. 합근례, 교배례가 끝나면 바로 가시는 기라! 본양 예가 그런 거야. 아~주 원거리일 때는 사가에서 잠을 자지 않고, 일단 밖에 나와서 잔다고. 사가가 아주 멀어서일 때는 그래 하는 기고. 내 결혼할 때는 집에 어른이 차를 대기시켜 놓았으니까. 돌아와야 되지 않나! 집에 어른은 식을 마치고, 점심 자시고 바로 돌아가셨지.

애미와 애비

혼례 때도 처가에 머슴이라든가, 어멈들이 있었습니까?
혼례 때 보니 신부가 나 많은 할매를 '애미야! 애미야!' 라고 부른 사람이 있었어. 우리가 결혼하고 십여 년까지 그 집에 있었는데…. 그기 집사람의 유모였던 모양이라! 그 유모가 오랫동안 살았어. 장가가서 내자에게 '와~, 애미야! 애미야! 하냐!'고 물으니께네, '아들이 있으면 아무개 애미야!'라고 그렇게 부른다고 쿠드라고(하더라고). 우리는 보통 '아무개 애미야!'라고 이러거든. 밑에 사람을 보고…. 근데 내자는 그 할매를 보고 '애미야!'라고 하지. '아무개 애미야! 판석이 애미야!'라고 안 쿠드라고. 그래서 '와 그러노(왜 그러냐)!'고 그러니께 '유모!'라서 그런다고 해. 그거~, 내 결혼하고 십일 년까지 살아 있었는데…. 그 아들이 내 장인, 장모 산소 벌초를 지금까지도 했고…. 벌초 기계는 내 처남이 사 줬다고 하더라만. 내 처갓집이 진주로 이사를 나올 때 묵고 살 만한 거는 다 주고 왔거든. 전답도 주고, 집은 그 집에서 살라고 했고…. 그러니 자기들도 할 것 아니냐! 그 할매 죽었을 때는 내 처갓집에서 장사를 지내준 거지. 그 자식들도 처가에서 대대로 종노릇한 거지. 인자 지금은 처가에는 그 자손들이 없데! 그 할매 죽고 나서 아들이 나가 버렸어.

어르신 댁에도 있었습니까?
내가 여기 고향에 있을 때만 해도 우리 집에 최판진이라고 있었어. 최가인데…. 판진이는 우리 집 밑으로 되어 있고, 또 한 집은 성이 김가지! 김가라고 큰 거는 '만'이고, 둘째끼 '작은 만'이고, 셋째끼 '삼만'이고 그렇지. 근데 그 삼만이가 내보다 나이 칠팔 살 더 했거든. 그거 아바이는 그때 나가 한 오십 넘었을 기야! 우리 다섯, 여섯 살 먹을 때, 말을 나아 했거든. '만 애비야! 만 애비야!' 그리 불렀거든. 그게 머슴이 아니라 종이라고. 종인 이유가 집안의 허드렛일은 안 하거든. 그거는 들에 나가서 일을 안 하고, 집안에 일만 거들었지. 집안을 관리하는 청지기와 비숫했지. 아마도 해방되고 없어졌지. 그리고 종이라 안 하고, 아랫사람이라고 했지. 나이가 많으나, 작으나 고마 우리는 말을 나하고 그랬지. 저 그는 우리를 '서방님!' 이라고 하든지, '도련님!' 이라고 하든지 그런거지 뭐! 우리는 나이 많으나 작으나 '아무개 애비야! 아무개!' 이렇게 불렀고…. 우리 집에 있던 김가라고 하는 그거는, 그 후예들이 지금 대구에 산다고 들었어. 그 만이의 아들이 아마 우리 나이 또래나 되었을 기거든. 경찰에 종사한다고 들었어. 옛날에 호구단자나, 분재기에 보면 종에 대한 기록이 좀 나오거든. 그런데 왜정 때 우리 집에는 그게 없더라고. 그게 옛날부터 딸려 내려왔던 모양이지. 그러고 경우에 따라서는 친한 사이끼리 종을 서로 바꾸기도 해. 우리 집에는 보면, 너실에 의령 남씨들하고, 우리하고 자주 종을 바꿨다고. 너무 오래 한집에 안 두고 대개 이삼 대가 내려가면 양반들 끼리 종을 서로 바꾼다고. 양반들끼리…. 여기 판곡에 가면 의령 남씨들은 우리 집안하고 바꿨거든.

종을 서로 바꿨습니까?

종은 예로써 수산 집에 있던 종을 하나 판곡에 있는 남씨 집안하고 바꿨는데, 남씨 집에서 데려고 온 종이 공가(孔家)라! 하필~. 근데 저기 근원도 없고, 아무것도 없는 기 좌우지간 공가라! 성은 저기 지어내지 않았을 거고. 공가는 공가인 모양이거든 그래서 수산이 아주 조심스레 있다가 할 수 없이 보내 버렸다고. 뭐 그냥 내보내지. '너그(너희)끼리 가서 살아라!' 고 그랬겠지. 그러고 나서는 수산 집에 종이 떨어졌지. 종을 맞바꾸는 거야! 내 집에 종이…. 예를 들어서 여러 가지 일이 안 있겠어. 버거운 일이 생기면 서로 바꾸고 이래. 종의 가족 전체를 바꾼다. 가서 내외 같으면 저쪽 내외를 데리고 오던지. 아(애)가 하나 둘 딸려 있으면 그냥 바꾸기도 하고 그런 거야. 저그(저희) 가솔을 다 보내는 기라! 저쪽 가솔 다 데려오고…. 그런 식으로 하면 좀 덜했지. 너무(남) 집에 있는 거는 기억 잘 안 나고…. 일제 때, 우리 어릴 때에 묘사가 되면 묘사 떡을 얻어 먹으러 댕기거든. 그게 뭐 집에 떡이 없어서 가나! 심심해서 가지! 우째 댕기든(다니면) 내 같은 경우는 작은 만이가 나를 업고 댕기거든. 그 등에 업혀 가지고 따라 댕기는 거라. 종 저거는 나를 업고 가야 대접이 낫케(많이) 주거든. 하여튼 내가 알기는 우리 집에 두 성이 있었어. 최가하고, 김가하고…. 웃대(윗대)에서 바꿔 왔는지는 몰라도! 세경을 주는 머슴은 따로 있고…. 종에게 세경을 줄 턱이 있나! 그저 입혀 주고, 저그 자녀들 혼사시킬 일이 있으면 장가 보내 주고 시집 보내 주고 그랬겠지. 시집, 장가는 저그들끼리 아니라, 아는 사람의 집에 종과 서로들 통혼시켰지.

장인은 진주가 알아주는 한학자

처가 동네도 창녕 성씨 집성촌입니까?

내 처가 동네는 진주에서 거리가 쪼매 떨어진 진양군(晉陽郡) 수곡면(水谷面) 효자리(孝子里)거든. 그 동네 전체가 한 십여 호밖에 안 되는 창녕 성씨 집성촌이라! 민씨, 이씨가 한 집씩 있고, 그 외엔 전부 성가들인 갑데. 그라고 한 오 키로 떨어진 톳꼴에 일가들이 또 많이 있어. 톳꼴! 토골! 토골이 한자로 토동(兎洞)이지 뭐! 본양 거기가 창령 성가들이 많이 있는데…. 내 혼례 때 그 사람들이 뭐 불과 한 일이 키로 되니께네 떼를 지어 와가 있었지. 내 처가라 하는 데도 집사람의 조부 때 효자리로 왔거든. 원래 토골에 거기 있었다고. 거기서 오래 살은 기라. 내 처라고 하는 기가 부사 후예들이거든. 성부사[32]가 누구냐면, 남명 조식의 제일 끝제자쯤, 막내 제자쯤 될 거야. 근데 그 어른의 학문이 대단한 기고. 요새 흔히 텔레비전 사극에서 말하는 사극에서 말하는 임란사! 임진왜란에서 진주에 대한 고증을 볼라 하면 『부사집(浮査集)』을 안 보면 안 돼요. 그 당시 성부사가 소시적에 자기가 직접 목격한 것을 그대로 쓴 것이거든. 『부사집』에는 임란에 관한 장이 많다고. 진주대첩에 대한 기사가 다는 안 나와도 그거를 보면 참고할 게 참 많다고. 예를 들어서 우리 집에 송암[33]을 삼장사라고 하는 게 안 있는가 베. 예를 들면, 삼장사가 뭐 김시민이가 어떻고, 곽재우가 어떻고 하는 이런 거를 해결하기 가장 좋은 기 부사문집이라! 부사문집에 보면 정확하게 나온다고. 진주대첩의 삼장사는 무장들이고, 촉석루 누중 삼장사라 하는 거는 문인들이야. 촉석루 누중 삼장사! 이게 '쟝' 자가 다르다고. 하나는 무슨 '쟝' 인가 몰라. 어~, 그래! 맞~다! 으뜸 '장(壯)' 자다. 장원급제(壯元及第)할 때 '장' 자! 그거는 문신이고, 장수 '장(將)' 자 저거는 무신이라. 근데 그거를 혼돈해서 싸우고 하거든. 내 처가는 성부사의 후예들 중에서 제일 큰집이지만, 종갓집은 아닌가 봐. 방계 종가가 아니고, 직계의 큰집이라. 진주에서는 대대로 내놓으라 하는 반가지! 진양 하면 강, 하, 성 아니다. 성은 안 들어간다. 정이 있다! 정! 진양 정씨! 성씨는 안 들어가는 기, 성씨는 창녕에 속한다고. 진양의 토성이 진양 강씨! 진양 하씨! 진양 정씨! 진주에서는 성부사라고 하면 좀 빠지지만, 그래도 뭐 대대로 그 집안에서 학자가 안 떨어지니까! 문으로는 뛰어난 집이지! 성부사의 직계 후예로 치면 마지막이 우정(于亭)이고, 그 뒤를 이은 사람은 아직 없지!

장인의 함자는 어떻게 되시죠?

장인은 진주가 알아 주는 한학자인데, 호는 우정이고 함자는 빛날 '환(煥)' 자, 빛날 '혁(赫)' 자를 쓰지! 당시 진주에 유일하게 해인대학이라고 있었거든. 요새 마산에 있는 경남대학의 전신이라! 거기 한문 교수는 아니었고, 시간강사였지. 강의를 일주일에 사흘씩 나가고 그랬지. 옛날 부자 망한 집이니 무슨 경제력이 짜드라(많이) 있나! 예전에는 추곡만 사오백 석을 했다고 하더라고…. 진주에서 부자라고 한다면 만석꾼도 있고, 천석꾼도 있는데…. 내 처가가 살림이 어디서 날아 갔냐면…. 대한민국 수립되고 나서 이승만 시대에 토지개혁을 한 번 했다고. 이북식으로 한 것이 아니고, 소작인들한테 땅을 주고, 소작인들은 수곡 대신에 정부에다가 십 년이면 십 년 세를 줬을 거야. 장기간 상환하게끔 요런 조치를 하고…. 그리고 정부에서는 지주들한테 무슨 증서를 발행을 했다고. 그 당시 지주들은 정부에서 발행한 그놈을 어데 가서 파는 기라. 요새 채권을 팔 듯이…. 내 처갓집의 경우에도 처삼촌이 정부에서 발행한 그거를 팔았던 모양이라! 그 어른 함자가 퍼뜩 안 떠오르노! 저 어른이 일제 때에 술도가를 경영하고, 또 사업을 좀 한 기라! 형은 순 한학을 하고, 저 어른도 한학을 하다가 결국은 인자 사업을 했지. 그래 하다가 정부에서 발행한 채권인가, 그걸 갖다가 부산에 가 가지고 모두 팔았던 모양이지. 그거를 그때 뭐이라고 했는가, 퍼뜩 기억이 안 난다. 그걸 팔아 가지고 우째하다가 사기를 당한 모양이라! 부산 사기꾼들한테 당했겠지. 이래 홧김에 밀항선을 타고 일본에 갔다고. 그래서 나는 처삼촌하고 생면을 하질 못 했지. 일본에 가 가지고 한학을 한 어른이니까 아마도 한약업을 했다고 하지. 보통 한학을 하면 한약에 밝다고. 우선 우정 집에도 가면, 약봉지에 약장이 있거든. 부잣집이고, 한학을 한 집이 되어 놓으니께네 웬

만한 병은 자기가 처방하고, 가족들 자기가 약 달여 먹이고 그런다고. 대개 한학을 하는 사람들은 한약을 다 한다고. 첫째 중재 같은 이도 점을 치거든! 주역을 하면 그런 거 있는 갑데. 풍수 매쿠로(같이) 산수도 밝아요. 실제로 영업하는 게 아니라 학문적으로 머리로만 아는 기제. 시원찮은 풍수들이 한학자 집에 가서 엉뚱한 소리를 하다가는 한학자들한테 당하기 일쑤지! 천문, 지리, 역법, 풍수도 주역에 전부 다 나오는 갑더만.

우정 영정 : 「于亭集」 제일 앞에 넣은 장인의 영정사진이라!

어떤 한학자들과 교류가 많았습니까?

우정하고 교류했던 한학자들로는 첫째 담원(薝園) 정인보(鄭寅普, 1892~1950)! 해방 후에 담원이 우정하고 아주 잘 통했던 모양이데. 우정 서실의 재호(齋號)가 '열천정(洌泉亭)'이라! 거기가 집에서 한 사오십 미터 떨어진데 아주 경치 좋은 데 있었다고. 담원이 해방 후에 거기 열천정에 와서 한 달포를 있었다고 하거든. 달포라 하면 사십오 일을 두고 하는 말이거든. 여기 온 동기는 우정의 스승이 하회봉이거든. 곽면우의 수제자가 하회봉이고, 하회봉의 수제자가 같은 동네 출신인 우정이라! 학맥과 학통의 연원을 따지면 그런 관계에 있지. 우정하고 담원하고 알게 된 동기는 하회봉이 인자 그때 당시의 거유(巨儒)니까! 면우가 돌아가시고 난 뒤에 나이도 제일 수상(壽上)이고, 수제자이거든! 면우의 수제자니까! 면우 인자 제자 중에는 첫째 보면 심산 김창숙 같은 이는 나나 면우

제자이지만, 회봉보다는 한 수 아래란 말이다. 담원 정인보가 서울사람 아닌가 베! 서울 사람인데…. 담원이 여기 수곡에 회봉한테 자주 왔어요. 회봉한테 왔다가 회봉의 수제자이면서 근처에 사는 우정을 알게 되었지. 우정이 서울에 올라가면 담원 집에 가 있고, 담원이 여기 내려오면 회봉 집카마(보다)도 우정 집이 거처하기 더 편하니까 우정 집으로 잘 왔고…. 이들 두 분이 종래 서신왕래가 참으로 많았지! 첫째 『담원집(詹園集)』에 보면 우정하고 왕래한 그런 게 많이 나온다고. 『우정집(于亭集)』에도 담원하고 왕래한 서신이 나오거든.[34] 담원이 우정이 보낸 거는 『우정집』에 나올 기고, 담원이 보낸 거는 『담원집』에 나오겠지. 왜정 때부터 담원하고, 우정하고 서로 오가며 왕래하고, 서신을 교류한 것을 이쪽 진주지방의 유림들은 거의 다 알지! 담원이 우정한테 보낸 서한에서 우정을 '해동(海東)유일(唯一)의 청사(淸士)'라고 높이 칭찬을 했다고 하더라고. 그리고 또 성부사카만(보다) 우정을 높이 칭찬했다고 그래. 담원이 말한 그것 때문에 성씨 문중에서 시끄러웠지. 시 같은 거는 확실히 부사보다는 나은 모양인 기라. 시재(詩才)가…. 담원이 그런 소리를 했는데, 성씨 문중에서는 윗대 할배 욕하는 짓이라고…. 그러나 집에 어른도 주장이 그렇지 않더라고. 손자가 글을 잘하면 좋은 일이지. 그걸 왜 그렇게 야단법석을 떨고 하느냐! 오히려 그 집안에서 더 좋게 봐야 될 긴데…. 그러나 문중에서는 그렇지 않거든. 담원은 솔직한 소리지. 그런데 담원의 말이 우정의 시문이 그렇다 이랬는데. 우정의 시가 그렇다 이 말인데…. 그런 얘기를 한 건데…. 그 말이 잘못 전달되어가…. 저 사람들은 성부사카만(보다) 우정의 문이 더 낫다(더 좋다) 이리 생각하는 거라. 그래서 울화통이 터진 거지. 또 그것도 객관적으로 볼 때, 그러 쿨 수가 있는 거지. 암만 손자라도 '시는 오히려 할배보다 낫더라!' 이런 소리 할 수 있는 거지. 무엇이 욕들을 소리가! 그것 때문에 성씨 문중에서 시끄러웠지.

우정 어른이 진주에 남긴 뭐가 있습니까?

사변 때 유엔군이 진주를 폭격을 해서 촉석루가 타 버렸거든. 그런 거를 다시 짓고 나서 이퇴계의 집안사람인 이가원(李家源 1917~2000)한테도 안 가고, 우정한테 그 중수기문을 써 달라고 맡겼지! 이가원이는 그거를 성균관이니, 그런 데서 관여를 했거든. 그때 글을 잘하는 이가 이가원이니, 성순영이니 몇 사람 있었다고. 그런데 가는 것보다 오히려 우정한테 가는 기 낫단 말이야. 우정은 진주에 살았고, 토박이니께네. 진주 출신으로 하여금 그거를 짓게 한 거지. 진주의 자존심이지! 국가에서 촉석루를 재건한 '촉석루 중건기'[35]를 우정에게 일부러 부탁을 한 거지. 그때 교육청에서 왔더라고…. 그거를 우정이 짓고, 손수 써 가지고 놓은 기라. 판각은 물론 다른 사람이 했지. 필체도 우정 필체고, 문장도 우정

「우정집」 표지(3책 1집으로 이루어짐).

문장이지. 촉석루 현판이 아니라, 중건기문을 판각을 해가 안 붙이는가 베. 중건기문! 그거를 작(作)하고, 서(書)까지 했다는 말이지! 각(刻)은 다른 사람이 했고…. 그거 하나 특이한 게! 글씨 서체를 우리가 뭐 잘 모르지만, 서예가들이 보고 '우정 전성시대 필체가 아니다!'라고 하거든. 그런 이유를 내가 물었더니만 '담원 필체 그것 따라갈라!'고 그러데. 그래 보면, 중건기문의 우정 필체가 참말로 담원 필체 비슷하게 닮았다고. 그 필체를 갖다가 담원 필체로 만들려고 애를 썼던 모양이지. 담원이라고 해봐야 뭐~ 참. 그때만 해봐야! 내 처가에 오시기 전에는 아무것도 안 했거든. 그러고 나서 초대 감찰위원장36)인가 그거를 했지. 그 당시 감찰위원장이 담원이고, 성균관장이 김창숙이고, 대법원장이 김병노(金炳魯, 1887~1964) 아니가! 그 셋이, 꼿꼿한 꼬쟁이 선비 서이가 그걸 맡아가 다 안 했나! 이승만 씨가 백범 뭐 그래 싸도 이들 꼬쟁이 셋을 잘 안 찼다고. 그러나 그 밑에 놈들이 잘못해가 그 사람들을 후들어(흔들어) 내서 그렇지! 우정이 평소에 모았던 책이 참 많았다고. 많았는데…. 일제 말엽이 다 돼 갈 임시야! 진주역에 뭐~. 참말로 부자니께 그렇겠지! 중국서 서적을 주문해가 사 가지고 왔거든. 『명청팔대가(明淸八大家)』니! 뭐, 『당송팔대가(唐宋八大家)』…. 좌우간 이런 책을 갖다가 말 구루마(마차)에 두 구루마를 샀다고. 역에서 찾아가 자기 있는 데까지 싣고 오는데…. 그때는 화물차가 없었으니까 말 구루마에 싣고 왔거든. 말 구루마에 두 구루마를 싣고 집에 가 갔다고 했어. 그 당시로는 엄청난 책이지. 나도 장가를 가서 봤는데, 책들이 우리가 가(가지고) 있는 옛날 한서(漢籍本을 지칭). 조선 종이로 만들어가 실로 맨 거. 그런 식이 아니고, 아주 얇은 종이야! 요새 학생들 콘사이스(Concise 휴대용 사전), 그런 종이 대신(비슷)한데다가 인쇄를 한 아주 많은 양이거든. 그걸 갖다가 두 구루마를 사 온 집이라! 그게 아마 진양, 진주 근처에서는 외국에서 책을 두 구루마를 산 집은 아무도 없다고!

우정 어른이 모았던 책들은 어떻게 됐었나요?

우리 집에는 우정이 중국에서 주문해가 사 온 그거 한 질이 있지. 집에 어른이 갖다 놓은 『명청팔대가(明淸八大家)』라는 책이 한 질 있었는데…. 그리고 남아 있던 책들은 빙장 어른 돌아가시고 나서 진주에 있는 삼현여고(三賢女高)! 삼현여고 교장이 그때 최재영 씨인데, 호가 '아천'이지! 거도 한학을 좀 하던 사람인데…. 저 사람이 인자 우정한테 어북(제법) 글을 배울 끼라고 했지. 장인이 돌아가시고 나서 장모가 뭐 구찮고(귀찮고), 관리하기도 그렇고…. 책이라는 것은 집에 관리하는 사람이 없으면 자연히 없어지고 이리되거든. 몽땅 그저 삼현여고 도서관에다가 기증을 해 버렸어! 아마 '우정선생기증본'이라고 그리 되어 있겠지. 내가 현재까지 그래 알고 있어! 내가 보진 않았는데! 준 것만 알지! 그리 갔다고 하는 것만 알지. 우정 돌아가시고 나서 우리 장모로서는 그게 현명한 방법이었고…. 그리고 소설가 이병주(1921~1992)도 우정 집에 자주 드나들었지. 이병주 장모가 우정 누나지! 결국 말하자면, 내 처고모의 사위가 이병주거든! 군사혁명 나고 나서 이병주가 경찰서 유치장에 잡혀 있을 때도 우정이 면회를 가고 그랬지.[37] 내가 장가갈 때도 대방(大房)[38]에 이병주가 앉았단 말이야! 이병주가 학교에 가면 은사란 말이다! 날로 불량타고 소문은 났지! 이러니까 네 은사를 딱 데려다가 앉혀 놨더라고. [허허~ 너털웃음을 웃음.] 이병주가 진주농고에서 교편을 잡고 있을 때, 간혹 방학이 되면 우정의 서재인 열천정에 와서 피서도 하고 이래 싸지. 그 『빨치산』[39]은 이병주가 지었다 뿐이지, 우리가 알기에는 빨치산하고, 이병주하고는 아무 관계없거든. 책은, 글은 만들었는가는 모르지만, 이병주가 지리산을 간 일이 있고, 그런 거는 아니거든. 그 당시 진주농고에서 교편 잡고 있을 때, 구연대를 통해서 빨치산 내용을 들었으면 들었지. 자기가 지리산 들어간 일은 없단 말이다.

구연대가 지리산 빨치산 토벌댑니까?

그렇지! 아마 내가 볼 때는 학교에 주둔했던 구연대…. 저 사람들은 지리산 빨치산 토벌대거든. 그래서 인자 이병주가 거기서 자료를 얻은 거 아닌가 싶어! 이병주가 쓴 소설은 글자 그대로 소설이지. 우리가 첫째, 학교 다닐 때 구연대가 가서 잡아온 '강규찬'이라고 하는 인물이 빨치산 두목이었던 모양이지. 강규찬이가 누구인지 자세히는 모르지만도, 모가지를 끊어다가 그걸 알코올 병에다가 생것을 담아 가지고 전시를 하고 이랬거든. 우리 학교에 주둔했던 구연대 군인들이 그걸 전시했어. 참으로 옛날에 말이지! 농림학교 다닐 때! 사변 당시 그때! 구연대가 빨치산 토벌하고, 강규찬이가 뭔지 모르지만도…. 그 대가리를 갖다가 [두 손을 들어 머리를 잡아 알콜병에 넣는 시늉을 하면서] 이래 알코올에다가 담가 가지고, 우(위)를 밀폐시켜 갖고 전시를 했다고. 거기다가 뭐 [손을 들어 글씨를 쓰는 모습을 취하면서] '지리산 빨치산 두목 강규찬 두'라고 이래 써 갖고 전시를 했다고. 그걸 전시할 처음에는 안 그랬겠지. 시일이 가니 이놈이 불어 가지고 [다소 웃음 띤 목소리에, 손으로 코를 들어 올리면서] 코가 떡 유리병에 붙어 가지고…. 코가 납작하고, 이빨에 금니가 튀어나오고 그랬지! 그걸 우리가 직접 목격했다고. 내가 알기론 그거는 짜드라 그래 문제꺼리가 아니고…. 그 당시는 그게 뭐 화젯거리도 아니거든! 요새 생각하면 참 무자비하다 싶은데…. 그때는 그게 예사로 여겼다고! 다른 사람 머리도 그렇게 한 거가 아니고 그 하나만! 그게 아마 두목이거나 그랬겠지! 그렇게 봐야 안 되겠나! 우리도 뭐 소설 같은 거 보면, 뭐 적의 머리를, 적장의 수급을…. 임란 때도 왜놈들이 와 가지고 원균이가 왜놈들 잡아서 모가지를 끊는데, 거기다가 취미를 붙였다고 하는데…. 『삼국지』를 봐도 그렇고…. 그 사람들이 대수롭게 안 생각한 기, 자기네도 철수할 때 그걸 내버리고 가 뺏다(버렸다)고. 그래서 학생들이 그놈을 깨가, 머리를 꺼내 가지고 꼬챙이로 금이빨을 빼 가지고 엿을 사 먹는다고 이랬거든! 그 당시는 전쟁중이지. 구연대가 빨치산 토벌하고 나서는 일선지구로 가 버렸거든. 군인들이 그걸 뭐하려고 가지고 댕기겠나! 내버리고 갔지! 구연대가 가니께네, 우리가 그걸 구경도 하고, 끌고 댕기기도 하고 이랬었거든. 금니를 누가 빼긴, 누가 빼! 그래 선생들한테 잽히(잡혀) 가서 혼만 나고…. 학교에서 소사든, 누구든 갖다 묻었겠지. 자작스러운(장난스러운) 학생들 아니면 누가 근처에나 가나!

우정 선생님은 언제 돌아가셨습니까?

우정은 내가 진주시에 가기 직전에 세상을 떠나셨지. 육십삼년도인가? 진주에 있던 해인대학에 강의를 나가시다가 해인대학이 마산으로 내려오고 난 뒤에는 부산 동아대학에도 나가셨지. 부산 동아대학에서 한문 강의를 많이 했다고. 그때 양복을 안 입고, 평생 한복만 입었어! 단지 갓은 안 쓰고, 중절모를 썼지. 그런데 우정이 세상을 떠나실 때는 내가 진주에 안 있었다고. 마산시청에 있었거든. 여기 이거는 우정이 육십육년도에 돌아가시기 직전에 집에 어른께 보낸 편지야! 내가 가지고 있는 유일한 장인의 친필 서한이지. 자신의 몸이 불편해서 거동하기 힘드시

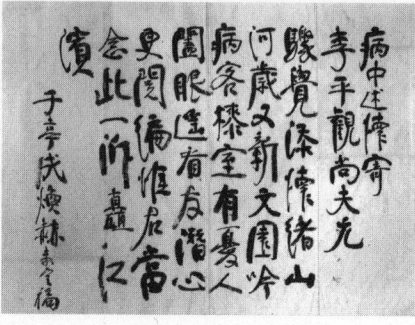

장인이 집에 어른에게 보낸 편지.

니 마산에 계신 집에 어른에게 병문안을 한 번 다녀가셨으면 하는 심정을 밝힌 편지로써 그 내용을 번역해 보면 쉽게 알 수 있지.

> 病中述懷寄 李平觀尙夫 丙午(1966)
> 驟覺添懷緖 문득 깨우친 그 실마리를 더하여 품으니
> 山河歲又新 산하가 해마다 더욱 새롭게 느껴집니다
> 文園吟病客 문원할 처지임에도 병객만을 읊조리려니
> 添室有憂人 서재는 남들의 걱정으로 축축하구려
> 闔眼遙看友 벗을 보고도 아득히 모르는 체 하시며
> 潛心更閱編 마음을 가라앉혀 독서에만 치중하나요
> 惟君當念此 오직 군만은 이와 같다고 생각하니
> 一沂矗江濱 마음은 촉석루 강변만 거슬러오릅니다.

집에 어른도 이 편지를 받아 보시고 진주로 병문안을 한 번 다녀오셨지. 그리고 나는 마산시청에 있다가 우정 돌아가시고 나서, 소상 직전에 진주시로 갔다고. 그러니께 우정 돌아가시고 한 일 년 조금 덜 되어서 내가 진주시로 갔거든. 그리고 내 처가가 인사동인데! 물이 귀한 데야! 수돗물이 귀한 덴데! 내가 가 가지고 소상이 다가오는데…. 손님이 짜드라(많이) 모일 끼고…. 샘이를(샘을) 한 번 파 보았더니 수질이 나빠! 그 샘이를 파가 허드렛물을 쓰고, 내가 아주 어렵게 수도를 끌어다 주고 이랬거든. 그래가 소상을 지냈거든. 우정 장사 때에 인자 호상을 선친이 하고, 우정 비문도 선친이 지었지. 모인 사람들이 권해 쌓고, 또 '사돈끼리 서로 짓는 것이 보기가 좋다!'고 그렇게 말하니 집안 어른이 거절할 수가 없었지. 그리고 또 자기가 편찮을 때, 집안 어른이 문병을 갔을 때 어른을 보고 '내 죽거든 묘표(墓表)는 사돈이 지어 주시오!'라고 부탁한 소리도 있었고…. 또 여러 사람 있는 데서 놀면서 그런 소리 해 놓으니 그랬겠지. 사돈이 묘표를 쓰더라도 뭐 그 안에는 인연을 맺었다느니, 사돈을 맺었다느니 그런 내용이 있겠지만…. 끝에 가서는 반드시 갑자년이면 '갑자', 을축년이면 '을축'이라는 연호를, 시월이면 '시월', 보통 날은 안 쓰고…. 그래 뭐 철성 관행을 쓰고, 성명을 쓰고 그런 거지. 그리고 찬(撰)이라 하든지, 직(職)이라 하든지, 식(識)이라 하든지 그런 안 쓰노!

7. 부산 영주동 손방에서 신혼생활

부산에 와가 신혼생활을

얼마쯤 있다가 신행을 했나요?

신행은 혼례를 올리고 나서 육 개월인가, 칠 개월인가 있다가 했거든. 혼례를 마치고 내가 진주로 올 때 신부는 같이 안 왔지. 신부는 거기 수곡 친정에서 살고 있고…. 그건 그렇게 하는 게 아니고…. 간단히 예를 들면, 시어머니란 사람이 혼례를 마치고 육칠 개월이고 며느리 얼굴을 못 본 거지. 신행이라고 하는 거는 신랑집에서 신부를 맞이할 때, 결국 말하자면 신부가 신랑집에 처음 오는 그거를 말하는 기라. 그거는 날을 받아 가지고 서로 거시기 하는 건데. 본양(본래) 날이라 하는 거는, 장가가는 날은 신부집에서 받는 기고, 며느리를 데리고 오는 날은 신랑집에서 받는 법이라! 양가에서 서로 의논을 해 가지고 적당히 잡는 거지. 신부가 신행을 하면 첫번째로 시부모에게 '현구례(見舅禮)'를 올리지. 요새 얘기하는 시부모에게 '폐백'을 들이고 시댁에 눌러앉는 거지. 신부가 우리 집에 첫발을 대기로 육칠 개월 후에 진주 우리 집 작은 방으로 신혼 거처를 정했지. 그러고 나서 내가 그 동안에도 부산에서 왔다갔다 했고…. 군대를 가기 싫어서 경무부 사령관 전승환이가 제주도에 있을 때 그 관사에 가서 한 육 개월 놀다가 와 가지고 내가 종형한테 취직시켜 달라고 그랬지. 우리 형님들이 나를 취직시켜 줄 방안이 있나! 그래가 꾀를 낸다고 낸 게…. 내가 우째했든지 간에 부산에 와 가지고 시청에 임시직으로 들어갔다고. 어떻게 부산시청에 들어갔는지 모르지만도…. 참 나도 대단하지. 병역기피자가 공무원에 들어갔다고. 형님들이 억지로 넣었겠지! 그때 형님이 부산시에 무슨 계장인가, 상당히 끗발 좋은 계장을 하고 있었거든. 아~, 맞다! 형님이 부산시 용도계장을…. 재무과 용도계장은 시청 살림을 맡아서 하는 데 아니가! 아니다. 순~, 공사를 청부 주고, 달고 하는 데거든. 물품 구입하고 이래 쓰는 데라! 그리고 부산시 인사계장이 신반 형님 처남이다. 권씨다! 그래 우째 들어갔을 거야. 부산시청에 들어간 이후에는 학교에 안 다녔지. 그리고 집사람도 본가에 와 가지고 얼마 안 있어서 인자 부산으로 온 거라! 안식구를 진주 본가에서 부산으로 데려오기는 몇 달 후지. 그래 갖고 내 형수가 자기 집 이웃에…. 그때 부산이 복잡하고, 참 방이 귀했다! 셋방살이가 참 많았다! 우째우째해서 형수가 방을 하나 얻은 기, 저그 이웃 안통에 골방을 하나 얻었어. 부산역하고, 초량역하고 그 중간쯤 된 덴데. 영주동에 손방을 하나 얻어서 신혼생활 시작한 거지. 내가 오십사년 봄에, 삼월에 결혼을 했으니, 안식구가 부산에 와가 신혼생활을 시작한 게 겨울인가 베. 하여튼 안식구가 겨울 두루마기를 입고 부산으로 온 거가 기억나. 그러니까 여자들 두루마기는 겨울 추울 때 안 입나! 그니까설 지난 후인 거 같다. 참~, 부산 올 때 집사람이 애린 거를 보듬고 왔거든. 그러면 한 해를 묵한(묵힌) 셈인가! 그 다음해에 초에 와가 아를 안 낳았더나! 그러면 애린 거를 데리고 부산에 왔는가 보다. 하여튼 두루마기를 입고 애린 거를 보듬고…. 두루마기를 입었으니까 겨울이 아니었나 싶고! 내가 데리고 온 게 아니고, 그때 집에 어른이 데리고 왔단 말이야. 며느리를…. 집에 어른이 부산에 자주 오시거든. 우리 큰집 종형 집에 제사가 연이어 있으니께네 집에 어른이 부산에 자주 오셨지. 영주동에서 신접살림 날 때, 뭐 뚜렷한 기억도 없고…. 신접살림이라고 냄비를 가져온 것도 아니고, 그냥 사람만 오는 기지 뭐. 이불이고, 뭐고 당초 내가 가져가 있는 거가 있었고…. 밥식기(밥그릇)

그런 거는 안식구가 가져왔든가? 어쨌던가? 그건 내 모르겠다! 샀다는 기억이 별로 없고…. 첫 아는 친정에 가지 않고, 진주에서 낳았지. 시집에서…. 어머니가 계시니까 집사람 산후조리는 어머니가 해주셨을 꺼구만…. 부산 영주동에서 신접살림을 차릴 때, 그때까지 전쟁 여파가 좀 있었지. 좀 사는 사람들은 벌써 다 올라갔고, 그래도 남은 건 이북서 내려온 사람들이지. 객지에서 내려와 가 뭐 짜드다 온전치 못한 사람들…. 여기서 뭐 장사를 한다든지, 노동을 한다든지. 그런 직업을 가지고 있었던 사람들이 많이 있었거든. 주로 피난민들이 많이 있었다고. 미군 군수물자 하역하는 사람들이 많았는데, 내가 부둣가 일을 직접 관여하지 않았으니께 그런 일은 잘 모르겠고….

신접살림을 나셨을 때 부산시청에 근무하셨나요?

그 당시 나는 부산시 건설국 수도과에 촉탁으로 근무했지! 그때 부산 시내에 수도확장사업이 많았지. 기존 인구 한 삼사십만 되는 데에서 거의 백만 가까이 숫자가 나와 났으니 언강(엄청) 모지래지(모자라지)! 그래 가지고 당시만 해도 내가 맡아 가지고…. 내가 명장에서 동래 오는 송수라인을 직접 맡아 가지고 작업을 하고 있었는데. 그때 주철관이라고, 쇠파이프 말이지. 그게 부산서 제일 큰 기라! 기존에 있던 거는 삼백오십 미리였는데, 그때 새로 매설한 게 칠백 미리 주철관이었다고. 뭐~, 지금이야 이천 미리까지 나오지만, 그땐 칠백 미리라면 아주 큰 기라고. 그때 파이프는 독일에서 들어오는 원조자재라! 우리나라에서는 생산이 불가능했고, 그 당시 부산에 칠백 미리가 들어오고, 서울에 팔백 미리가 들어왔어. 이승만 정권 시절에 전후복구사업으로 '유솜'[40]이라고 하는 기 유엔 원조단체거든. 그걸 통해서 수도관들이 들어왔지. 그때만 해도 차

콘크리트 타설 높이 측량 : 내가 부산시청 건설국 수도계 촉탁으로 근무할 때, 영주동 배수지 공사장에서 콘크리트 타설해 놓은 현장을 레벨을 가지고 가서 그 높이를 점검하고 있는 모습임.

칠백 미리 주철관 포설 광경 : 이거는 명장 저수장에서 영주동 배수지까지 오는 관로를 칠백미리 주철관으로 포설하는 광경인데, 안락동 공사현장 같아 비네. 그 당시 칠백미리 주철관은 전부 다 서독에서 들어오는 원조품으로 부산시에서는 제일 큰 관이었지.

관이라 하는 개념이 없을 때야. 그냥 원조물자라고 했지! 그걸 하는데, 제일 기억에 남는 거는 공사를 하고 나서 통수(通水)를 하니까는 매설한 주철관이 막 파열이 되더라고. 거기 막 트이는 데가 나온다고. 통수시험을 하니까! 나중에 그 이유를 알고 보니까, 하역중에 눈에 안 보이는 균열이 가 있었던 모양이야. 이게 터져 자친(제친) 거라! 그래 가지고 상당히 고충이 많았지. 그리고 또 시멘트도 배수지 이런 거를 축조하려고 하면 참으로 많은 양의 시멘트가 필요하거든. 당시 우리나라에 시멘트 공장이 없었기 때문에 시멘트도 전부 다 유솜을 통해서 원조물자로 들어오는 기라. 우리나라 시멘트라고 하는 거는 전혀 없을 때니까. 그때 우리가 알기로는 유솜을 통해서 들어온 시멘트가 아마 폴란드제라고 했지. 그걸 인자 유솜에서 원조를 받아 갖고 했거든. 배에다가 싣고 온 시멘트를 갖다가 하역해 오면, 굳은 게 나온단 말이다. 폴란드에서 가져온 원조물자 전량이 그런 게 아니라, 그 중에 하역해 오면서 가에 있던 거. 습기가 들어갔다든지 해 가지고 굳어 버렸단 말이지. 간단히 말하면, 요새 같으면 굳은 시멘트는 부적합하기 때문에 전부 다 폐기처분할 건데, 유솜을 통해서 들어오는 시멘트 양은 한정돼 있어서 굳은 걸 내버릴 수가 없는 기라! 그래 갖고 여자 일꾼들을 대서 굳은 시멘트를 망치로 두들겨서 **빠셨**다고. 빠셔 가지고 채로 걸러서 개중에 덜 굳은 걸 섞어 가지고 **쓰고** 그랬다고. 굳은 걸 깨가 쓰면 되긴 되지만, 제 강도가 안 나와서 욕을 봤거든. 그러니 그걸로 만든 구조물들이 옳을 택이 있나! 그래 가지고 실수도 많이 했어.

부산에서 수도확장공사

당시 일제 때 도시계획자료가 남아 있었나요?

부산에서 수도확장공사를 할 때 왜놈들이 해 놓은 도시계획 자료들이 다 있었지! 그런 거는 다 있었고…. 왜놈들이 해 놓은 거는 명장에서 들어오는 거. 명장[41]이라 하는 거가 내나 [부산광역시 동래구 회동동에 있는] 회동수원지에서 오는 물이거든. 회동동에는 큰 저수지가 있고, 명장이라고 하는 데가 또 있어! 조금 하류에…. 거기에 인자 정수시설이 있어. 거기 일정시대에 왜놈들이 해 놓은 시설이라! 왜정 때에 해 놓은 거가 삼백오십 미리 송수관이라! 그게 삼삼은 구, 칠칠에 사십구, 그 요량으로 봐서는 약 사십구! 약 오배 택이나 되거든. 물량을 봐서는…. 저수량을 봐서는 그만큼 확장을 하는 기지. 이 시기에 수도는 대부분이 요즘처럼 상시 급수가 아니라 제한급수이지! 물 나올 때 되면 공동수도…. 그때 상수도 보급률도 높질 않았다고. 그러니까 공동수도라는 게 있어 가지고 물이 나올 시간이 되면 공동수도 앞에 줄을 쫘~악 서지. 함석 바께스(양동

관용 지프차: '경남 관사십일호'라는 번호판을 단 이 지프차는 화재니, 뭐니 그런 거 때문에 건국 수도과에 한 대씩 지급된 관용 차량이지. 이건 미군부대에서 쓰다가 버린 헌 차를 부산시청에서 불하받아 가지고 수리해서 관용으로 쓰는 거야!

이) 같은 걸 들고 서는 수돗물을 받으려고 이래 줄을 선다고. 줄을 선 한쪽에서는 한 통에 얼마씩 돈을 받았지! 이게 공동수도이니께네. 그때만 해도 요새 계량기라고 하는 거는 없었다고. 수도계량기는 그 이후에 나왔다고. 근께 내 집에 식구가 다섯이다 하면, 다섯 식구가 한 달에 얼마다. 이런 식으로…. 그냥 주먹구구로 그래 수도세를, 물세를 부과하는 거지. 다들 가구당 머릿수에 준해서…. 계량기가 없을 때니까! 또 뭐야! 수도세 징수원들이, 직원들이 나가서 그 집에 살고 있는 가족수에 준해서 대강 인정과세를 한 거지. 명장동의 정수시설은 어디서 들어오는 물이냐면, 내나 거기 옥봉산 상류 계곡에서 내려오는 기지. 그 당시 부산의 수원은 회동수원지가 제일 대량이고, 성지곡수원지[42]이 그 다음이고. 또 하일리야 부대 옆에 조그마한 수원지가 하나 있고, 대신동에도 조그마한 수원지 하나가 있었지. 성지곡이나 대신동에 있는 수원지는 그 유역면적이 한정이 되어 있어서 더 이상 확장이 불가능해. 그러니까 회동수원지 그거는 낙동강하고 가깝다고. 그래가 수량이 모자라는 거는 낙동강에서 물을 퍼 가지고 그걸 쓰는 기라. 그게 사변 전후가 아니라 왜정 때부터 인자 그런 계획을 세워 놓고 소량으로 올려 가고 쓰고 있었어. 낙동강이라고 하는 이거는 무한정이니까. 확장만 하면 가능했거든. 수원지로 치고는 인자 대신동수원지. 그 수원지 이름이 구덕수원지이다! 있기는 대신동에 있어도 구덕수원지! 범어사 수원지! 그거는 유역면적이 한정이 되어 있어 가지고 담수한 물만 나오는 기고. 회동수원지는 확장할 여지가 얼마든지 있지. 낙동강 물을 퍼 올리니까. 지금도 그렇지만도…. 성지곡수원지와 구덕수원지는 지금 폐하고 없지. 부산광역시에서도 순전히 낙동강 취수장을 이용하니까. 성지곡이니, 구덕이니 전부 다 시가지가 되어 버렸으니까. 또 배수지라는 거는 본양…. 요새는 수돗물을 펌핑(Pumping)을 많이 하지만, 옛날에는 배수지를 높은 데 주로 만든다고. 그래서 자연적으로 밑으로 흐르는 류하(流下) 현상를 이용하여 가정에 공급되게 한다고. 왜정 때는 대개 그런 식이라고. 이쪽 부산진역이니, 부산역이니 전부 다 왜놈들이 그런 식으로 파이프라인을 연결시켜 놓았다고.

이승만 정권 시절 원조물자가 많이 들어오지 않습니까?

이승만 정권 당시에 전쟁복구비라든가, 구호물자가 많이 들어왔지. 건설기자재 그거는 딱 목적이 한정되어 가지고 있었어! 근데 유솜에서는 부산시에 이런 사업을 한다면, 저 사업을 도와야 되겠다고 하면 그것에 맞은 기자재를 갖다가 공급을 해준다고. 모든 게 다 그랬어. 그때 모든 건설기자재들이라고 하는 것은 유솜에서 들어왔거든. 유솜이라고 하는 거는 유엔의 원조단체야! 거기서 유솜에서 주는 대로가 아니라! 여기서 계획을 수립하면 타당하다, 이 사업을 도와야 되겠다고 하면 딱 맞춰 가지고 원조하지. 이건 부산시이다, 이건 마산시이다 이런 식으로 배정을 한다고. 그럼 설계가 나와 가지고…. 예를 들어서, 파이프 천 미터가 필요하다 그러면, 몇 미리가 천 미터 필요하다 그러면, 가서 부산시 같으면 칠백 미리 파이프 이십 키로가 필요하다 그러면, 그만큼 딱 갖다 준다고. 그럼 배수지를 만든다, 정수지를 만든다고 하면, 시멘트가 얼마 필요하다, 철근이 몇 톤이 필요하다고 설계가 나오면 거기에 맞춰서 온다고. 그래 하면 우리나라에 들어와서는 인자 고관들이 빼돌릴 기고…. 철근을 가서 여기에는 십 톤을 쓰라고 그러면 팔구 톤만 쓰라고 그러고 나머지는 다른 곳으로 흘러가기도 하고 그런 거지 뭐. 그래 안 하면 첫째 사회에

건축이 안 될 것 아니라. 개인 집을 지는데 누가 철근을 가져다 주고, 시멘트를 가져다 주는가. 당시 우리나라에서는 철근도 생산이 안 되고, 시멘트도 생산이 안 되었지. 이게 다들 원조물자로 들어왔지. 해방 후에 우리나라에 배급이라 하는 거는 없었어. 식량 같은 것도 배급이라 하는 그런 거는 없었어. 당시 구호물자가 들어오거나, 피난민들 무상원조 정도는 알아도 해방 후에 왜정 때처럼 주는 배급이라 하는 거는 없었어. 있을 수가 없지! 가서 그러면, 이런 일반 가정집에, 민간에도 설탕 같은 것이 나오면 배급이라 안 했어. 어떤 부락에, 어떤 동네에 설탕이 십 톤 왔다 그러면, 인구 비율로 대강 갈라 가지고 이래 갈라 줘 버리지. 그게 뭐 고정적으로 담에 얼마 올 기라 이런 게 있는 게 아니고…. 배급이라 하면, 고정적으로 며칠 내에, 며칠 만에 한 번씩 준다든지, 얼마를 준다든지 하는 이게 배급인데. 들어오는 양만큼 그때, 그때 인구에 따라 갈라 주는 그거는 원조물자를 그냥 분배해 주는 거지. 그때 다방에 가면 주로 메뉴가 커피, 홍차, 밀크라고 하는 기지. 다방 메뉴가 그런 정도지 뭐. 그때 생강차, 대추차 이런 거는 뭐 짜드라(그리) 손님들이 선호하지도 않는 기고…. 담배도 아직까지 '국산품 애용'이란 얘기는 아직 안 나오고, 대개 양담배이지. 그래도 국산이 있긴 있었어. 인제 국산이라도 하류층에서 피는 거는 사제담배야! 사제담밴데…. 갑에 안 있고 말아 가지고서는 노끈에다 매 가지고, 뭐 오십 개도 뭉치고, 백 개도 뭉치고 이래 판다고. 이런 식으로 만들어 다녔다고. 담뱃잎을 쌈지에 담도록 한 것이 아니라 요새 담배처럼 만드는데 종이로 말았지. 그래 가지고 노점에서 이래 사제담배를 팔고 이랬다고. '국산품 애용'이란 말은 한참 뒤에 나왔지. 그때는 그런 소리가 아직 안 나왔지. 국산품 애용이란 그런 거는 인자 전매질서가 확립이 되고, 밀수를 근절하던 시기에…. 뭐 담배 이런 거는 내 기억이 잘 안 난다! 샛별! 제일 처음에 나온 게 샛별, 무궁화 그런 거. 처음으로 그런 게 나오고 나서 인제 국산 담배 피우는 사람이 생기고, 또 가격도 좀 헐코(싸고). 양담배! 그거는 주로 미군부대에서 많이 흘러나왔지. 그게 인자 슈샨이(구두닦이)들이 피엑스에서 빼가 나오지. 뭐 정식으로 수입한 건 아니라고 보는데. 전부 다 미군부대라든지, 다른 데서 흘러나온 거지. 전후에 우리나라에서 수출한 물건도, 달러도 없을 때 아니야! 그리고 이 당시에 '빠'라는 술집도 유행했지. 내가 영주동 배수지 공사현장을 관리할 때, 그걸 시공했던 사장하고 처음으로 빠에 들어가 봤지. 저거는 '비어 홀'이라고 안 그랬어. 비어 홀은 빠하고 다르지. 이 사진이 시공업체 사장하고 처음으로 빠에 들어갔을 때 찍힌 사진이야. 여기 한복을 입은 아주머니들은 요새로 치면 뭐라고 하노! 종업원, 여급들하고 있는데…. 전후에 여자들이 일할 자리가 없었으니 빠에 가면 여급들이 상당히 많았지. 못 먹고 사니까는…. 근데 술병하고 컵이 그대로 있는 걸 보니, 잔술 마시는 건 아닌 것 같아 비네. 저거 맥주병 아니가! 그때 우리가 병을 사서 먹었어. 아니다! 그때 저기 우리나라에서 나온 양주라고 하는 게 '도라지 위스키'라고 했나, '드라이 진'이라고 했나? 그놈 처음 나와 가지고…. 소주보다 독하고, 아주 독했거든. 다방이나, 빠에 가면 저걸 마시면서 오징어하고 땅콩을 안주로 먹고…. 또 어떨 땐 자작을 밖에서 땅콩을 사 가지고 호주머니에 넣어가 하나 시켜 가지고 열 알, 스무 알 호주머니에서 꺼내 놓고 이래 묵고 그랬어. 저기 빠에 가면 안주가 비싸니까. 안주를 한 사라(접시) 시켜 가지고 호주머니 거 꺼내 먹는 거야. 그랬을 때라! 그때 안주값이 얼마인지는 기억이 잘 안나! 좌우간 비쌌어!

그러니깐 호주머니에 넣어 가고 그랬거든.

공무원과 삼일오 부정선거

당시 공무원 월급이 어느 정도의 수준이었나요?
부산시청 수도과에 촉탁으로 근무할 당시 공무원 월급이라는 게 아마 일반 회사 월급의 오분지 일이나 됐을 거야. 여하튼 참 질서가 없을 때지. 공무원이라고 하는 게, 월급을 보고 하는 게 아니라, 전부 잡수입 보고 하는 거지. 결국 잡수입이라는 게 아주 부정이지. 수도료를 징수하러 댕기면 징수원이 징수금을 가로채기 하거나 뭐 그런 거지. 내야 수도과에 근

빠에서 찍은 사진 : 그때는 빠에 가면 뜨내기 사진사들이 사진을 찍어 가지고 손님에게 주소를 가르쳐 달라고…. 주소를 안 가르쳐 주면 그 다음에 사진을 만들어 와서 백원짜리 사진인데, 이백원을 내라고 생떼를 쓰고 그랬지.

부산 영주동 손방에서 신혼생활

무하면서 주로 건설 쪽이지. 그건 대개 건설업자라든가 관련 사업자들한테 얻어먹고 그랬겠지. 그런데 좋은 예로써 당시 월급 받아 가지고 양복 한 벌 값이 안 됐다고! 그러니까 뭐 이상한 거 아닌가! 구조가 그랬는데…. 태생적으로 정부에서 인정한 거라고 봐야지. 처음에 우리나라가, 자유당 시절에 우리가 크게 발전 못한 게…. 두뇌가 대학을 가서 이래 나와 가지고, 오십 명이 나왔으면, 두뇌 좋은 삼십 명은 개인회사에서 다 빼가 뻔다고. 그러고 나머지 찌꺼기 그게 공무원 들어온다고. 저기 나가면 월급을 갖다가 공무원의 다섯 배, 여섯 배를 주지. 공무원들은 월급이 적지. 그러니께 누가 공무원 하려고 하나. 그 당시 우리가 듣기로 싱가포르 같은 데서는 엘리트를 공무원으로 빼고, 그 찌그러기를 가지고 기업에 데려간다고 했는데. 그런 나라는 빨리 체계가 잡히고, 발전을 하는 기고. 우리나라는 자유당 시절만 해도 공무원 월급을 작게 주고 하니 누가 그걸 하려고 하난 말이지. 그러니 아주 저능한 놈들만 공무원을 하거나, 아니면 죽도 밥도 아닌 거가 빽을 갖고 들어오거나…. 공무원은 월급이 적어도 뒷거래가 많다는 걸 대학 나온 아들이 그걸 갖다가 안 믿거든. 설사 그게 있다고 하더라도 수명이 오래 안 갈기고 그러니 다들 일반 기업에 가지. 사변 후에 주거용으로 땔감으로는 주로 연탄이지. 연탄이라고 지금 얘기하는 십구공탄 그런 게 나온 게 아니고, 그때 그건 개개인들이 찍고 이랬어. 소규모 공장이 이래 매로 때려 가지고 만들고 이랬어. 소규모 공장에서 구공탄을 만들었지. 부산 같은 경우는 사변 때쯤도 연탄 다 썼어! 내가 가서 부산에서 살림할 고 임시도 연탄, 첫째 보면 난방도 연탄으로 해결했거든. 그래서 연탄가스 사고가 많이 나고 그랬지. 나무를 때던 아궁이에 연탄을 때니까 연탄가스 사고가 많이 날 수밖에 없었지. 요 최근에는 연탄 때도 물로 따사(데워) 가지고 증기보일러 전에 온수보일러를 하는데…. 그때는 그런 게 없었다고. 없고, 바로 옛날 아궁이에다가 바로 연탄열이 들어가게끔 이래 만들었다고. 그러니까 가스사고가 더 많이 난 거지. 부산에서 세 식구가 살다가 인자 딸을 놀 때는 영주동 손방(손바닥 방)에, 조그마한 방에 있다가 그저 날 때는 다른 데로 옮겼어. 그 근처에 방을 조금 큰 거로 하나 얻어서 나갔다고. 당시 미국에서 분유가 막 들어오고 그랬지만, 우리 아(애)들은 우유로 키워 본 일 없어. 다들 모유로 키웠지. 그때 분유 같은 기 들어와도, 다방에를 가면 '밀크'라고 해 가 우유를 주거든. 그게 미국에서 들어온 분유지. 대체로 아를 키우는데 분유를 타는 거는 서민층에서 본 일이 없다고. 뭐 애라 하는 거는 전부 모유로 키우는 거로 알고 그랬지.

삼일오 부정선거가 어느 정도였나요?

내가 부산시청 수도과에 삼일오 때까지 있었거든. 삼일오! 아니 삼일오를 기억하는 게 아니라…. 삼일오가 마산에서 제일 먼저 터졌거든. 그래 갖고 마산시청이 엉망이 되어 놓아서 집기가 없어졌다고. 책상이니, 걸상이니 하는 집기! 그래가 우리(부산시청)가 씨던(쓰던) 책상 중에서 좀 낡은 거, 이런 거를 전부 끌어내가 그걸 수리해가 보내 줬지. 관공서에는 언제든지 목공이 하나 있었다고. 목공소 거기서 인자 책, 걸상 수리 같은 거 하고 이러거든. 유리가 깨져도 거기서 갈아 끼고 이랬는데. 거기서 손을 봐 가지고 마산시에 우리가 몇 차를 실어 보낸 걸 기억하거든. 삼일오 다음에 우리가 마산시에 보조를 했던 거지. 그때 내가 하여튼 부산시에 있었다고. 삼일오 부정선거가 터지면서 마산이 그렇게 당한 거지. 삼일오 부정선거가 어느 정도였는가 하면? 그 예를 들면, 내 하나한테만 따져 보자! 내가 그때 영주동에 배속되었는데, 내나 자기 사는 거주지 동에 잘 배치가 되거든. 우리는 투표시간 전에 나갔다고. 투표 전에 나가서 우리는 투표용지를 다 넣고…. 우리는 뭐 집어넣고, 집어넣고…. 우리가 저 사람들 투표자들을 인자 인솔하러 다녔지. 그때 오인조, 삼인조 소리가 나온 거야. 그거 어떻게 하는 거냐면, 한 사람이 서이면 서이, 너이면 너이, 다섯이면 다섯을 데리고 들어가는 기라. 데리고 들어가서 선거인명부를 먼저 확인하는 기라. 그거는 물론 선거관리위원들이 확인을 하지. 그리고 투표용지를 받아가 인솔자 보는 앞에서 투표를 시키는 기라. 전부 다 공개투표가 되는 거지 뭐. 그래 시킨 기라. 공무원들이 거의 그런 식으로 하지. 원칙적으로 우리가 들어가서는 안 되는데 수시로 출입을 하지. 공무원들 수시로 출입을 해도 선거관리위원회에서 말도 안하고 그런 거지. 공무원 일인당 할당이 어느 정도였는가는 기억이 안 나는데…. 내 같은 경우도 한 예닐곱 차례 들어갔을 기야. 상당한 한 거지. 그래 갖고 인자 내가 맡은 동에서 율이 얼마나 올라왔나 나중에 평가를 하거든. 나중에 따지지. 안 따지겠나! 가서, 그럼 내가 맡은 동에서 자유당 표가 구십 프로 나왔다, 뭐 육십 프로 나왔다 싸는 결과가 놓을 것 아닌가베. 그래서 공무원들이 나중에 문책이 두려워서 죽으라고 하는 기지 뭐. 자유당 때! 뭐 검정고무신 돌리기니, 막걸리 회식이니 그거는 예사고! 사전에 다 돌렸고…. 그거는 공무원들이 직접 가지 않았어. 통반장들이 했지. 이런 물자니, 돈은 당에서 나왔다고 봐야지. 그것까지는 우리가 관여를 안 하고, 우리는 안 했다고. 공무원은 안 했다고. 개표 정산도 우리가 들어가거든. 공무원들이 들어갔지. 그때 인자 주로 행정공무원하고, 교육공무원하고 섞여서 했지.

그 당시 부산시청에서 마산 상황을 들었습니까?

삼일오 때, 마산 같은 경우는 사전투표를 했던갑데. 사전에 투표한 용지를 몽땅 투표함에 너 놓고마, 가서 투표하러 오는 사람들을 그냥 돌려보내고 이런 식으로 했는갑데. 그래 가지고 탄로 난 기거든. 마산 상황은 그 당시 부산시청에서 들었지 않고, 그거야! 그리고 나서 연에(연이어) 부산에서 학생들이 연달아 데모를 하고 그랬거든. 마산서 일어나고 나서…. 마산서 문제가 발생한 거는, 학생들 데모는 투표날부터 했거든. 삼일오가 투표일일 긴데! 마산이 삼일오 투표일 밤에 야단이 났거든. 그래 보면, 낮에부터 웅성이기 시작한 거거든. 그 당시, 하여튼 황락주가 그때 아마 도의원일 끼야. 야당! 마산 의원이거든. 이게 앞장을 서서 유발시킨 기거든. 김주열인가, 뭔가 해 가지고 오른쪽 눈에 최루탄이 박은 사람 시체가 발견된 것도 내나 삼일오 때 사건인데…. 그게 며칠 있다가 터졌거든.[43] 당일 터진 게 아니거든. 그게 터지고 나서 고대니, 연대니 전국적으로 일어난 게 아니가! 그 시체가 발견된 곳이 바다가 아니라, 조그마한 저수지라! 그게 철도 저수지야! 마산에서 김주열 사건이 터지기 전부터 부산학생들 데모가 심했어. 김주열이 나오기 전부터 부산에서 웅성웅성했다고. 학생들이 데모를 심하게 했다고. 당시 공무원들 위협 같은 걸 느끼지 못했지. 전혀! 마산에서 그런 거, 공무원들하고 전혀 관계가 없었고…. 삼일오 부정선거는 자유당의 지시가 있었으니, 공무원들도 영향이 있다고 봐야 되지. 마산서 주열이 사건이 일어난 건 경찰이 과잉대응을 한 거지. 그거 일어나기 전부터 마산서는 시민들이 막 일어났어. 부산은 삼일오 당일에는 조용했다고. 나중에 마산이 시끄럽고 나니까 부산 학생들이 웅성거리기 시작한 기고. 그러고 주열이 사건이 한 사일 후에 공개되었을 거야! 아마~. 그거 나오고 나서 전부 시끄러웠거든. 그거…. 서울사건이 그때, 사일팔인가, 사일구인가 뭐꼬? 전국적으로 학생들이 일어난 사일구는 약 한 달이 흘렀구나. 그리고 인자 주열이 사건이 나고도 상당히 보도를 통제하고 이랬거든. 결국 나중에 터져 버린 거거든. 그런데 사일구 이전에, 좌우간 부산·마산이 먼저 시작한 건 사실이야. 그땐 규모가 그리 크질 않았다고. 이때 데모는 중, 고등학생이 주축이지 뭐. 처음에는 중, 고등학생들이 다 들었다가 나중에 동아대학, 부산대학이 일어났다고. 사일구가 제일 큰데, 그 이전에 뭐 사월 초쯤부터, 삼월 말부터 부산·마산에서는 소요가 자꾸 계속됐었거든. 본양 마산이라고 하는 데가, 거기가 좀 야성이 강하거든. 야성이 강한데…. 사일구 뒤에 뭐 민주당이 정권을 잡고 나서도 좀 시원찮게 하니까 또 시끌시끌하고 안 그랬나!

8. 마산시청 수도과
   정식 공무원으로

마산시청 수도계 임시직으로

사일구 때 부산시청에 계셨습니까?

사일구 터지고 나서 형님이 마산시청 총무과에 발령이 나가지고 나도 부산시청을 그만뒀어. 그만둔 기 어~, 아닌데! 형님이 민주당 정권 때 마산시로 왔거든. 사일구 후에 형님이 마산시청으로 왔구나. 그때 내도 같이 마산으로 온 기라. 형님이 마산시청 총무과장으로 승진했지. 그때는 공무원을 전부 다 도에서 관장할 때거든. 인사를 갔다가 도지사가 임명하는 방식으로 도에서 이리 보내고, 저리 보내고…. 그때 나는 한 여섯 달을 쉬었다가 마산시청에 임시직, 촉탁 형식으로 들어갔지. 군 미필한 사실이 들통이 나도 안 잡히지. 관할 파출소장하고 우리들하고 사실 서로 친하고 이러니까 뭐! 저거는 아예 제쳐 논 기지 뭐. 내가 잡혀가지도 않았고, 군에도 가지 않았고…. 사실 잡혀가 본 일이 한 번도 없고…. 그래 인자 요령껏 피해 다니는 거지. 뭐~ 병역기피자라고 해서 피해를 본 건 없지. 다만 정규 공무원이 못 되고 있으니께네, 그게 피해라고 하면 피해지. 당시 공무원 사회에서 임시직이 많았지. 거의 절반이 넘지. 내가 임시직이라고 해도 월급은 오히려 정규직보다 많지. 특수성을 가지고 들어가니까. 상수도 파이프 매설공사니, 용적량 계산하고, 설계하는 특수성이 있기 때문에 인자 촉탁 형식으로 시청에 들어가지. 안 그러면 들어가겠나! 기술업무 때문이지. 그래서 형님이 마산시 총무과장으로 이동한 다음에 한 달 후에 나도 부산에서 마산으로 올라왔지. 사일구 뒤가 아니다. 손성수[44]가 마산시장일 때! 손성수가 민주당이거든. [한참을 생각하시다가] 그런가 보다.

임시직이라고 차별대우가 있었습니까?

마산시에 와서도 수도계 임시직으로 있어도 월급은 오히려 정규직보다 많지. 특수성을 가지고 들어갔으니께네. 심지어 날이 춥고 이러면, 내가 사무실에 안 들어가고, 여관에 앉아서 설계하고 이랬거든. 당시에 제대로 된 지도가 없었지만, 나름대로 산출근거를 가지고 설계를 했지. 요새 공무원들은 설계를 갖다가 안 하고, 용역회사에 맡기고…. 그때는 용역회사가 없단 말이야. 공무원들이 아니면 설계를 할 만한 사람들이 없었다고. 근데 개인회사나 개인적으로 토건업을 하는 사람들이 또 공무원 그런 사람들 빼 가려고 노력을 하거든. 공무원들이 아니라, 인자 임시직으로 시청에 근무하고 있는 특수성을 가진 인자 기술이 좋고, 낫게 아는 사람들, 이런 사람 빼 가려고 애를 쓰지. 농림학교 다닐 때 배운 설계는 참말로 기초지. 그런 거야 옳은 설계가 되나! 기초만 있었고…. 부산시에 가가 상수도 업무를 보면서 본격적으로 배운 거지. 기초는 전부 다 학교에서 하는 기고. 인자 뭐~, 학교에서 실습하는 거, 측량 같으면 측량, 뭐 양식만 알은 기지. 옳은 설계, 측량은 아니거든. 부산시에 들어가 가지고 인자 실제로 그 멤버를 짜 가지고 댕기면서 실무를 보면서 현장에서 알게 되고…. 일제 때부터 시청에 오래 있는 사람들, 그 사람들이 전문가들 아닌가 베! 그런 사람들하고 같이 하니까 배우는 거지. 주로 기술계통에서 일을 하는 기술직 공무원들은 일제 때부터 시청에서 근무했던 사람들이 많다고. 그들은 거의 다 일본인 기술자로부터 현장에서 실무를 배웠지. 마산은 부산보다 기술이라는 기 여~엉 제로지!

당시 마산시 인구는 어느 정도였나요?

내가 마산시에 처음 근무하던 일천구백육십년대 초반에 마산시의 인구는 대략 이십만쯤 되었지. 그 당시 마산시의 수도가 전체 생산량이 이천오백 톤 정도 됐었거든! 하루에…, 일일! 내가 가 가지고 웅남수원지 그거를 일만 톤짜리 계획을 세워서 그걸 만들었거든. 일일 생산량이 일만 톤이면, 이게 이십만 인구가 먹기에 안 되지. 그때 마산에는 우물이 좋고 이러니까. 마산 봉암동에 있는 봉암수원지가 내나 일제 때에 해 놓은 건데, 주로 일본 사람들이 먹고, 일부는 양조장에 들어가고 이랬다고. 부유층들은 수도가 있고, 일반인들은 주로 우물물로 사용하고 그랬겠지. 요새 우물은 나쁘지만도 그때 우물은 참 좋았지! 당시 하천수도 깨끗했어. 우리가 웅남취수탑 공사할 때, 하천 바닥을 파면서 민물장어도 잡아먹고, 게도 잡고 이랬거든. 민물게라고 하는 놈은 하천수가 깨끗해야 살 수가 있거든. 웅남취수장을 계획할 때 마산에서는 물이 턱없이 부족했기 때문에 제한급수였지. 하루에 몇 번씩 수돗물을 공급하는 것이 제한급수가 아니야. 가령 예를 들어서 어느 지구는 다섯 시에서 일곱 시까지, 그 다음 지구는 일곱 시에서 아홉 시까지 두 시간 급수하는 식으로 핸 기라. 시 전체를 제한급수하는 것이 아니라 지역별로 제한급수를 하는 거지. 물이 절대적으로 모지라니 어쩔 수 없이 그리해야지. 그러니 마산 같은 데서는 개인들이 집안에 우물을 파서 많이 사용했지. 특수한 집이 아니면 수도가 없었거든. 왜정 때도 아주 잘사는 왜놈들을 제외하곤 수도가 거의 없었지. 그래서 내가 마산에 인구가 계속해서 늘어나니까는 만 톤짜리 웅남취수장을 계획하면서 우선 급한 대로 오천 톤을 먼저 끌어올려야 된다고 주장을 해 가지고 빨리 시작했지. 그때 마산시에 있었던 기존의 취수장은 일일 이천 톤이었는데 일일 오천 톤이면 굉장히 큰 기지. 하루 이천 톤이 부족하다고 해서 새로 오천 톤을 확장했으니까 칠천 톤이

위, 일본에서 인화했던 사진(원본 컬러) : 이 사진이 다른 사진과 달리 칼라사진인 이유는 당시에 원조로 받기 위한 제안서를 제출할 때 칼라사진을 첨부하라고 했을 거야. 그래서 특수하게 칼라필름으로 찍었는데, 우리나라에서 칼라 인화를 못해서 도청 직원들이 일본에 가서 인화를 했지 싶네.
아래, 웅남취수탑 기초공사 : 이 구조물은 웅남천 안에 있던 농업용 우물을 파낸 다음에 취수탑 기초를 만들기 위하여 콘크리트 타설 거푸집을 짜는 광경으로 중앙에 보이는 취수구는 지하 칠 미터 매설되도록 설계하였다.

되는 건데 누가 뭐라고 그러겠나! 본양 웅남은 지금 창원이라! 인자 팔용산에서 봉암동 쪽으로 내려오는 웅남면 하천이 하나 있어. 웅남취수장 입지를 선정하기 위해서 그 하천을 답사하러 다니는데, 하천 가운데에 농업용 우물이 하나 있는 기라. 거기 우물에서 시간당 수량이 얼마나 나올 수 있는가를 측정해서 하천 복판에다가 새미(샘)를, 관정을 만들어 가지고 물을 빼는 거를 계획했지. 농업용 우물을 개조해서 일일 오천 톤을 생산할 수 있는 취수탑을 새로 건설하기로 계획을 세운 기라! 농업용 우물에서 하루 오천 톤을 생산하려면 취수탑 둘레는 어느 정도로 어떻게 해야 된다는 계산이 나올 기고…. 또 취수구는 지하 몇 미터에 만들어야 좋은가를 생각해야지. 그걸 계산한 다음에 취수탑 기초공사를 시작해야지. 그리고 취수탑 안에 그냥 파이프만 갖다가 매설한 거가 아니야. 취수탑 안에는 유솜에서 원조를 받은 독일제 슈가리 펌프 세 대가 들어앉아 있어. 내가 알기로는 그때 우리나라에서 슈가리 펌프를 처음으로 도입했고, 지하 취수탑에 그걸 사용하기도 처음이라! 우리가 말로만 슈가리 펌프라고 했는데…. 우리가 도입해 놓고 나서 참으로 신기하게 생각하고 그랬다고. 펌프를 작동시키는 모터는 지상에 있는 수중 펌프라! 그 인피라가 수중에 있다고. 그 당시 우리가 그런 펌프를 처음 봤다고. 정말로 펌프가 물 안에 들어가 있다니까! 이게 서독에서 원조물자로 구매해서 들어온 거지. 그거 가격은 내가 모르겠고, 그때 이걸 쓰는데 고장이 별로 없었기 때문에 그걸 썼지. 기계 세 대를 풀가동한 것이 아니라 두 대를 갖다 돌리거든. 여덟 시간마다 교대로 하나씩 하나씩 쉬게 했지.

한일합섬 부지 측량

마산이 본래 양조업과 장류업이 발달했었나요?

마산의 주산업이 뭐인지 모르지만, 본양 수질이 좋아 가지고 양조업과 장류업 같은 거는 확실히 앞섰지. 뭐야~, 몽고간장! 장류업이 발달한 게 수질이 좋아서 그런가 보데. 저그 마산에 가면 지금도 '몽고정'이란 새미(샘)를 보유하고 있어. 몽고정이란 게 뭐냐 하면, 몽고인들이 내려왔을 때, 몽고인들이 지었던 큰 새미가 있더라고. 그게 지금도 '몽고정' 이라고 해서 존재하고, 안 없어져 있을 거야. 그게 아마 원나라가 일본 정벌한다고 갔을 때 그거지. 아마 그때지 싶다. 몽고정이 그때 판 새미라! 그 새미가 요새 좋은 턱이 있겠나! 그기 뭐~, 심지어 그 옆에 몽고간장 동네. 간장공장이라는, 몽고간장이라고 하는 게 처음에는 그 물로 시작했다고. 몽고간장이라는 간장공장은 해방되고 생긴 거로 알고 있는데…. 그리고 마산에 양조장은 지금 뭐라고 하노! 무학소주라는 그게 원 공장이 마산 아니가! 무학소주의 주정은 유원산업이라고 하는데, 내나 한 재벌이거든. 지금은 내가 뭐라고 하는지 모르겠다. 유원산업에서 주정을 맨들어 갖고 무학에서 희석해 낸 게 무학소주거든. 마산에는 일제 때부터 소주공장이 있었거든. 마산도 왜놈들이 도시계획을 세운 거가 있었지. 인구 십만으로 해 놓은 도시계획! 내가 마산시에 있을 때는 인구가 한 이십만이 돼서 복잡했거든. 그래 가지고 구획정리사업을 대대적으로 한 거지. 지금 시가지가 되어 있는 게 옛날 전부 다 들이거든. 여기도 진주처럼 신시가지를 만들 때에 들에다가 했으니까! 지금 마산역이 있는 석전지구, 그곳이 전부 다 들이거든. 그러고 거기에 하나 있는 게, 잘못 있었던 게, 보급부대 기지가 있었어. 마산 양덕에 보급기지가 있었는데….

그거는 군하고 수월하게 해결했으니 편했지. 그런 다음에 들에다가 맘대로 도시계획을 그을 수 있었던 거지. 다만 교방지구라고, 거기에는 짜잔한(작은) 자연 상태의 농가들이 많이 있어서 힘 좀 들었고…. 마산에서 석전지구와 양덕지구는 허허벌판이었으니까 그냥 도시계획을 그리면 되었지!

한일합섬 부지는 어느 정도였어요?

마산이 산업화가 되지 시작한 거는 내나 한일합섬…. 한일합섬이 마산 들어올 그때도 내가 차출되어 마산으로 갔다고. 마산에 한일합섬을 유치할 때 공장 설비용역을 일본서 한 모양이거든. 그래 일본에서 '현장 측량을 정밀히 해서 보내 달라!'고 이래 갖고…. 그때 김택수가 한일합섬 사장의 동생이거든. 국회의원 하면서 체육회장도 오래 하고 그랬지. 그 양반이 시장한테 지시를 하니 시장이 날더러 측량 멤버를 짜라고 하데. 그때 김해에 있었던 공장을 마산으로 유치하기 위해서…. 한일합섬이 아니고 아따! 그 무슨 모직? 경남모직 계열로 하여튼 김해에 있었다고. 한일합섬이 인자 나일론으로 소위 코오롱하고, 효성하고 경쟁을 했거든. 시장에 누가 먼저 오픈을 하나? 그래 가지고 코오롱은 울산이고, 한일합섬은 마산에 자리를 잡는데…. 그 기초 측량을 우리 멤버가 들어가 가지고 맡았다고. 그거를 맡아 가지고 한 이십 일 이상했을 거야. 그 당시 한일합섬 부지가 들이라서 아주 쌌다고. 금액은 내가 지금 기억이 안 나고, 아주 쌌다고. 처음에 내가 한일합섬 부지를 측량할 때 그 면적을 육만 평을 맞추라고 하데. 이게 김택수가 박정희 때거든. 그러니 마산이 육십년대 군사정권 들어선 다음에 발전한 택이지. 그전에도 발전 속도가 진주보다 빨랐다고. 우리 학교 다닐 때는 마산하고, 진주하고 같았거든. 그리고 부(府)가 되기로 진주가 먼저 됐다고. 진주부가 되고 나서 얼마 있다가 마산부가 됐거든. 그때만 해도 진주가 인구는 많았던 모양이거든. 그러고 육십년대에는 오히려 마산이 커 버렸단 말이다. 그건 도에서 시장 같은 거를 관리해도 마산시장이 제일 상위였거든. 경상남도에서 부산을 빼고 나면, 그 다음이 마산이지. 하지만 왜정시대에는 진주가 앞섰거든. 아마 육십육년인가? 한일합섬이 마산 양덕에 들어서면서부터 마산이 화~악 커졌지.

병역기피자와 산림녹화사업

군사정권 들어서고 병역미필자들 대대적으로 검색하지 않았습니까?
오일육 군사혁명이 났을 때는 내가 마산시에서 근무했지. 그 당시 육군 중령이 바로 마산시장으로 뛰어왔거든. 그 사람이 누군가 하면, 지금 기억하기로 이일영 시장이야! 육군 중령이 낙하산을 타고 시장으로 왔다니까. 그때 과장들이 오급이니, 시장은 사급쯤 됐겠지. 사급쯤이지만 별정직이지. 육군 중령 출신이 마산시장으로 와 가지고 산림녹화사업이라는 거를 해 가지고 병역기피자들을 풀은 기거든. 국토건설단은 그전 일이지. 그게 군사정권 때 정치깡패, 병역기피자들을 끌어다가 강원도, 제주도 등지로 국토건설을 보낸 거지. 내가 직접 안 했으니까 잘 기억이 안 나! 좌우지간 그게 있긴 있었는데, 부작용이 나 가지고, 얄궂게 복잡한 문제가 생겨 가지고 없어져 버렸거든. 심지어 자체에서 깡패들을 주워 모아 놓은 게 살인도 나고, 시끄러워서 없애 버렸다고. 그러고 나서 최후에 인자 풀기는 산림녹화사업이야. 당시는 전국적으로 산이 헐벗었지! 시골에는 뭐~, 땔감이라고 하는 게 다른 게 있나! 전신에 화목이지! 나무를 베어가 아궁이에 땠지. 심한 데는 나무뿌리까지 캐어서 화목으로 땠지, 뭐~. 그리고 또 사변 때에 불탄 집들 재건하려고 산에 멀쩡한 나무를 마구잡이로 베지. 그땐 나무 베는 거가 전부 다 허가제인데…. 관에 가서 허가를 내도 안 하고, 밤으로 몰래 나무를 베다가 집을 지었지! 그걸 말릴 재간이 있나! 그러니까 사변 뒤에 전국적으로 산이 헐벗을 수밖에 없지. 화목해 때지! 불탄 집을 재건하려는 건자재로 사용하지! 그러니 자연히 그럴 수밖에 없지. 오방, 여기 이 동네도 그냥 벌거숭이었다고 봐야지! 근데 여기서는 대개 허가를 내서 했다고. 허가를 한 일 정보를 내면, 이 정보를 베다가 때고 그래 쌓지! 문중 종산도 다 손을 댔지. 그 당시 나도 집을 지었거든. 우리 종산을 갖다가 신반에 사는 나무장사한테 팔았는데…. 우리 집 지을 만큼 빼고 팔았단 말이다. 내가 집을 지을 몇 동가리…. 목수가 문중 종산에 올라가 집을 지을 목재들 몇 동가리를 요거, 요거 표를 해 놓으면 일꾼들이 그거를 먼저 벤다고. 그리고 목상에게 나머지를 베어 가라고 그랬거든.

산림녹화사업은 본적지에 가서 했나요?

산림녹화사업이라는 게 내나 국토건설단 그거와 유사한 성격이지. 병역기피자들 구제책이었지! 그 당시 지역별로 병역기피자들 많았겠지. 대표적으로 우리네들 진주 살 때! 그때는 머리 좋은 놈들 다 빠진다고. 머리 좋은 놈들 다 빠지고, 되도 안 한 놈이 끌려가고! 머리 좋은 놈 빠져 봐야 활개치고 다니고…. 우리 적령기에는 사실 전투적으로 우주 복잡할 때 아닌가! 휴전되어 갈 무렵이니까! 그러고 나서는 별로 안 족치데. 휴전하고 나서는…. 오일륙군사혁명이 나고 나서 육군 중령이었던 이일영이 마산시장으로 오고 나서 얼마 안 있어서 산림녹화사업단이 만들어졌다고 봐야지! 그건 그리 오래 안 갔다고. 몇 달 가다가 그것도 없어져 버렸다고. 본양 산림녹화사업이라고 동원된 기 한 달인가, 두 달인가, 그거 했거든. 한 달간에 몇 그루 심었는지는 그때 내가 안 가 봤으니 모르지. 근데 그거는 보통 병적지에 가서 하게 되어 있었다고. 고향에 가서 하게 되어 있었다고. 하여튼 고향에 가서 산림녹화사업을 하라 그러데. 이게 좀 물렀든 기, 국토건설 매쿠로(모양으로) 심하지 않았던 기, 가서 돈이 있는 사람은 고향 가서 일꾼을 대 가지고 두 달이면 두 달을 시키면 내가 군 면제를 받는 기라. 좌우간 그런 식으로 식목사업을 하는데, 요새 말하는 노력봉사라! 식목할 나무는 관에서 주고, 또 그게 아니면 산에 댕기면서 잡목을 베거나 그런 거 했겠지. 국토건설단이 없어지고 나서 생긴 산림녹화사업이라는 저기 일종의 기피자들 풀어 주기 위한 방법이었거든. 병역기피자들 그거 다 놔둘 데가 없으니까 말이지. 그래가 산림녹화사업에 참여하면 그걸로 군 면제를 시켜 주는 기라. 국토건설단이라고 하는 그게 없어지고, 사실상 기피자들이 덜 해결되었단 말이야. 병사관계가… 그거 범벅이 되도록 오래 놔둘 수가 없단 말이야. 정부에서 젊은 기피자들을 그냥 놔두기도 골치 아프거든. 그래서 인자 재건국민운동본부가 생겨 가지고 산림녹화사업단이라는 그걸 낸 게 아닌가 싶은데. 기피자들을 뭐로 활용하든 활용을 해야만 되었단 말이야. 산림녹화사업을 갖다가 두 달인가, 석 달인가 했는데, 난 그것도 안 했지. 그리고 산림녹화사업이 유명무실해지면서 병역문제도 자동으로 해결됐었다고 봐야지. 그러고 나서 내나 마산시청에 댕길 때 정규 공무원으로 발령을 받았지. 그걸 육군 중령 출신인 이일영 시장한테서 받았는데, 군관계가 해제되니까 줬겠지. 그때를 내가 기억하는 기, 문서를 작성하면 '에프아이육일' 이니 그래 싸거든. 그게 육십일년이거든. '육일', '에프아이육일' 인자 연도로 들먹였거든. 그게 군에서 쓰는 문자이던 모양이지. '에프아이육일' 이니, '에프아이육이' 이니 그게 연도를 말하는 기라. 흔히 우리가 설계를 하면 '에프아이육삼' '에프아이육이' 이래 싸거든.

기술직 공무원으로 특채

병역문제가 해결되고 나서 승급은 어찌 되었나요?

내가 정규 공무원이 된 뒤로는 인자 군관계를 안 들미데(들먹이데). 나이 든 사람들은…. 그때는 내가 삼십대야! 왜냐면 내가 서른아홉에, 삼십대에 사무관을 했거든. 정규 공무원이 되고 나서는 거의 일 년에 한 계단씩 올라갔지. 사십 전에 내가 사무관을 했다고. 처음에 구급 기원보로 들어가 가지고 일 년 있다가 바로 기원으로 올라섰다고. 다른 사람 오육 년 걸리는 거를 일 년 만에 해치워 버렸지. 그래 가지고 삼 년, 사 년 만에 내가 육급이 되었거든. 요새 육급이 그때 주사라! 그러니께 군기피자, 그거 풀리고 나서부터 승승장구지 뭐! 막 바로 올라가지. 그때는 공무원을 하려고 애를 안 썼어! 초창기 공무원들 월급이 워낙 작으니까. 내가 사 년 만에 주사가 되어 가지고, 진주로 간 거거든. 주사로 승급해서 진주로 가면서 공무계장을 받아 갔거든. 수도과 공무계장. 산림녹화사업으로 군관계가 자동으로 해결되면서 인자 임시직 공무원에서 정규직 공무원으로 처음 들어가면 요새 말하면 구급이거든. 구급으로 들어갔거든. 근데 그걸 형식으로 시험을 쳤어! 임시직에서 정식으로 가는 시험을…. 정식 공무원이 되니까 자연히 공무원 시험을 쳐야지. 그 당시 내가 토목기술자 면허를 가 있었거든. 그니께 난 특채가 된 거지. 기술자 면허를 가 있

경력기록카드 : 내가 진주시 수도과장 겸 건설과장으로 근무할 때 직원을 시켜서
만든 기라! 여기 보니 육십삼년 삼월 십팔일자로 마산시 정식 공무원인
지방토목기원보로 발령을 받았다가 이듬해 삼월 이십칠일자로 지방토목기원, 이어서
유월 이십구일자로 지방토목기사보로 각각 승진을 한 것으로 되어 있네.

었으니까. 그건 병사하고 아무 관계가 없거든. 이것도 국가에서 시험을 치는 거는 같지만 자격시험이거든. 우리 시험 칠 때, 현역군인이고, 뭐 정식 공무원이고 막 같이 치고 이랬었거든. 기술자 면허라고 하는 것은 …. 그 당시 토목기술자 면허는 전후복구사업에서 상당히 중요한 면허였지. 개인회사들이 토건회사를 만들려고 하면, 기술자 면허를 가진 사람들 몇을 확보하라 이런 게 있다고. 그러니까 내 같은 경우는, 사실 시청에 안 있어도 어디든 갈 수 있는 기지 뭐. 토목기술사라고 하는 거는 그 당시 갑종에 속하고…. 내가 토목기술 면허를 갑, 을, 병을 가 있었다고. 그 인자 요새 토목기술 면허에 토목기사, 토목기술사 또 뭣이 있노? 기사가 있고 기술사가 있거든. 그니께 인자 요새 기사라 하는 그거가 아마 그 당시는 을종, 병종에 해당할 기야. 그때 병종이 구급으로 있어. 나는 그때 바로 올라갔으니까. 그래가 그 당시, 초창기에는 관공서에서 토목직 과장으로 있는 사람들은 면허시험을 안 치고 바로 갑종을 줬다고. 요새 기술사 그거를 줬다고. 그래 안 하면 사람이 없지 않나 말이다. 처음에 할 때니까. 인자 그래 하다가 그 다음부터는 시험제도가 됐다고. 그러면 토목기술자 면허를 따 가지고 삼 년이면 삼 년! 사 년이면 사 년! 기억이 잘 안 나는데…. 오 년인가 지나면 갑종 시험을 칠 자격을 줬다고. 그래 시험을 치고 그랬어. 나는 기술사 시험을 부산에서 쳤지. 토목기술사는 국가에서 관할하지! 그게 장관 이름으로, 건설부 장관 이름으로 나오는데…. 토목기술사 면허를 내가 가지고 있었기 때문에 기술직 공무원으로 바로 특채가 됐지. 그러나 그전에는 그거를 가 있어도 공무원으로 내가 활용을 몬했고…. 국가에서도 기피자에게는 면허를 안 주니까는. 근데 그게 면허를 주니까 특채가 된 거지. 기술자면허증이 있기 때문에 다른 일반 행정직보다는 좀 다르지. 요새는 질서가 잡혀 있지만, 그때는 질서가 없으니까 토목직이라는 게 별로 없었다고. 공무원이! 공무원이 토목직이라는 게 별로 없었단 말이야. 우리가 그때 시작할 때만 해도 계장들이 토목기술직이 아닌 일반 행정직 사람들이 직무대리를 하고 있었거든. 과장도 심지어 토목기술직이 아닌 사람이 하고…. 사람이 없으니까 바로 과장 이리 못 하고, 과장 직무대리로 해 가지고 행정직 사람들이 앉고 이랬지.

예전에는 시청 건설과 안에 수도계가 편제되었나요?

마산시의 경우는 건설과 안에 수도계가 처음 있었다고. 아무데 없이 대개 건설과 안에 수도계가 있었다고. 그러고 뭐~, 과라고 생긴 게 오일육 이후라. 오일육 이후에 건설 붐이 일어난 기거든. 재건국민운동본부라고 하는 게 생겨나 가지고 재건요원이라고 하는 거를 양산해 내보내고 이랬거든. 재건요원! 그것도 일종의 병역기피한 사람들이 많았다고. 왜~, 두뇌는 좋지만도 군 관계로 취직을 못 하고 있던 사람들을 국가에서 활용해서 썼거든. 그래가 어느 시기가 지나가고 나서는 그 사람들을 갖다가 공무원 채용을 했거든. 그때, 그거 잘한 거라고. 실제로 좋은 두뇌들은 거기에 다 있었다고. 결국 말하자면, 두뇌 좋은 거를 갖다가 재건에다가 활용하기 위한 방편으로 했었지. 내 나이 또래에 병역기피, 병역문제 때문에 일본으로 밀항을 하고 그런 사람들이 부산 근처에는 많이 있지. 내 친구도 둘씩 있거든. 먼저 얘기한 해양대학 다니던 윤한포하고, 또 외아들이었던 정현문이 그런 친구들이 다 병역 때문에 일본으로 밀항해 간 거라! 박정희 정권에 들어와서 발표된 일오계획, 이오계획과 맞물려서 수도계라고 하는 것도 상당히 바빴겠지. 그때 수도계 안에…. 보통 수도라고 하면 공사하는 거…. 확장업무하고, 기존 유지보수하고, 요금 징수 관계가 있었거든. 요금징수는 수도과에서 안 하고, 건설과 안에 관리계에서 취급을 했지. 그래 하다가 군사혁명 나고 나서 아마 연에 수도과가 생겼을 거야. 솔직한 소리지만 군부에는 건설과라는 게 없었다고. 참말로 건설과가 없었어. 산업과 안에 토목계로서 모든 행정을 다 했다고. 그래 가지고 재건운동을 해 싸고, 새마을운동하고…. 그때 각 군에서도 건설과를 만들었거든. 그러니까 토목기술직이 없으니까, 주사들이 과장을 하고 이럴 수밖에 없었다고. 새마을운동은 군사정권이 들어서서…. 박정희 정권시대에 새마을운동이라고 하는 게 나왔거든. 새마을운동이 일오계획하고 맞물려서 갔거나 아니면 별도로…. 일오계획에 아마 새마을사업이 포함됐을 거야. 이 시기에 마산에서 한일합섬을 유치한 거는 경제개발하고는 다르지. 그거를 국가차원에서 했는지는 모르겠고…. 그때 우리 시장이 그걸 유치하기 위해서 막 댕긴 걸로 알고 있어. 마산은 솔직히 공업단지는 아니지. 한일합섬이 들어오기 전에 다른 거는, 기존에 있던 거는 소소한 것들이지. 일제 때부터 있던 양조공장, 간장공장 그런 거지 뭐. 여기 마산서 수도는 대체적으로 가정용이지. 공업용수는 인자 한일합섬 들어올 때 우리가 처음으로 했다고. 파이프라인이 원수하고, 정수하고 두 종류가 있어. 원수를 쓰는 경우하고, 정수를 쓰는 경우가 있거든. 한일합섬 같은 경우는 공업용수니까 원수가 필요했다고. 그거는 우리가 기존에 가 있던 거를 대 주면 여력이 없다고. 대량 소요하니까. 그래 인자 상수도 확장사업은 건설부하고 연관을 해 가지고 별도로 공업용수계획을 세웠다고.

박정희가 진두지휘해서 창원공단을 세운 겁니까?

인자 창원에 공업단지라고 하는 게…. 창원시 크기 이전에 공업단지가 먼저 앞섰다고. 그 기공식하고 할 때 박정희가 군복을 입고 그걸 했거든. 창원공단 기공식할 때가 혁명 초기거든. 일오계획이라고 하는 건 군복 입었을 때, 혁명 초기부터 구상을 한 모양이거든. 이승만 정권 때에 전후복구사업으로 일오계획을 구상하고, 군사정권 때 시행한 거로 말하는 사람도 더러 있더라고. 그거는 알 수가 없어. 그것까지는 내가 잘 모르겠어. 지금 생각이 안 나고…. 박정희가 창원공단 기공식을 하러 올 때 최고의장 자격으로 왔더라고. 마산하고 별도로 다른 공단이 들어서는데…. 그때 처음에는 창원공단이라고 안 하고, 상남공단인가? 거기가 창원군 상남면이거든. 그래서 상남공단이라 했지 싶은데. 이게 독립된 거라고 봐야지. 마산시에서 관여를 안 했다고. 공업단지하고는 무관했다고. 예로써 그뿐 아니라, 그 이후이지 싶은데. 수출자유지역이라고 하는 거. 저것도 시에서는 관여를 안 했다고. 몬했거든! 창원공단 들어설 때도 마산에서는 제한급수를 했다고. 전부 다 제한급수지. 전국적으로 제한급수 아닌 데가 몇 군데 되겠어. 동네 한가운데에 있는 공동수도, 그것도 내내 제한급수에 해당돼. 제한급수가 아닌 거는 특수한 인자 또 상시선이 있어. 그건 어떠한 경우냐면, 특수한 공장이라든지, 특수한 경우에는 상시선으로 썼다고. 목욕탕도 제한급수를 받아 갖고, 자기들 물탱크에 물을 받아 가지고 영업을 했겠지. 그러고 비축을 해 갖고, 물이 나올 때 받아 가지고 했겠지. 근본 양이 적으니까. 이 시기에 수도과에 근무하는 게 요새 얘기하는 하나의 뭐 좋은 보직은 아니지. 그렇진 않지. 그때 우리가 수도설계도 하고, 또 전기설계도 했었거든. 심지어 건물설계도 우리 손으로 했는데 뭐. 관공서 콘크리트 건물 같은 거를 인자 대강 그걸 하면, 설계를 하면…. 보통 인자 개인 건축사무소가 안 있어! 근데 거기서 용력을 가져오는 기라. 저 사람들 대개 보면 평당 얼마다 이런 식으로 하니까 구체적인 계산서가 안 나온다고. 그럼 그걸 가지고 우리가 승인을 받을 수가 없거든. 우리가 또 역산해 가지고 만들어 내야지 뭐. 요즘처럼 용역 주는 그런 데가 없었지. 국가에서 발주하는 공사의 건설총액을 공무원들이 다 산출해 내야 된다고. 그 당시에는 기술직 공무원들이 건설회사보다 더 앞서 갔지. 그때로 봐서는 그리 봐야 안 되겠어. 특히 기술 계통은 그리 봐야지. 그러니까 기술 계통에서는 뭐~, 건설 회사들이 기술직 공무원을 빼 가려고 발악을 했거든. 이런게 일제 때부터 일본인 기술자 밑에서 배워 왔던 기술직 업무의 계승이라고 봐야지. 그런데 일제 때부터 있던 기술직 공무원들 그거는 가사 관청에 들어와도 정규직은 그렇지 않았다고. 임시직으로 촉탁을 받아서 하고, 월급을 몇 배로 받았지. 월급은 임시직으로 있을 때 많았지. 하지만 촉탁은 인자 아무 여망이 없거든. 촉탁이라고 특수대우를 받지만은 뒤가 보장을 되어 있지가 않지. 그러니 촉탁으로 있다가 나중을 위해서라도 정규직 공무원이 되려고 하지.

삼 년 동안에 육급까지 승급

이 당시 네 가족만 마산에 사셨습니까?

부산에 근무할 때 내가 어른들을 모시고 갔거든. 부산서부터 합가를 했지. 마산도 내가 먼저 와 가지고 집을 장만…. 그때 집을 장만해 놓고 뒤에 어른들을 모시고 올라왔거든. 집을 장만할 때, 처음에는 내가 친구 집을 하나 완전히 독채를 빌려가 있었고…. 저 사람이 인제 집을 두 채,

세 채가 있는데 빈집이 하나 있었거든. 그 빈집에 내가 가 가지고 일 년을 넘게 있었나. 일 년을 있다가 부산에 내가 또 조그만 집이 하나 있었다고. 마산으로 올라올 당시에 그거를 팔고, 마산에 와 가지고 집을 샀지. 육십년대 초반에 내는 대창동에 있는 기존의 기와집을 하나 샀다고. 조금 산언덕에 있는데, 아래채, 위채, 사랑채가 있는 걸로. 그래 가지고 내가 어른들 모시고 올라왔지. 그때 가족이 많았지. 어머니, 아버지, 내 여동생 하나, 남동생들은 다 객지에 있었고…. 내가 여기 마산으로 올라올 때, 하나 있는 여동생을 남성여고에서 마산여고로 전학을 시켜서 데리고 올라왔거든. 부산 대청동에 있는 남성여고에서 마산여고로…. 내가 전학을 시켜 가지고 마산여고로 데리고 올라왔거든. 가족들을 마산으로 데리고 올 때 고정식구가 모두 일곱이지. 그때 어머니, 아버지, 막내 여동생, 집사람, 아들, 딸 모두 합해서 일곱이지. 막내동생은 부산에서 럭키에 있었고, 넷째 동생은 해군사관학교 다니거든. 그래가 주일만 되면 집에 오고 그랬지. 내하고 두 살 차이가 나는 둘째는 이미 성가를 해가 서울에 있었고…. 셋째 동생은 혼례를 마산서 하고, 넷째가 여동생인데 그거는 진주서 치웠고…. 마산서 내 동생들 혼인을 갖다가 셋째, 넷째, 막내 여동생 서이를 했나 베. 미혼인 막내동생, 그거는 내나 어디서 했노? 그거는 럭키에 있으면서 했는데…. 마산에 있을 땐가? 부산에 있을 땐가? 기억이 잘 안 나네.

어르신이 벌어서 동생들 다 성가시켰습니까?

그랬다고 봐야지. 뭐 집에 조그마한 쌀 도변(쌀 됫박)이나 가져온 거 그거밖에 없었고, 현찰은 아마 내가 다 대고 했겠지 뭐. 그렇다고 월급을 갖고 어렵게 살았다는 그런 기억은 별로 없어. 생활에 타격 받은 그런 기억이 별로 없다고. 그때 뭐~, 우리가 짜드라(크게) 부자도 아니고, 혼인을 해봐야 참으로 호화스런 혼인도 아닌 기고 뭐~. 그런 거는 아니거든. 이 당시에 동생들 혼인은 전부 다 집에 어른 지시에 의한 거지. 하나도 지 맘대로 하는 건 없다고. 칠남매 전부 다가 그렇지. 인제 집에 어른이 유람을 드나들면서 통혼을 하고 그렇지 뭐. 사돈들이 다 경남, 경북! 사돈이 일곱 아니가! 일곱 중에 하나는 안동이고, 거기 둘 다 참 안동이다! 사돈 둘은 경북 안동이고, 나머지 다섯 중에서 하나는 창원이고, 또 하나는 고성이고, 진주에 둘, 진양에 하나 그런가 베. 대개 유가 집안이지. 겹사돈은 없고…. 과거에 유가 집안들 보면, 서로 겹사돈을 하고 그랬지만 우리는 없었다고. 마산서 정규 공무원이 되고 나서 내가 요새 육급까지 마산에서 근무했지. 내가 육십삼년돈가? 그때부터 마산에 있었는가 보다. 그걸 내가 지금 똑똑히 기억을 몬하는데. 하여튼 내가 한 삼 년 동안에 육급까지 올라갔거든. 그거 파격적이지! 평균 일 년에 한 번씩 올라갔으니…. 다른 사람 사오 년 걸리는 걸, 내가 일 년에 올라가고, 이 년에 올라가고 이랬지. 아마도 내가 처음에 구급으로 들어갈 때도 계장들하고 상대가 되지. 뭐 그 밑에 그것들 하고는 상대가 안 됐거든. 업무로 봐도 계장들보다 앞을 섰거든. 공무원이 승급할 때는 육급까지는 승급시험을 안 쳤지. 오급 사무관이 될 때부터 승급시험을 치지. 사무관이 될 때의 시험은 중앙에서, 총무처에서 관장을 해. 총무처에서 칠 때는 자체적인 업무행정만 갖고는 안 된다고. 별도로 공부를 해야지! 근데, 그때도 우리가 불문가지거든. 실무보다도 저 사람들은 학술을 가지고 나온다고. 학술하고, 실무하고 겸해서 보니까 실무에 있는 사람들이 당연히 떨어지기 마련이라고. 내 같은 경우도 육급으로 승진되어서 진주로 나왔고, 오급 사무관 시험을 서울에 올라와서 쳤지.

개인 건설회사에서 스카우트 제의는 없었나요?

많았지! 많았고 말구지! 내가 마산시청에 임시직으로 있을 때부터 토목공사를 하는 삼조산업이라고 있었는데, 내 면허증을 그 사람들이 빌려가 있었다고. 거기서 내 면허증을 대여했다고. 나는 정규직 직원이 아니라서 관계없거든. 내가 정규직 직원이 됨과 동시에 기술사 면허증을 회수해야 된다고. 나는 이리도 손해고, 저리도 손해지. 면허증을 대여하면 별도로 상당한 수입이 있지. 그게 오히려 공무원 봉급보다 나았거든. 임시직이라고 하는 거는 봉급이라고 볼 수가 없거든. 하루에 얼마다 이런 식으로 일당을 치거든. 일당으로 치니까 면허증을 대여해 주고 일 년에 얼마씩 받아도 아무런 관계없거든. 그러나 정규직 공무원이 되면 그게 불가능한 거지. 일반 사기업에서 자꾸 나를 데리고 가려고 애를 쓴 거는 기술사 면허증 때문에도 그렇고, 또 관청 상대도 그렇고…. 그래가 정규직 공무원에서 사기업으로 나간 사람이 많애. 그 사람들이 주로 관청을 상대로 하청을 받거나, 용역을 받거나, 아니면 청부를 받는 데도 도움이 되었지. 이 당시는 전후라서, 일오계획을 추진하던 때라서 관공서에서 건설을 많이 했지. 실제로 이 당시는 건설 붐이 많이 일어났다고. 회사가 서로 애를 써서 하려고 하는 경우에 따라서는 망하는 놈도, 흥하는 놈도 있고 그렇지.

관공서 공사는 주로 입찰계약입니까?

관공서에서 공사를 발주하면 대체로 입찰이지. 형식은 입찰이라도 내부적으로는 건설업자들이 사전에 저들끼리 단합한 기고. 이거는 누가 할 거라고 그러면 대개 그리 돌아가더라고. 건설업자가 사전에 저희들끼리 단합하겠지. 가서 입찰금액이 백원 같으면, 최저 낙찰제라 이래 있거든. 백원 같으면, 자기 설계금액이 백원인데 이름값이지. 다섯 놈이 와서는, 네 놈은 백오십원을 써내고, 한 놈만 구십구원 써낸다고. 그러니 구십구원 써낸 놈이 되는 거 아닌가. 그래 맞춰 가지고 오거든. 설계금액은 웬만큼 비밀이지. 공개는 안 되지. 공개는 안 하는데, 대개 저것도 업자들이 공무원들에게 빼 가지고 가지. 그래서 업자들이 단합을 해서 이번엔 너 이거 해라, 다음엔 내가 뭐 하겠다 이런 식으로 하지. 그러고 나면 에이라고 하는 사업장에는 한 사람이 시공을 하고 난 다음부터 추가로 나오는 사업에 대해서는 그 사람이 계속해서 수의계약을 해주는 그런 게 있어. 그거는 인자 법으로도 하자가 불분명할 때. 전에 시공한 사람이 계속 그 일을 해 나가는데, 나중에 하자가 생겨 가지고 사고가 났을 때, 이 하자가 애매하단 말이야. 다른 사람이 들어가 하면…. 이런 경우는 수의계약을 안 할 수 없는 기지. 하자보수 때문에 수의계약으로 들어가야 되는 거지. 하자가 애매할 때, 그럴 땐 수의계약을 하라고 법상으로 그리 해 놨거든.

9. 허허벌판에다가
   진양호 취수탑을

사무관 승진시험

진주시청으로 가시면서 오급 사무관으로 승진되셨나요?

아니지! 거기서 내가 계장 생활…. 육급이면 계장이거든. 계장 생활을 내가 몇 년 했지. 한 삼사 년 했을 거여. 그래 갖고 임시과장, 과장 직무대리를 받았거든. 그거를 받고 나면 사무관 시험을 쳐야 되는 기라. 그때 참 골치 아프더라고. 갑자기 과장 직무대리를 받았는데, 연달아 시험을 치러 오라고 하더라고. 올라갔더니만 될 턱이 있어야지. 그래 가지고 시험이 어떤 긴가 보자고 올라갔지. 그때는 사무관 시험을 일 년에 이회씩 봤어. 총무처에서 일 년에 두 번 시험을 쳤지. 그래가 첫번째는 덜렁 떨어지고 내려왔지. 그 다음에 인자 이차로 시험 칠 때, 그때는 도에서, 공무원 교육원에서 그 해당자들 몇을 모아 가지고 공부를 했다고. 그거 갖고도 약해. 이래 가지고 모두들 서울로 올라가자고 했지. 그때만 해도, 요새 생각하면 태고 때지. 지 근무하는 데서 대개 편의를 봐 준다고. 그러면 형식상 무슨 엉터리로 출장을 내준다든지, 연가를 내주면서 봐 준다고. 그러고 또 인심 좋은 시장들은 출장을 내주면서 출장비라도 보태 줘라 이런 식으로 한다고. 내 같은 경우도 두번째 시험을 치러 갈 때 한 달을 앞두고 서울로 올라갔거든. 서울 올라가서 청진동 여관에 가방 내려 놓고…. 청진동에 여관을 잡은 거는 종로학원하고 가까웠거든. 종로학원에서 공무원 특별시험은 특수 케이스이고, 대부분 검정고시를 준비하는 고등학생들이 많더라고. 우리가 갈 때, 그때는 요새 과외하는 것보다 검정고시나 이런 거를 준비하는 사람들이 많았고, 또 공무원 특별시험 치는 특수반이 있더라고. 행정반도 있고, 기술반도 있더라고. 거기 가서 행정학이니, 헌법이니…. 기술직이라도 그건 알아야 되거든. 일반 과목에서 보니까. 그게 우리가 될 턱이 있나. 그래서 처음에는 거기 가서 삼사 주 교육을 받았지. 종로학원 강사들은 다들 일류급들인데…. 내가 제일 치중하는 거는 응용역학하고, 행정하고…. 그게 일차에 가 보니 상당히 안 되겠다 싶은 거거든.

진주시청에서 어르신 혼자 올라가셨습니까?

그렇지. 혼자 갔지. 서울로 올라와가 청진동에 여관을 잡고 종로학원에 한 달간 등록을 해서 공부를 좀 했지. 당시 경상남북도청에서 올라온 우리 일행이 그때 한 이십 명이 됐을 거야. 이들이 집단으로 청진동 여관에 합숙한 거가 아니고, 시군에 따라 각자가 특수한 여관에 하숙해 가지고…. 종로학원에 댕긴 사람도 십여 명이나 됐다고. 종로학원 공무원 특수반에 등록한 사람들을 보면 서로들 알지. 서로들 알고 그러기 때문에 강의가 끝나고 저희들끼리 모이서 술도 먹고 이랬지. 강의는 아침 아홉 시에 가 가지고 보통 다섯 시나 끝났다고. 그때 참 열심히 했다고. 그때 우리는 삼십대였지만도, 사십대, 오십대도 더러 있었다고. 그 사람들이 욕을 좀 보았지. 우리는 근본원리를 알려고 이랬었지. 당시는 쪽집게 그런 건 안 했다고. 그땐 예상문제를 뽑아 주고 그런 거는 없었지. 요새나 그러지. 그때는 오엑스 문제, 사지선다형 이게 별로 없거든. 대체로 논술이지, 논술이라고 봐야 되지. 종로학원에서 사주간 교육을 받고 난 다음에 현재 중앙청 세종로에 있는 총무처에 가서 시험을 치고 내려갔지. 총무처에서는 종로학원에서의 사주간 교육을 알 택이 없고…. 그거는 개인적으로 하는 거지. 합격자 발표도 총무처에서 나중에 하고…. 총무처에서 실시한 사무관 시험에 합격해도 내나 그 자리였어. 과장 직무대리에서 직무대리가 빠져 버리고 수도과장으로 바로 들어갔지. 발령장은 그리 됐지! 인자 월급만 조금 달라지고 그런 거지 뭐. 공무원이 되어가 불편한 거는 부산, 마산, 진주로 이렇게 근무지를 옮겨 다니는 거가 불편하지. 근무지를 옮긴다고 하는 게 안 불편할 리가 없지. 마산에 있다가 진주로 가 가지고 처음에는 내가 집을 안 샀다고. 그냥 셋방을 얻어가 있었다고. 처음에는 내 여식애 그것만 데리고 갔지. 왜 그랬냐면, 머슴아 그거는 국민학교 육학년이었어. 육학년이라서 데리고 가기가 안 됐더라고. 그래서 아마도 칠팔 개월을 떨어져가 있었을 거야. 그때는 다들 중학교 시험치고 들어갈 시기가 아닌가 베. 그니까 육학년에 다니던 머슴아를 전학시키기가 뭐하고 그랬지. 그래 중학교는 진주로 전학시켜 데리고 왔거든. 여식애는 삼학년을 다녔으니 마산에서 진주로 바로 전학을 시켜서 데려갔지. 진주라는 곳은 내가 태어나지는 않았지만 많이 활동하던 곳이라서 정도 들었지. 내가 거기서 어려서부터 학교를 다녔고, 처가도 거기 있고…. 그래 처음에 진주에 가서는 처갓집 이웃에 방을 얻었거든.

진양호 취수탑 건설

당시 진주시에서 발주한 대표적인 수도확장공사로는 무엇이 있었나요?

진주시청에 와서 수도확장공사를 한 것이…. 그때 내가 진주시청에 근무하면서 맡아 가지고 한 게 진양호 취수탑! 마산서도 그랬고, 진주에서도 그랬고 시 자체의 예산만 가지고 그런 사업을 하기가 힘들어. 국고보조를 받아야 되거든. 그러니 건설부하고 잘 통해야 되고, 긴밀한 관계를 갖고 있어야 된다고. 또 두뇌가 빨라 가지고 어떤 아이디어를 빨리빨리 내줘야 한다고. 진주에 가서도 진양호 취수탑을 갖다가 내가 계획안을 내서 건설부하고 붙은 기거든. 내가 진주시 수도과장으로 근무할 때 건설부에 진양호 물을 끌고 오는 계획안을 내었지. 그래서 진양호 완공 전에 내가 그 사업을 시작을 했다고. 진양호 완성하기 전에, 물이 차기 전에 건설부의 승인을 받아 가지고 허허벌판에다가 진양호 취수탑을 세운 거야. 진양호 댐이 완공되면 담수한 물이 여기까지 올라올 거라고 그걸 미리 예상해서 우리가 평지에다가 취수탑 시설을 해 제꼈다고. 그러니까 수중작업이 아니라서 일이 훨씬 수월하고 그랬지. 그 공기를 맞추기 위해서 건설부하고 협상을 해서 취수탑 건설이 바쁘다고 하니까 미리 국가보조금을 주고 이리한 거지. 내가 수도과장으로 진주시에서 진양호 취수탑을 만들었지만 수도보급률은 다른 지역들보다 낮았지. 경남에서 수도의 역사는 진주가 매우 빨랐지만 해방되고 나서 수도보급률은 마산보단 낮았지. 진주의 도시계획도 휴전되고 나서…. 이승만의 자유당 시대에 진주 시장 이름을 까먹었다! 김 뭐시기[45]인데, 진주에서 도시계획을 처음 했거든. 그때 도시계획은 요새 생각하면 참 좋거든. 허허벌판 그런 데가 어데 있나. 당시 진주에 큰 도로를, 이십오 미터 도로를 냈거든. 로터리를 하나, 둘, 셋, 네 개를 만들었다고. 그런 도시계획을 하니까, 진주시민들이 굉장히 반발을 했다고. 도로가 너무 너르고, 필요 없는 로터리 만들었다고. 그런 반발이 있어도 억지로 했는데…. 요새 생각하면, 그걸 잘 본거라고! 지금 이십오 미터 도로가 뭐시기 짜자라니(가잖게) 넓어 샀노? 베잡지(비좁지)! 그때는, 사변 전에는 제일 넓다고 하는 기(도로가) 팔 미터! 종로라고 하는 게 일차선이 겨우 될듯 말듯 인도가 없는 일차선이거든. 그런데서 이십오 미터라고 하니까 저놈 죽일 놈이라고 야단을 지긴 기지. 그래 도시계획을 하고 나서 진주라고 하는 도시가 새로 생긴 거지. 지금 현재 진주시내 구시가지! 그거는 상평동을 제외하고, 이쪽 시가지를 제외하고, 구시가지로서는 아주 잘한 기라고. 지금 오히려 도로가 다 안 소나(좁나)! 당시는 차도 없었지! 그러니 시민들이 들고 일어난 기거든. 진주에서 시내버스라고 하는 게 사변 후에도 한참까진 없었지. 사변 후에 한참 있다가 시내버스라고 생긴 기 요새 봉고 비슷한 긴데! 아마~. 미군 쓰리고다인가? 그거 가지고 개조한 긴데. 크기가 요새 봉고 십이삼 명이 타는 그게 처음 시내버스일 거야.

국산 건축기자재로 대체된 시기가 언제쯤인가요?

여기 진양호 공사할 때는 국내 제조라고 시멘트도 나오고, 철근도 나오고, 파이프도 나오고 이랬거든. 부산에서 공사할 때는 원조라는 개념으로 외국에서 물자가 거의 다 들어왔지만, 첫째 수도 파이프 같은 거는 군사혁명 전에 이미 국산 소형관이 나왔어. 소형관은 국산화가 됐었어. 그리 급성장을 해 가지고 소형 주철관은 한국주철에서 만들기 시작을 했다고. 마산 가서 수도공사를 할 때는 내가 한국주철에서 사백 미리, 오백 미리 파이프를 사 왔었거든. 진주 가서 진양호 취수탑 공사를 할 때는 뭐 물자가 풍부했지. 박정희가 대일청구권, 일본서 차관 들여온 거를 여기에 안 썼거든. 이거는 대체적으로 국가에서, 중앙정부에서 예산을 편성해서 지급해 주었지. 진양호 댐을 시작한 거는 저기 이승만 대통령 때부터 했을 거야. 일제 때부터 건설계획이 있었고, 구체화된 게 이승만 정권 때야. 이승만 정권 때 일부 사업이 시작했지만 취수탑 건설은 함께 들어가지 않았어. 그래가 내가 건설부하고 협상을 해서 댐이 중간쯤에…. 하여튼 내가 취수사업을 갖다가 담수하기 전에 완료를 했다고. 진주시청으로 가는 날 그날부터 그걸 달라붙었다고. 당시 경남도청 건설국장이 나를 불러서 '진주가 이런 사업이 필요한데 니가 그쪽으로 가 봐라!' 이런 식으로 해서 진주에 간 기고.

당시 진주시의 상수도 용량은 넉넉했나요?

모자라니까 진양호 취수탑 공사를 했겠지. 진주시 상수도라고 하는 건 역사가 오래됐다고. 역사는 내가 있을 때 상수도백서라고 하나 만든 게 있는데…. 한일합병 그 이전에 일본 사람들 몇이 대나무 파이프로 갖고 물을 공급하고 이랬다고. 죽관에서 목관으로 변했고, 나중에 주철관으로 변했다고. 근데 그때 주철관들…. 우리가 상수도확장사업을 한다고 땅을 파 보니까, 그 파이프가 일본서 왔더만. 일보 구보다(久保田)라고 하는…. 구보다제 쇠파이프더라고. 파이프를 보니까는 일제 말엽에 일본서 그런 파이프가 온 모양이거든. 그때 제일 큰 게 이백오십 미리 원수관. 뭐 백 미리, 칠십오 미리 주철관 같은 것도 있고 그랬어. 그게 아마 전쟁중에는, 이차대전 그 임시에는 주철관이 안 나오니께네 대용관이라고 묻어 논 게 있는데…. 그거 재질이 콘크리트라! 콘크리튼데, 그건 아주 조잡하고 그랬다고. 그게 대용관이라고…. 우리가 그거 한 거를 모를 낀데…. 공사를 하다가 파이프를 대체하려고, 가서 도상에 백 미리가 되어 있다고 하면 우리가 삼백이나, 사백으로 대체를 하려고 파 보니까 그런 게 나오더라고. 전쟁 때 아마 쇠가 부족하니까는 콘크리트 대용관이 나온 모양이라! 태평양전쟁을…. 저 사람들이 처음에 만주사변에서 중국하고 전쟁을 하고, 그러고 한참 있다가 저기 미국하고 대동아전쟁. 저희가 말한 대동아전쟁은 세계대전으로 말하자면 이차 세계대전이지. 그걸 하면서 고때(그때) 아마 대용관을 한 모양이라! 대용관이라 하는 그게 공사대장에 보니까 대용관이라고 해 놨드라고. 그러니께네 그게 고때가 아니겠나 이래 보지.

주철관을 교체해야만 되는 주기가 있지 않나요?

주철관은 우리가 알기로는 반영구라고 봤는데…. 저게 수명이 보통 한 이십 년! 한 이십 년이 지나면 안에 스케링하기 시작했거든. 주철관 안에 물때가 앉아서 녹이 슬고…. 자꾸 관 단면이 적어진다고. 그럼 실제 오백 미리라고 하는 게 제구실을 몬하지. 그게 대형관에서는 좀 덜하고, 소형관일수록 또 상시로 물이 흐르면 좀 덜한데…. 제한급수 같은 걸 하면 녹 끼는 빈도가 더 심해지거든. 우리가 파 보니까 삼십 년, 사십 년 된 거는 단면이 한 반 역할도 못하더라고. 이백오십 미리면 백 미리 용량도 안 되는 거지. 진주에 와서는 수도 파이프를 갖다가 계속 교체하고, 뭐~ 소소한 것은 나중에 무시하고 새로 하기도 하고…. 무시하는 거는 매설된 주철관을 내버려 삐리는 기지 뭐. 그걸 파 봐야 아무 쓸 데도 없는 경비만 들고, 또 무리하게…. 경우에 따라서는 아주 집 근처로 가면 그걸 빼 버리고, 우리가 큰 파이프로 새로 교체하다가 남에 집에 것 탈나게 하면 귀찮아서 무시해 버린다고. 내버려 버린다고. 그게 더 경제적이지. 그거는 주철관이 아니고 와사관이라고 해 가지고 일반 철관이거든. 철관에다 아연 매끼를 한 건데, 그거 수명도 한 삼십 년 이내이거든. 진주는 진양호 담수가 완전히 끝나고 나서부터는 제한급수가 완전히 풀렸지. 그래가 정수장 공사를 하다가 잠시 밀양군 건설과장으로 전근되어 버렸지. 내가 밀양으로 전근되기 이전에 진주시 건설과장으로 근무했을 때 진양호 취수탑 공사는 거의 다 마쳤고, 통수만 직접 못했을 뿐이지. 밀양

위, 진주시청 과장들과 함께 : 진주시 건설과장으로 있던 칠십삼년도에 진주시장하고 과장들이 진주시청 계단에서 찍은 건가 베. 이때 진양호 취수탑 건설이 한창 진행 중이었지.

아래, 육영수 여사 일주기 분향소를 찾은 진주 화익회 회원들 : 내 안사람은 오른쪽에서 세번째 서 있고, 앞에 앉아 있는 마누라는 성해기 진주시장의 안사람이고, 뒤에 선 마누라들은 진주시 각과 과장들 안사람이지 싶어.

에서 팔 개월 근무한 다음에 진주시 건설과장으로 다시 왔을 때는 진양호 담수가 완료되어 진주에서는 제한급수가 완전히 풀렸지. 내가 밀양으로 전근을 갔던 칠십사년도에 육영수 여사 피격사건이 일어났지. 그리고 그해 시월에 나는 진주시 수도과장으로 다시 전근되었지. 여기 '대통령 영부인 고 육영수 여사 일주기 분향소(大統領令夫人故陸英修女士一週忌焚香所)'라고 쓰여진 이거는 이듬해 광복절날에 진주시청 사무관급 이상 공무원의 안식구들이 시청에서 마련한 분향소에 단체로 분향한 모습을 찍은 사진이지. 여기 모인 안식구들은 전부 다 '화익회'의 회원들이지. 화려할 '화(華)' 자, 보낼 '익(益)' 자, '화익회(華益會)'는 인자 옛날 유신시대에 사무관 이상 안식구들을 모아 갖고 조직했는데, 육영수가 그 리더를 했다고. 이게 전국적인 조직이지. 전국 시군 어디에 가도 다 있었다고. 이게 솔직하게 말해서 뭐~, 관이 주도한 공조직이나 다름이 없지! 왜냐면 저 사람들을 소집하고, 관리하는 부녀회가 각 시군에 다 있었고 그 비용도 전부 다 관청에서 나왔지. 그러니 저걸 선거 때도 이용 안 했을까? 철저히 이용했겠지. 이게 정말로 참 대단했지. 저리 떼를 지어 댕기면 시내 부인들이 참 달리 보고 그랬지. 근데 이런 사람들이 떼를 지어 다니는 것을 보면 일반 사람들이 '못된 짓을 하고 다닌다!'고 그랬겠지.

내 산탄총은 미국제 윈체스터

공무원 생활 하시면서 계속 일만 하신 건 아니시지요?

별로 취미생활을 한 일이 없어. 진주 같은 경우에는 진양호를 담수하기 전에 거기가 허허벌판이지. 진양호가 담수되기 전에 우리가 토요일

마다 엽총을 들고서 사냥하러 댕겼다고. 현재 진양호 유원지가 우리 사냥터라! 거기서 토끼 같은 거는 잡고 싶은 대로 잡았거든. 스무 마리, 서른 마리…. 우리가 나갈 때 직원들한테 '오늘 토끼 잡아올 테니까! 너들 아무 중국집에 가 있어라!' 이러거든. 그래 가면 직원들이 좋아라고 하지. 내하고 같이 댕기던 급수계장이 취미가 있는 놈이지. 둘이서 총 하나씩 메고 나가면, 토끼를 스무 마리, 서른 마리 잡는 것이 일도 아니거든. 왜 그러냐면 진양호 되기 전에 그 안에 수수밭이 많았다고. 거기 들어가면, 토끼가 여기 튀고, 저기 튀고 하는데 잡기가 얼마나 좋노. 그 당시 총은 산탄엽총이지. 내 산탄총은 미국제 윈체스터인데 돼지나, 고라니를 잡으려면 총알만 바꾸면 되었지. 탄피는 똑같거든. 그 안에 들어가는 탄환, 산탄을 쬐까난(조그만) 거를 많이 넣느냐, 큰 거를 갖다가 적게 넣느냐, 그런 종류가 있거든. 내가 계장 때부터 진주에 가 있었거든. 그때부터 사냥을 했지. 토끼를 잡아서 직원들 갈라 주고 그랬지. 중국집에 가는 건 직원들 회식할 때, 그거 덴뿌라 해 먹고 그렇지 뭐! 그리고 혹시 노루나 이런 거 잡으면…. 내가 제일 처음에 친구들하고 같이 사냥 다닐 때 멤버가 있었지. 요새는 경상대학, 그때는 진주농대지! 그 교수들도 우리 멤버들이 있었거든. 강동호라는 교수 한 분이 있었는데, 그것도 나이 우리 또래고, 취미가 아주 다양하지. 사냥에도 취미가 있었던 친구했지. 그렇게 모이면 노루나 이런 거 잡으러 나가거든. 처음에 나가서 어쩌다 노루를 한 마리 잡았지. 잡기는 내가 잡은 것도 아니고 강교수가 잡았지. 그때 포수가 서이만 나갔지. 이걸 셋이서 가르는데 살코기하고, 뼈다귀하고 껍데기하고 인자 이래 셋이 가른다고 하데. 피는 인자 그 자리에서 갈라 먹고…. 노루 피를 처음에 먹어 보니 영 밍밍해. 맛도 없더라고…. 소주로 입을 씻어 가면서 먹었다고. 뜨듯미지근하게 참 느끼하니 못 먹겠더라고. 근데 저들은 자주 먹어 놓아서 그런지 이상하게도 좋다고 하데. 그리고 노루를 껍데기하고, 뼈다귀하고, 살코기하고 세 동아리로 갈라 놓고 니 어떤 거 할래? 그래서 내가 우물우물하니까 니 오늘 처음이니까 살을 가가라!' 고 그래. [다소 멋쩍은 듯 웃으면서] 저들이 내게 살코기를 주기에 나를 봐 주는 줄 알았어. 그래 살로 갖고 집에 와서 안식구더러 '육포해라! 말려라!' 이랬다고. 노루 고기 육포가 좋거든. 그러고 나머지는 국 끓여 먹자!' 고 했지. 노루 고기로 국을 끓여 놓으니까 시큼하니 맛도 없더라고. 그 이튿날 사무실 와서 그 얘기하니까 직원들이 '이 등신아! 그게 값을 따지면…. 노루 한 마리를 값으로 따지면 껍데기는 사십원이고, 뼈다귀는 오십원이고, 살코기는 십원도 안 친다!' 고 하더만. 값으로 따지면 살코기는 값이 없는데, 내가 멍청하게 처음 노루를 잡아서 그리 당했지. 노루 피! 녹혈은 술하고만 먹었지. 산에서 먹는데, 뭐~! 사냥 나가면 항상 옆구리에 술병을 차고 다니지. 노루 껍데기는 파~악 고아서 먹는다고 하데. 약을 한다고 고아서 먹지. 껍데기라고 해서 가죽만 가는 거가 아니라 살점이 붙어서 가지. 껍데기를 고아 먹으면 약이고, 뼈다귀 이거도 약이지. 참 껍데기 가져가는 사람이 노루 대가리도 가져간다. 노루 대가리하고, 껍데기를 한 번에 가져가지. 내가 볼 때는 발이니, 대가리니 내버리는 줄 알았거든. 그게 아니더라고. 그래 그 다음에는 [웃으면서] 너희들 그런 법이 있나!' 고 하면서 껍데기를 내가 한 번을 차지한 적이 있어. 그래서 서로들 돌려가면서 가져갔지. 껍데기로 대가리하고 발하고 싸 가지고 그래 고은다고. 그게 인자 관절염이나, 이런 데 좋은가 보데.

엽총으로 멧돼지도 잡아 보셨습니까?

멧돼지도 한 번 잡아 봤지. 조그마한 새끼를 한 마리를 잡아 봤지. 그건 그때 뭐 음식점에 가서 구워 먹고 치워 버렸지. 멧돼지 쓸개는 또 관절염에 좋다고 해서 급수계장이 안식구 약한다고 해서 줘 버렸고…. 멧돼지 피도 먹지! 멧돼지 피를 내버릴 택이 있는가! 사냥은 주로 내가 말하는 근처에서, 진양호 근처에서 했지. 거기는 우리가 제일 낫게 아니까. 또 멀리 가 봐야 명석 이런 데를 가고. 그 당시에는 사냥을 자유롭게 했다고. 뭐 총포를 가 있으면 총포 면허증만 있으면 됐다고. 요새 맹쿠로 제한구역이니 그런 게 없었다고. 전국 아무 데서나 사냥을 다 할 수 있었지. 그때도 총포 면허증이 있었고, 또 인자 수렵금수기가 있었지. 보통 우리가 총을 갖다가 서(경찰서)에 영치를 해 놓고 수렵기간만 가지고 나오거든. 탄환은 주로 만들어 쓰는데, 그걸 내가 데리고 다니던 급수계장이 잘 만들어요. 탄환하고, 뇌관만 사와 가지고 만든다고. 그거 사는 게 별거 없다고. 일종에 담배 재듯이 화약을 넣고, 탄환을 넣고 이래 갖고 밀폐만 잘 시키면 되는 거거든. 뭐~, 기계가 있어. 꼭 찍는 거가 간단하다고. 전문 사냥꾼은 사냥개도 데리고 다녔지만, 우리야 뭐 사냥개가 있을 턱이 없고, 총만 갖고 다녔지 뭐. 사냥개를 데리고 다니면 꿩 같은 거 사냥하는 날치기 할 때가 재미있는데…. 꿩이 막 날아오를 때 쏘면 투~욱 떨어지는 기 재미있지. 저기 산탄총이라는 거, 내가 가지고 있는 산탄총은 위력이 아주 좋은 거기 때문에 반경이 넓거든. 쏘면 백발백중이지 뭐! 꿩을 잡아 보면 탄환 박힌 데가 있다고. 털을 뽑으면 대번에 탄환 박힌 데가 표가 난다고. 한 마리에 탄알이 많이 들어가 봐야 두 개 아니면 세 개지 뭐. 그래가 그냥 빼내 버리지. 꿩 잡고, 토끼 잡고, 고라니 잡고 하면 대개 친구들끼리 나눠 먹고, 또 나가면 '토끼 내 한 마리 줘라!'고 하는 사람도 있지. 그때 토끼 그거를 아들 해열제로 좋다고 안 했나. 열이 있는 아들, 그걸 갖다가 고아 먹이면 좋다고 그러거든. 그러니께 '내 요번에 몇 마리 잡아 도라!'고 해 싸면, '거기 아무 데 내가 갖다 놨났니라! 가가라!'고 하고…. 보통 우리도 잡아가 집에 다 가가나? 가가도 안 하고 술집에 어디에 놔두고, 거기서 좀 묵고 나머지는 그 이튿날 아침에 가서 '필요한 사람 있으면 가져가라!' 이랬지 뭐. 요새는 고라니 잡았다, 뭐 잡았다고 아주 골치 아프지. 그때 마구잡이 하니까 저놈이 멸종이 되었다고. 몇 해 동안에 절단이 난 기거든. 그래서 사냥을 금한 거 아니가! 사냥금지가 박정희 정권 어느 땐가? 그거 기억을 잘 못하는데…. 내가 마산을 가면서 총을 안 가져갔다고. 진주경찰서에 영치해 놔두었다고. 그때가 아마~ 그저 사냥구역 정하고 그때겠지. 그래서 내가 마산경찰서로 이전을 안 하고, 진주경찰서에 놔도 삐리거든. 이 동네에서는 뭐 사냥을 안 했어! 내가 마산에 근 십 년 있었는데, 그때 그걸 안 가져가고 진주에 놔뒀다가 공무원 그만두고 가져왔지. 고향에 들어와 가지고 지금 총을 고향 경찰서에 갖다 놓고, 그 뒤로 한 번도 안 했어. 내가 간혹 담당자들한테 손이나 좀 봐 두라고 부탁하고 그랬지.

투망을 메고 남강으로 가면

남강에서 투망을 던지면 주로 어떤 고기가 잡혔나요?

예전에 진양호 담수되기 전에, 남강에서 투망을 하면 주로 피리가 많이 잡혔지. 피리는 뭐 처치 곤란할 정도로 잡혔지. 그리고 인자 준치! 강준치! 그거는 크지! 큰 거는 한 삼십, 사십 가까이 나오는 것도 있고…. 메기도 올라오고, 참게 같은 건 안 잡히고, 쏘가리는 별로 없어. 쏘가리는 산청, 왕사 저리 상류로 들어가야 있지. 빠가사리, 퉁가리 그거는 뭐이노? 난 모르겠는데…. 여기는 주가 피리! 저거는 무진장으로 눈으로 보이거든. 떼가 모여 가면 그냥 때리거든. 은어들도 떼를 지어 오르는데, 산란기가 되면 씨알이 한 뼘씩 되는 은어가 자갈밭에 퍼떡퍼떡 넘어지지. 그러면 투망을 던져서 많이 잡고 그랬지. 진주시청에 근무할 때는 투망을 던지는 그런 재미도 있었지. 여름이 되면 투망을 올려 메고 가서 은어를 잡았지. 요새처럼 짜드라 투망을 못 하도록 금하지도 안 했고…. 진주 남강이 댐으로 되기 전에 은어가 진양호 바로 밑에까지 올라왔거든. 그 밑에 가면 은어를 많이 잡았다고. 은어는 그냥 회로 묵고, 꾸이(구이)로도 묵는데…. 본양 나는 민물회를 안 먹으니 꾸우(구워) 먹는 게 상책이지. 은어는 일급수에 살아서 놈들은 회로 많이 먹지. 그 당시 진양호 위에 아무것도 없었거든. 공단도 없고, 과수원에서 농약도 요새처럼 많이 치지도 않았지. 그리고 우리는 취미가 별로 없으니께네, 시간이 나면 친구들하고 몰려가 술이나 먹고 그거지 뭐. 내가 취미가 없어도 천렵(川獵)을 좋아하는 사람은 따라댕기기가 마련이라고. 가방모찌 식으로 빠게스를 들고 따라다니거든. 내가 계장일 때, 진주시청에 있는 과장들이, 부시장이 어찌나 그걸 좋아하는지. 인자 토요일이 되면, 부시장실에서 날 찾거든. 올라가면 '오늘 갈래~' '필요하면 가지요!' 그래가 그때 멤버들…. 투망이 나 혼자만 있는 게 아니거든. 여럿이 가 있지. 퇴근하면서 투망을 메고 남강으로 가면, 우리 취수장 가면, 거기 소장들이 투망을 여러 개 다 가지고 있거든. 전화를 걸어가 내 그 나간다. 투망을 갈 거니까. 준비 좀 해 노라!' 고 하면, 투망을 내놓고, 초장을 만들어 놓으면 준비를 다 하는 긴데. [허허허~] 그러면 부시장의 운전수가 술을 사 오는 기고. 여름에 더울 때 모래밭에 투망을 메고 댕기면 거의 빤스 바람으로 따라 댕기다시피 하지 뭐. 나 많은 과장들…. 그때 진주시에 과장이 대개 우리보다 열댓 살 이상이거든. 거의 나가 오십이 넘었거든. 내가 그때 삼십 대 중반이니까. 그럼 그 사람들이 좋다고 따라댕기면서 잡으면 그리 좋아하데.

강가에서 천렵을 바로 하십니까?

대개 추울 때는 피리(파리미) 새끼를 잡으면 짜잘하거든. 그럼 배도 안 따고, 무시(무우)하고 무쳐가 먹으면서 '쌉쏘롬하니 맛있다!' 고 난리이지! 우리는 별로 생각도 없고…. 저 사람들은 고기를 잡으면 그 자리에서 바로 배를 따 가지고 입에 넣는다고. 초장도 없이 입에 넣던데 뭐~. 배를 따지도 않은 은어를…. 은어를 갖다가 젓 담을 여유가 어디 있나 뭐! 묵을 사람 입이 열 개 스무 개씩 따라댕기는데…. 그 당시에는 투망을 한 번 던지면 고기를 한 사발씩 폈지. 저기~, 딱하니 때를 앵기면(맞추면) 무거운데…. 투망질 한 번에 입이 열 개 묵을 정도로 울러 매고 나오거든. 투망질하기 좋은 수심이 보통 일 미터 이내지. 우리가 또 깊은 데는 잘 안 들어가거든. 그 당시만 해도 진양호, 남강물이 깨끗했지. 진주는 수질이 좋아. 왜 그러냐면, 저기 댐 위에서 설사 농사를 지어도 자연정화가 되거든. 댐에서…. 그러고 댐에서 진주 시내까지 내려오는데 아무런 관계가 없단 말이야. 하수도도 없고…. 거기는 하수구가 없고 공장지대도 없지. 진주 촉석루 앞에는 아직까지 수질이 좋지.

예전에 수질오염의 심각성은 없었나요?

요새는 제일 무서운 기, 하천 주변에 가축, 대단위 목장 이런 거! 또 대단위 과수원! 과수가 참으로 농약 구덩이거든. 저거~, 아파트 단지, 공업단지야 말할 것도 없고…. 공단 이런 기 수질의 주요 오염원인데…. 현재 진주시내는 불과 남강댐에서 한 삼사 키로 이쪽이나 저쪽 구간에는 그런 게 없다고. 그렇기 때문에 진주시는 수질이 아주 좋다고 봐야지. 요새는 가정집에서 수질오염, 생활오폐수가 심하지. 우리나라에서 칠십년대에 오게 되면, 샴푸가 나오고, 트리오가 나오고 막 그러거든. 그게 나오면서 수질을 오염시켰다고 봐야지. 가장 심한 기, 요새 세척제 아닌가 싶어. 하이타이 이런 중성세제! 옛날에 우리 어릴 때는, 우리가 진주에 살 때, 어머니가 바로 부엌 앞에 큰 구덩이를 파 가지고 자갈을 이어다가 넣어놓고 묻어 놓고…. 거기다가 구정물을 [두 손으로 물을 들어붓는 시늉을 하면서] 들어붓거든. 그런 정도였지. 구정물을 자갈구덩이에 부었지. 그 당시는 지금처럼 하이타이 뭐~, 이런 게 없단 말이다. 그러니께 수질이 나쁘지 않았단 말이야. 그 근처 우물이…. 요새는 그게 안 되거든. 그리고 또 그때는 수세식 변소가 없으니께네, 변소라 하는 거는 전부 다 퍼 나가는 거. 진주는 그때, 내가 기억하기로 농촌에서 인분을 갔다가 돈을 주고 사 갔다고. 농사짓는 사람이 많고 그러니, 한 장군 지고 가면 오원인가 십원인가? 내 기억을 못하는데…. 돈 몇 닢을 주고 갔다고. 단골은 단골대로 가을철 되면 배차(배추)를 실어다 준다고 그랬지. 그러니 오염될 턱이 있나. 취수장에서 취수해서, 물을 정수할 때는 침전촉진제가 있지. 그건 주로 뻘 같은 거를 가라앉혀 가지고…. 수원지에 가면 여과기라고 하는 게 있는데…. 여과라 하는 저거는 자갈 모래층을 통과시키거든. 그게 주로 세균을, 균을 많이 없앤다고. 그리고 미세한 세균은 그리 정수되어 나온 물에다가 염소를 넣거든. 염소를…. 아마도 요새 홍수기에는 한 영점팔이나 고래 넣을 거야. 우리가 있을 때는 그게 정수 방법이지. 그 당시는 물이, 원수가 깨끗해서 정수하는 데 별 문제가 없었지. 요새는 고속으로 정수를 한다고 이래 갖고 무리하게 하는 갑데. 여과도 전에는 어떤 물이 들어가 가지고 정수되어 나오는 동안까지 시간이 상당히 소요되도록 되어 있는데…. 요새는 그래 끌어 갖고는 도저히 견딜 여가가 없으니 급속여과기를 사용하는가 보데. 급속여과기, 그 구조는 내가 잘 몰라.

10. 고향에 들어온 지가 벌써 이십여 년

창원시 도시계획을 수립

무슨 일로 마산으로 다시 전근되셨나요?

진주에서 마산으로 다시 갈 때 도에서 마산시 구획정리과장으로 발령을 내었지. 이것은 주로 도시계획의 구획정리 업무이지. 내가 마산으로 다시 갔을 때 새로운 도시계획이 활발히 진행되었지. 그게 북마산에 석전지구, 교방지구, 양덕지구 세 지구를 갖다가 한 번에 발표를 했지. 내가 가지고 발표를 했어. 지금 현재 마산역! 그게 인자 석전지구에 속하고, 수출자유지역 있는 그게 양덕지구에 속하고, 한일합섬 그게…. 그리고 교방지구라 하는 것은 저게 마산아이씨. 서마산아이씨가 있는 그 지역을 말하는 거거든. 그 당시 교방지구는 다소 초라한 집들이 많이 있었고, 양덕지구에는 군부대가 있었어. 군부대는 그거를 갖다가 다른 데로…. 양덕에 있던 군부대를 창원으로 이전을 시키고 거기다 구획을 정리해서 시가지 계획을 세운 거지. 석전지구는 전답이었고…. 그 당시에 남해안고속도로는 되어 있었고, 새로 구마고속도로를 건설할 그 임시라! 그러니 새로운 도시계획이 구마고속도로와 연결시키는 계획이라. 우리가 구획정리를 하면서 아마 구마고속도로하고 같이 계획을 세워서 준공이 되었을 거야. 수출자유지역이라고 하는 거는 옛날부터, 육십년대부터 있었고…. 당시 도시계획이 마산 인구가 과밀해서 나타난 현상이었지. 마산의 인구가 자꾸 늘어나니까. 그때 한 삼십만 됐는가? 삼십만 안됐겠다. 국회의원이 하나밖에 없었으니까. 그 개발하고 나서, 도시가 확장되고 나서, 국회의원이 둘이 됐거든. 이 시기에 양덕지구는 전부 다 상가고 주거지역이지, 공단은 없었다고. 공단은 가급적이면 밖으로 내보

내려고 하는 게 시정책이었거든. 마산에 인구가 늘어난 건 한일합섬 가동과 함께 시작했지. 그리고 인자 수출자유지역이 들어오고, 그러니까 인구가 또 늘어난 거지.

이 당시에 창원공단도 조성되었나요?

특수강이니 그런 거가 창원이거든. 그때 창원은 상남면이라! 창원군 상남면이 큰 들이라. 벼농사를 많이 짓는 데라. 논이 많았어. 거기에 창원공단이 들어서면서 인자 창원시라고 하는 거가 만들어졌거든. 상남공단이 들어섬과 동시에 배후도시로 창원시라 하는 저것이 정치적으로…. 그 당시 마산하고, 진주하고 도청 유치 때문에 한창 시끄러웠거든. 도청 유치 관계로…. 진주서 말하는 거는 얼마든지 도시로 확장할 수 있는 여지가 있다. 뭐랄까. 진주시 주변에 들판이 있거든. 구획정리하고 도시계획할 수 있다. 반대로 마산은 솔지 않나. 창원을 흡수하기 전에…. 그래싸니까 정치적으로 창원에 신도시를 개설하자. 어차피 공단도 들어서고 하니까. 공단이 들어서게 된 동기는 당시 박정희 대통령이 군에 있을 때거든. 아마 최고의장일 때지 싶어. 그때 지금 상남공단이라고 하는 곳이 분지가 되어 가지고 레이더망에 잘 안 걸린다는 이런 말이 있어. 그래가 거기다 공단을 설치한 거거든. 그 당시는 군수에다가 신경 썼던 모양이라. 왜 그러냐면 우리나라 공단으로 울산이 먼저 발달 안 되었는가 베. 울산공단 그러고 나서 연달아 창원공단이 들어선 거거든. 울산은 산업이고, 창원은 아마 군수 그런 것 같아 비. 왜 있지 않나! 타코마라고 하는 게. 그 당시 타코마 사장이 종필 씨 형이거든. 그 양반이 타코마라 이래 가지고 쾌속선을 만들기 시작한 거거든. 그리고 저쪽 한국중공업이 들어서고…. 중공업이라고 하는 기 철강 아닌가 베. 특수강! 또 삼성에서도 군수계통의 물자인데…. 우리는 그걸 잘 모르지만도 비교적 비행기에다가 뭐 그런 거 만들었던 거 같아. 그리고 당시 군 고위들이 자주 창원공단에 시찰을 나오고…. 한동안 한국에서 미사일 운운하다가 미국에서 브랙끼(제동)를 걸고 할 때! 그래 시끄럽게 하다가 삼백 키로 미만인가, 백오십 키로 미만인가를 만들기로…. 그런 거가 내나 창원서 시작한 거야. 창원공단은 사실 비밀리에 군수산업을 육성하려고 했던 모양이라. 더구나 거기가 진해하고 아주 가깝지. 진해하고 마산하고 중간지점인 데가 거기라! 그러던 차에 마산하고 진주하고 도청 유치하려고 시끄럽고 이러니까. 별도로 도시를 하나 만들어 가지고 거기다가 도청을 인자 옮기자. 그러면 마산과 진주에서도 잡음이 없을 것이라고 이래 판단한 거 같아. 그래 우리가 생각해도 그게 가장 무난했고…. 처음에는 도시계획을 하기 위한 창원출장소를 마산시에서 만들었거든. 그래가 마산시 직원들이 거기 나가서 출장근무를 했다고. 마산시가 처음에 산파 역할을 했거든. 마산시 직원들이…. 창원시가 성장하면서 이에 따라 마산의 인구도 같이 늘어났지. 창원시가 생기면서 마산의 인구가 줄지는 않았거든. 현재 창원시 인구가 많지만도, 마산시 인구는 줄진 않거든. 마산에서 창원으로 출퇴근을 하다시피 하는 사람들이 많은데, 이건 지금 현재도 그렇고, 과거에도 그랬지. 우리가 창원시 도시계획을 수립할 당시에 마산시 관계 직원들하고, 도에 관계 직원들하고 호주에 가서 시드니 그거를 모방을 해서 만들라는 이런 지시가 떨어졌거든. 그래 가지고 처음에 그 계획은 아주 잘됐다고 했어. 그저 녹지대도 아주 많이 넣고, 전선도 전부 다 지하로 넣고…. 이래 가지고 도시계획을 참 잘 세웠다고 했지. 지금 원바탕 자체는 잘되어 있는 거로 알고 있어.

위, 수유당 전경 : 집에 어른이 이곳에 거처하면서 화단과 마당에 심은 금잔디를 가꾸길 참 좋아하셨지. 지붕은 본양 전통기와였는데 내가 시골에 들어온 다음 위채와 함께 청기와로 바꿨지.

아래, 위채 전경 : 어머니가 거처할 때는 마당이 채마밭이었지만, 내가 들어온 다음에는 채마밭에 잔디를 심었지. 그리고 마당에 담을 치면서 대문, 창고, 고방, 차고를 새로 만들었고, 지붕도 수유당과 함께 청기와로 모두 바꿨지.

내가 들어와서 살 집

귀향하시려는 생각은 언제부터 하셨어요?

고향에 대한 관심은 내가 진주로 전근되어 가고 나서는 마산 집을 없앴지. 마산 집을 처분하고, 어른들은 고향으로 들어오고…. 어른들이 고향에 들어오실 때 현재 있는 집으로 들어왔지. 이 집은 그전부터 있었지. 내도 아들 다 키우고 나면 고향에 들어가야 되겠다고 항상 머리에 생각하고 있었지. 고향에 내외분이 거처하는 집이 자그마한 게 하나가 있었어. 그게 지금 엉성하게 남아 있는 아래채이거든. 그래서 내가 귀향해 가지고 별도로 살 집을 마련하려고 준비를 하기 시작했지. 내가 살 만한 집이 하나 있었지만, 거기는 아무래도 좀 비좁고, 솔아서 내가 들어와서 살 집을 구상했지. 이 집을 지을 때 목재를 부산에서 전부 다 사 가지고 왔어. 이게 토종 목재가 아니라 대부분 외국에서 수입한 스기목, 삼나무가 많아. 전부가 삼나무라! 그게 왜 그러냐면, 육송으로 집을 지으려고 하면, 요새 현대식으로 하려고 하니까, 목조건물이라 하는 거는 전부 다 칸이 다르거든. 방 같은 구조도 이 미터 육칠십, 이 미터 사십 이렇거든. 이게 열두 자에 열넉 자가 되는 방이라. 보자, 열두 자면 삼 미터 육십이고, 열넉 자면 사 미터 이십 이렇게 나가지. 그 당시로서는 육송을 가지고 이런 방을 만들기가 무리이지. 국산 솔로 가지고는 부족한 기라! 불편한 기라! 그러고 또 잡목을 갖다가 각목을 내면, 솔은 잘 돌아가거든. 뒤틀린다고! 그래서 내가 일부러 이 집을 지을 때 목재를 삼나무로 하지 싶어. 그때 내가 인자 목재를 주로 부산에서 원목을 사가 왔지. 원목은 부산항으로 해서 대개 다 들어오거든. 그거 들어올 때 배에 싣는 게 아니고, 그냥 엮어 끌고 오는 거 같은 데…. 바닷물에 오래 담가 간이 배어가 있거든. 그래서 벌레가 덜 달라들거든. 이 집을 지을 때에 목재를 구하는 거는 당시 목수한테 전임을 시켰거든. 내가 '나무를 어디 가서 구하면 좋노!'라고 그러면 목수가 '여기 가서 거기 가서 사 가지고 오라!'고 그렇게 한 기지. 내가 목재를 파는 곳이 어딘지도 모르고, 제재소를 아나 뭐. 이 위채는 한 오육 개월 걸렸나! 빨리 지었지. 요새 제재소에서 목재를 따가 오면, 짜드라 목조건물은 목수들이 달라들면, 목수 숫자대로 가지 뭐. 목수 숫자가 많으면 빨리 집을 지을 끼고, 목수 숫자가 적으면 늦게 집을 짓겠지.

저 아래채에 있는 제실은 어떻게 지었는지요?

저기 아래채에 있는 서실, 그거는 한참 옛날에 진건데. 당호가 '수유당(收楡堂)'이지. '수유당'은 걷을 '수(收)', 느릇나무 '유(楡)', 집 '당(堂)'이라는 문자를 쓰지만, 그 의미는 말년에 독서한 바를 거두어들인다는 뜻을 담고 있지. 늦게 거두어들이는 그런 집이지. 저거는 본양 제실로 지은 집이 아니지. 다른 종갓집에 가면 보통 사당이라고 해서 감실이 따로 있다고. 하지만 우리 집에는 사당은 보이지 않지. 왜 그러냐면 사당이 있을 수가 없지. 우리 큰집이 있으니까. 우리가 지자집[46]이거든. 아버지가 막내이니까. 사당이 있을 수가 없지. 그리고 예전에 인자 집안 어른이 오래도록 공부를 하고 이러니까는 그 당시 어른 밑에 계가 있었어. 유림계가 조직되어 있었거든. 유림들이 모인 계가 있었다고. 거기서 주관을 해 가지고 지은 거지. 집 구조가 삼 칸 두 줄이고…. 감실은 어른 돌아가시고 나서 내가 자기 거처하던 집에다가 만들은 기지. 그거는 사당하고는 다르지. 감실은 가묘하고 비슷한 기라. '감'이라 하는 글자가 상당히 어려운 글자라고. 합할 '합(合)' 자 밑에 용 '용(龍)' 자를 합친 거가 감실 '감(龕)' 자야.

위채를 지을 때 마산에 근무하셨나요?

여기 위채를 다 짓고 나서는 어머니가 거처했지. 그 당시 나는 공직에 있었지. 마산시청에 근무하고 있었지. 어머니가 아래채 작은 집에 있다가 이리 옮겨 가지고 살았는데. 집을 지을 때 저 안에 있는 부엌, 부뚜막을 [웃으시면서] 그 당시로서는 최대 현대식으로 한 기인데, 입식 부엌이라고 만든 게 그 모양이거든. 마당에 저거는 옛날에 시골에 가면, 지금이나 옛날이나 손님이 많이 들면 밖에서 일하기 위해서 솥을 여러 개 걸어야 되거든. 그래 솥을 세 개 건 거는 보통 집안에 행사가 있을 때 쓰는 거지. 평상시에 쓰는 건 아니야! 지금 현재 보일러실이 옛날 입식 부엌이거든. 지금 입식 부엌은 내가 여기 들어오고 나서 실내에서 바로 취사를 하게끔…. 옛날에 소위 말하는 부엌방을 갖다가, 내가 거기다가 주방을 만들은 거지. 여기 위채는 내가 설계를 했지. 아마도 설계도면이 어딘가에 있을 거야! 지금 다른 한옥보다 좀 특이하거든…. 전통 한옥은 좀 나지막하고 방 칸이 적거든. 내가 도시를 돌아다니다 보니까, 요새 콘크리트 집, 보로꼬(벽돌) 집 저기에 준해서 지은 집이지. 인자 그러니까 육송으로 안 되더라고. 여기 토종 한국 솔로 가지고는 안 되더라고. 그래서 미송으로 한 기라. 내가 이런 식으로 짓고 싶다고 하니께네, 목수가 그럼 천상 미송으로 해야 되겠습니다 그래. 미송으로 지은 거야. 벽은 옛날식으로 전부 다 흙을 발라 가지고 만든 흙벽이고, 기와도 전통 기와를 올렸지. 전통 방식으로 집을 지으면 외풍이 좀 있는 편이라고 봐야지. 근데 사실은 콘크리트 건물보다 목조건물이 수(壽)로 오래 하지. 백 년이나, 이백 년이나 그리 가지. 요새 콘크리트, 보로꼬 저거는 칠팔십 년이면 수명을 다 하는 거야. 왜 보로꼬 같은 거는 칠팔십년까지도 못 넘긴다고. 이런 식으로는 집을 짓는 거는 주로 수로 하게끔 하는 기 주목적이거든. 그러니까 목재로 하는 거지. 저기 대문하고 창고도 다 함께 만든 거지만…. 내가 뭐라 그럴까. 간이식으로 콘크리트하고 보로꼬하고 이래가 했다고. 저거도 목수에게 모두 위임해서 지었지. 내가 여기 그거를 지을 때 붙어 있을 처지나 됐나.

남지취수장 건설을 준비

마산에 근무하실 때 부마사태가 일어났지요?

부마사태는 내가 기억하지. 기억하기로 내가 미국에 있을 때에 부마사태가 일어났지. 우리 머슴아가 그때 부산대학 다닐 때라! 여식 애는 경남대학에 있었고…. 나는 그때 해외출장중에 샌프란시스콘가? 아마~, 샌프란시스코에 있을 때지. 뉴스를 보니까는 부마사태가 나오더라고. 그래 깜짝 놀래 가지고 호텔에서 집에다 전화를 해서 '애 어디 있노!'라고 하니까는 집사람이 '집에 와가 있다!' 고 해. 그래서 '함부로 부산에 보내지 마라!' 고 그랬지. 이러고 보니까 그게 부마사태라! 그때 내가 일본, 캐나다, 미국을 돌았거든. 주로 상수도, 하수도를 중점적으로 가서 견학을 했지. 마산시 구획정리과장으로 한 구 개월간 근무를 하다가 다부 수도과장으로 갔다고. 수도과장으로 와 가지고 있는데, 그 당시 창원에 공업용수가 많이 필요하다고 이랬어. 또 마산시에서도 수원이 별로 없고…. 그래서 부득이 낙동강 물을 끌어 오기 위해서 [경상남도 창령군 남지면 남지에다가 낙동강 용수를 끌고 오는 거를 구상을 하고 있을 때라. 그래서 내가 일본, 캐나다, 미국을 견학하러 간 거라. 그때 창원에는 공업용수가 주남저수지에서 왔거든. 그때는 환경단체가 없었다. 없었는데…. 거기 농민들이 '물을 많이 가져간다!'고 하면서 반대를 하고 이래 싸웠거든. 그거는 식수로는 부적절하다고. 그래서 부득이 인자 남지에다가 취수장을 세운 거는 창원, 마산, 진해 삼 개 도시를 보고 시작했지. 그러니께네 그 출장이 남지취수장 건설을 준비하기 위한 견학이었다고 볼 수 있지.

상수도와 관련해서 우리나라는 어느 정도 수준인가요?

일본, 캐나다, 미국을 시찰하고 보니까는 상수도와 관련해서 우리나라는 아직도 후진국이지. 그 당시에 우리나라는 그냥 수도관을 통해서만 나오면 수돗물인 줄만 알 정도고…. 저기를 가니께네 물은 다 물이 아니다 이거야. [허~ 허~ 허~] 물에 대한, 식수에 대한 첫째 개념이 그래 되어 있어. 물의 급수가 있는 거야. 우리나라는 그냥 아무 물이나 가지고 와서 염소소독만 하면, 멸균소독만 하면 그냥 먹는 줄 아는데, 저네들은 그게 아니더라고. 생각하는 게 차원이 틀려. 그러고 그 당시만 해도 우리나라에서는 하수처리라고 하는 게 극히 약했거든. 그저 서울 정도나 하수처리하고 그러지. 다른 데는 하수처리 문제를 들먹이지도 않을 때라. 첫째 내가 놀랜 거는 일본 동경에 있을 때는 그걸 못 느꼈고, 대판에 가서 보니까 시내 조그마한 하천이 하나 흐르고 있는데, 내가 이름을 까묵어 삐릿다. 아주 시내인데, 거기가 극장가인데, 호텔도 있는 상업지구거든. 내가 묵었던 호텔 이름도 까묵어 삐릿다. 폭이 조그마한, 한 이삼십 미터, 삼사십 미터 되는 하천이 하나 있어. 거기 물이 얼마나 되는지 아들이 낚시질을 하고 있더라고. 그걸 보고 내가 놀랬다 이기라! 도시 한복판에 하천물이 이리도 좋을 수가 있느냐 이 말이지. 그때만 해도 저 사람들이 물에 대해서 관심이 대개 많을 때라. 우린 그런 생각도 못할 때라! 그걸 느꼈다고. 캐나다에 가 가지고, 밴쿠버에 갔다가 어데 갔노? 밴쿠버에서는 내가 똑똑히 안 봤고, 어디 가서 봤나? 우리가 처음에 밴쿠버에 먼저 내렸거든. 록키산맥을 지나서 조그마한 도신데…. 내가 퍼뜩 기억이 안 난다. 거기 가니까 조그마한 도시라! 호수가 있고…. 강우량이 우리의 삼분지일밖에 안 되는 데라. 물이 아주 귀한 데라. 그 도시에서는 하수를 갖다가 종말처리장에서 처리한 물 자체를 봤더니 아주 맑아. 맑은 물에 개구리가 살고, 올챙이가 있더라고. 그거를 갖다가 하천에 바로 안 흘려보내더라고. 그 물을 다부(다시) 퍼서 산에다가 올려. 산도 그리 큰 산도 아니고 구릉지대의 목초지대라! 목축업을 하는 데라! 소도 키우고 이런 덴데…. 하수종말처리장에서 처리한 아주 맑은 하수를 갖다가 전부 퍼서 산에 잔디밭에, 풀밭에 그냥 스프링클러로 허쳐 주더라고. 그 물이 땅속으로 스며들어가 다부 그게 하천으로 흘러 들어가고, 하천을 나와 가지고 강에 들어가게끔 하지. 하수처리장에서 처리한 그 물을 갖다가 바로 하천으로 넣질 않애. 그만큼 그 사람들은 머리를 쓰고 있더라고. 그래서 내가 놀래고 온 거지. 우리는 생각도 못한 거지. 자연 정수가 된 것이라야 시냇물로 흐르게끔 하는 기라. 오수처리를 했다고 해서 그거를 바로 하천으로 나가게끔 안 하더라고. 거기서 깜짝 놀랬다고. 우리가 볼 때는 올챙이도 있고, 개구리가 있으면 아주 깨끗한 물이거든. 그거를 하천에 안 넣더라고. 그거를 다부 수조에 모아 가지고 산에다 퍼 올리더라고. 가들도 정수제를 쓰긴 쓰지! 화학약품으로 거른 물로 갖다 다부 산으로 올려 가지고 땅속으로 여과시켜서 하천으로 나가게 하는 기라. 우린 생각도 못한 거지. 우리나라에는 오늘에 이르기까지 그런 건 없다 이거야.

캐나다에서는 식수를 어디서 취수하나요?

캐나다 애들은 식수를 하천물이라든지, 호수물을 원수로 취수하지. 캐나다에는 큰 호수들이 많거든. 많은데…. 비행기를 타고서 이래 내려다보니까 비가 왔던가. 호수를 가만히 보니까, 호숫가에는 좀 탁한데 호수 중심에 물은 새파랗게 깨끗하더라고. 그런데 인자 그 도시 근처에 보면, 파이프라인을 갖다가 물로 갖다가 가새 물을 안 쓴다고. 그 파이프라인을 갖다가 물 위에다 뜨게끔 해 갖고 저 가운데…. 비가 암만 와도 탁수가 안 들어오는 그 지점에 가서 물을 빼나 온다고. 그게 상수도 원수라! 우리나라는 비 올 때는 조금 탁한 물이 나오거든. 저 사람들은 그게 없다고. 원수 자체를 갖다가 내려다보니까 가에는 탁수가 있는데, 안은 맑단 말이야. 그러니 상수도 원수를 취수하기를 갖다가 가운데 물로 하고, 탁수 이건 안 가 온다 이거야. 우리나라 댐 정도의 소규모는 그 안에도 탁수라고, 마찬가지라고…. 호수가 우리 땅덩이만하니까. 호숫가에 있는 탁수라고 하는 거가 산에 떨어지든, 육지에 닿았던 게 들어가 물이 탁해진 것이지. 이게 호수 안에 수십 키로 되는데 들어가면 자연적으로 가라앉고, 안은 그냥 맑다 이거야. 그만큼 그 사람들이 신경을 쓰더라고. 우리는 지금, 우리나라 상수도라 하는 건, 비가 올 때는 침전을 빨리 시키기 위해서, 탁토를 빨리 없애기 위해서 약품을 더 넣거든. 더 이리 넣고 그러는데, 저 사람들은 그게 없다고. 그게 없고, 바로 마 염소 멸균! 그러고 저 사람들은 에어폭식이라고 공기와 햇볕에 소독하는 이런 식이야. 그러니까 우리들하고는 식수의 개념이 영 다르더라고. 물의 개념이 전혀 달라! 물이라고 다 같은 물이 아니야! 귀국을 하면서 캐나다 이거는 우리한테 해당이 안 되는 도저히 불가능한 일이라고 판단하였지. 일본도 역시 불가능한 일이다. 일본도 거대한 호수에서 상수도 원수를 취수하기는 불가능하다 이 말이야. 조그마한 땅덩어리에서 되는 게 아니라는 거지. 일본의 경우에는 내가 상업지역의 하수나 느꼈다 뿐이지, 똑똑히 들여다보지는 못했어. 하수종말처리도 캐나다처럼 그렇게 하지는 못할 거라고 생각했거든. 삼국을 시찰하고 와서는 남지취수장을 만들었지. 남지취수장은 낙동강에서 취수하기 때문에 비가 오면 탁수가 그냥 들어오지 뭐. 취수량이야 낙동강이 마르는 건 아니니까. 그 당시 일일 이십만 톤을 계획해 가지고 창원에 칠만 톤, 진해 삼만 톤, 마산 십만 톤을 공급하기로 한 건데. 지금은 두 배로 확장된 것으로 내 알고 있어. 취수탑 자체는 사십만 톤, 오십만 톤…. 처음부터 크게 만들었다고. 남지취수장을 건설할 때 갈등은 없었지. 그때는 반대할 사람이 아무도 없는데 뭐. 낙동강은 본양 건설부 소관이지. 저거는 지방 하천이 아니거든. 요새는 국가 하천이라도 그 지역을 통과할 때는 지자체의 승인을 받아야지. 그때는 그런 게 없다고. 아마 남지에서 마산까지 한 삼십 키로 가까이 되지. 그 용지를 전부 매입해서 관을 매설했어도 아무런 갈등이 없었거든. 그때 내가 설명하기로 '너그(너희)들 이거 해 놓으면, 관로 위에 도로가 될 끼니께(것이니). 우리가 큰 사고 없으면 농사도 짓고 얼마나 좋노!' 라고 하니까, 오히려 그 사람들 환대할 정도였지. 가급적이면 우리는 용지를 매입하는 돈이 아까워서 도로를 많이 따랐고…. 남지취수장을 내가 완공을 못 봤어. 착수해 가지고 완공을 못 보고 그만 됐지. 남지취수장을 언제 착공했는지 기억이 없노. 봐야 알겠는데….

도시에서 고풍을 지키기가

부친상을 삼십육일 지냈다 하지 않습니까?

내가 마산시 수도과장으로 근무할 때 부친이 세상을 뜨셔 가지고 장례를 이십팔일장을 지냈지. 어른이 음력으로 칠십팔년 팔월 십이일, 양력으로 구월 십사일에 돌아가셨거든. 그래 가지고 출상한 날이 아마 양력으로 시월 십일일인가 그럴 거야! 그 당시 가정의례준칙이니 뭐니 해서 장사를 삼일로 끝내야 할 땐데…. 나는 뭐 솔직한 심정으로 사표를 내고, 뒷마무리를 하려고 한 기고…. 내 자신이 공무원을 하면서 그리 오래도록 출근 안한 것이 미안하기도 하고, 또 법적으로 용서도 안 되고 이랬지. 사표를 냈더니만, 수리를 안 하고 그냥 봐준 택이 되었지. 그 당시 시장이 성해기란 분인데, 창녕 성씨야! 창녕 성씬데, 내 처갓집하고 일가고, 그 집도 역시 유림 집안이라! 그러니 상당히 이해를 했던 것 같아. 그래가 수도과 직원들이 이십팔 일을 처리하기가 난처했을 거야. 뭐~, 연가라 하는 거는 보통 일 년에 십이 일 아니겠어. 첫째 그거를 이용하고, 출장이라 해서 변칙적으로 한 모양이라. 나는 어떻게 처리했는지 상세한 거를 모르고…. 그 당시에 마산시 신문기자들도 처음에는 뭐 좀 상당히 안 좋게 생각을 했지. 과장이라고 하는 사람이 부친상을 당했다고 장기간 결근을 하니 안 좋게 생각하다가 너무 오래 가니까는 이건 문제가 좀 있다. 그 사람들 내 집에 실제로 하나도 안 빠지고 전부 다…. 출입기자가 그때 십여 명 됐는데 둘씩, 셋씩 이래 가지고 하나도 안 빠지고 여기까지 문상을 왔더라고. 와서 보니 참 시골 풍습, 유가 풍습을 보고 감탄을 하고 갔지. 그 사람들이 그렇게 왈가왈부를 안 하더라고…. 당시 선친 빈소는 평소

부상(父喪), 수빈(守殯) : 우리 사형제(내, 셋째, 넷째, 막내)가 굴건제복에 밑이 동그란 대나무 장을 옆에 두고 빈소를 지키는 모습이라. 모친상에 오동나무 지팡이를, 부친상에 대나무 지팡이를 드는 이유는 둥근 하늘은 아버지를, 네모난 땅은 어머니를 상징하기 때문이지. 그래서 대나무 지팡이는 다듬지 않지만, 오동나무 지팡이는 밑을 네모나게 깎는 기라! 이는 천원지방(天圓地方), 천지부모(天地父母)의 사상에서 나왔다고 봐야지.

부상(父喪), 출상(出喪) : 우리 집에서는 출상중에 여자들이 상여를 따라서 장지까지 안 가지. 그래서 여자 복인들이 출상을 하는데도 상여 뒤를 따르지 않고 바라보기만 하는 기라!

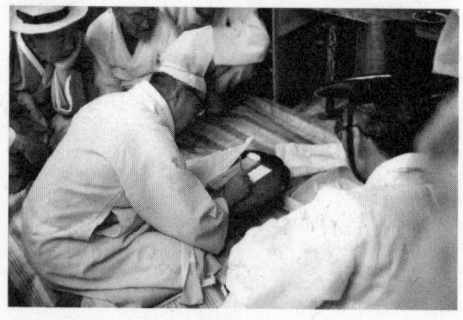

부상(父喪), 제패(製牌) : 지금은 속 위패를 다 쓰고, 겉 위패를 쓰는 모습이라. '제패' 절차가 끝나면 상주는 새로 만든 위패 즉 신주를 모시고 평토제를 지낸 다음에 그것을 모시고 집으로 돌아오는 거를 '반혼'이라고 하지.

어른이 거처하면서 책을 읽던 아래채 수유당에 마련했지. 거기 윗마루 동쪽을 막아 선천 명정을 내걸고서 조문객을 맞았지. 출상하는 날에는 비가 와서 상여에 비닐을 덮었지. 상여를 장식한 꽃이 전부 다 지화(紙花)니까 우쩰 재간이 있나. 그러니 할 수 없이 비닐 덮고 출상했지 뭐! 상여가 장지에 이르기 전에 먼저 집사가 묘역 앞 서쪽에 교의와 제상 그리고 향상을 놓고 영좌를 모실 영악(靈幄)을 설치하지. 그러면 상주는 거기에서 장지에 온 조문객들의 조상과 문상을 받고, 그런 다음 묘역 일을 다 마치고 나서 다시 영악으로 내려와 '제패(製牌)' 라고 해서 신주(神主)를 쓰지. 이 사진은 신주를 쓰는 장면이지. 신주를 쓰시는 분이 쓴 건에 띠를 두르고 있는 것이 '감마' 라고 하지! '감마' 가 뭣이냐 하면, 유림에서 제자라든지, 친한 벗이라든지 말하자면 동문들과 같은 이런 사람들이 죽으면 상주도 아니고, 백관도 아니면서 '감마' 라 해 갖고, 삼베 아닌 여하튼 다른 천으로 두건을 만들어 쓴다고. 명주는 아니고, 옛날에는 주로 생모수(생모시)로 관을 만들어 쓴다고. 그리고 옆에 앉은 사람은 관

부상(父喪), 비명(碑銘) 쓰기 :
진아 어른이 깔고 앉은 비석을 자세히 보면 '기미중추절 성산이헌주찬병서(己未仲秋節 星山李憲柱撰幷書)' 라고 해서 칠십구년 추석에 진아 어른이 선친 비문을 짓고, 또 썼다는 글이 보이거든.

부상(父喪), 문집 발간 : 선친의 호가 평암(平庵)이라! 『평암집(平庵集)』은 천(天), 지(地), 인(人) 3책(冊) 1집(輯)으로 이루어졌고, 서문은 진아 어른이, 발문은 심상석(沈相碩) 어른이 각각 써 주었음.

위에다가 삼베로 갖고 태를 안 했나! 저것도 인자 '감마' 라고 해. '감마' 라고 하는 건 두건 같은 거 하고, 삼베 끈으로 만들어서 관 위에 두른 띠를 보태서 '감마' 라 하는 기라. 감마하실 분은 이리 오시오. 감마는 여기 있습니다' 고 하면 그에 해당되는 사람이 가서 그거 쓰는 기거든. 선친이 칠십팔년도에 돌아가셨으니 초상을 치루고 일 년이 되는 날이 소상이고, 이 년 후가 대상이지. 초상 때는 매장만 하고, 비가 준비 안 되었지. 또 비를 하려고 하면 유림에서 모여 가지고, 비문을 누가 짓고, 글은 누가 쓸 것인가를 또 정한다고. 그래가 모여 갖고, 진아 어른[47]이 비문을 짓고, 또 쓰기로 합의를 봤다고. 진아 어른이 명필이거든. 그래 하기로 합의를 봤지. 그래 하고…. 또 그 자리에서 선천의 문집 관계도 얘기가 나왔다고. 그러면 문집 초본은 누가 쓸 것이며, 교정은 누가 할 끼며, 서문은 누가 쓰고, 발문은 누가 쓰는가를 전부 다 유림에서 정한다고. 그래가 소상 전에 우리 형제들이 비문을 쓴 진와(進窩) 어른을 모시고 석공장에 가서 비문을 썼지. 그 어른이 참 대단한, 글을 잘 쓰는 분이라서 붓에 흰 페인트를 찍어서 바로 비석에다가 들이대더라고. 다른 사람들은 종이에다가 써 가면 석공장에서 돌에다가 붙여가 비석을 만들고 그러거든. 저런 어른은 참으로 잘 쓰는 분이라서 바로 비석에다가 바로 대고 쓰더라고. 그래서 일정에 따라 비석을 소상 지내기 전에 세웠지. 그리고 문집도 상중에 완본을 만들어가 발간을 했고, 배포도 대상 전에 다 했지. 탈상이 대상이거든. 대상이 만으로 치면 이 년이 아니가! 삼년상을 대상이라고 하는 기라. 그전에 문집을 다 배포했지. 어른 상중에 어머니가 여기 계셨거든. 난 주일 마당(마다) 여기 올라와서 빈소를 지켰지. 토요일날 올라와서 일요일 저녁에 내려갔고…. 그때로서는 문상객들도 가정에 형편이 있어서 문상을 못 오는 사람들이 있거든. 그 사람들이 토요일에 상주가 반드시 올라와 가지고 빈소를 지키고 있다는 걸 알고서 일요일 날 문상을 들어왔다고. 장후에…. 장례 때 못 와본 사람들이 혹시나 출타를 했다든지, 집에 또 무슨 흉사, 제사 때문에 못 온 사람이 있거든. 이 사람들이 오니까 내가 빈소를 비알(비울) 수가 없다고. 그래서 토요일날 올라와 가지고 일요일날 저녁에 내려가고 그랬다고. 그때만 해도 어머니가 계시니까. 어머니가 계셔도 손님들이 있기 때문에 집사람하고, 내 제수하고 번차로 여기 와서 어머니 모시고 있었다고. 심지어 내 딸까지도 여기 와서 며칠 있고 그랬다고. 이 큰 집에 어머니 혼자 계시니까.

가내에서 문상을 피하시는 경우가 있나요?

우리 집안도 가내에 제사나 흉사가 있어도 특수한 관계가 있으면 문상을 피하질 않애. 특수한 관계에 있으면 자기 제사를 갖다가 대행을 시키지. 아들을 시키던지, 동생을 시킬 요령을 하고 조문에 참가를 한다고. 특수한 관계일 경우에만 그러고, 소원한 관계는 굳이 그걸 지키지 않지. 여기서 특수한 관계라면 주로 친인척이라고 봐야지. 진와 어른 같은 경우는 자기 집안의 추석 제사를 대행시킬 요령을 하고 우리 아버지 초상에 참석을 해서 호상을 보았거든. 나도 첫째 내 고모가 돌아가셔 갖고… 내 고모가 럭키화학 부회장을 하던 성재갑이…. 그 어머니가 돌아가셔 갖고 장삿날이 팔월 열하루 날이라! 근데 그날이 아버지 제사 입제일이라! 내가 거기 갔다 오면 아버지 제사를 못 지낼 것 아니야. 내가 아(아들)로 시킬 요령을 하고 여기서 제문을 만들어 갖고 고모 노제 치전을 드렸다고. 내하고, 내 동생하고 치전을 드리고, 아버지 제사는 손자가 대행을 한 거지. 노제 치전을 드릴 때에 음식을 준비해 가는 게 원칙이라! 여기 내 집에서 음식을 해 가지고, 참 지고 가서, 싣고 가서, 내 집의 제기에다가…. 옛날 같으면 하인들 시켜서 지고 가서 지내는 게 바른 예라! 요새는 보면, 전부 다 돈이나 내고, 그 집 음식을 가지고 하는데, 그거는 가짜라고. 예전에, 참 옛날에는 길이 백 리나, 이백 리가 되면 선비들이 그런 걸 하려고 하면 음식을 가 가지를 못하거든. 그러면 큰 옷 소매 안에다가 밤과 대추를 몇 알씩 넣고, 조그마한 대나무를 갖고 조그마한 대롱을 만들어. 그리고 집에서 솜을 갖다가 청주에 담갔다가 거기 대나무 대롱 안에 넣어. 이걸 들고 상가에 가서는 대롱 안에 솜을 내어 가지고 물에 빨아가 그걸 술잔을 대행했다고. 그게 참 예라고. 옛날 선비들은 원거리에 술을 가 갈 수 없으니까 청주에 담가 둔 솜을 대나무 대롱 속에다가 넣어 가지고 가서 잔을 쳤지. 향촉도 물론 가 갖고 가지. 촉(燭: 촛불, 초)은 노제니, 치전이니 하는 거는 보통 낮에 지내니 초를 안 가지고 가거든. 향과 조이율시(棗梨栗柿; 대추, 배, 밤, 곶감)는 언제나 가지. 다른 건 가갈 수 없는 거 아니가! 그게 원칙이라. 거리가 멀 때는 그리한다 이거야. 내 같은 경우는 거리가 얼마 안 되니까 직접 음식을 가가는 거지.

요즘 사람들이 문상하는 걸 보시면 어떤 생각이 드세요?

요새 문상을 가서 보면, 조문하는 거를 보면, 솔직히 예가 아니지. 돈 내놓고, 그 집에 술을 갖고 붓고 하는 그거는 참으로 맘에 안 들어. 지금 내가 간혹 어디 서원이라든지, 향교에서 망(望)을 받아 가면, 헌관(獻官) 망을 받아서 가면 반드시 술 한 병을 가져간다고. 제주로 올릴 술 한 병을 반드시 들고 간다고. 딱 들어서면서 '낭중(나중)에 내 술잔은 이 술을 부어 달라!'고 부탁을 하지. 나는 아직까지는 그래 하고 있어. 요새 법주 그거 몇 천원 주면 사는 거를 가방에 넣어가서 들어가면서 '이건 내 제주니까 낭중에 내 술잔에는 이 술로 쳐 돌라!'고 고리 딱 시키고 들어간다고. 그게 예라고! 그게 상례라고! 주가집(주인집)에 음식에다가, 주가집에 술 부어서 머리만 까딱하는 그게 무슨 뜻이라고. 돈 몇 닢 내었다고. 나는 아직까진 그게 별 마음에 안 들어!

부상(父喪)을 당했을 때 어느 정도까지 친척들이 참여하죠?

어른 상을 당했을 때 여기 고향에 대, 소종이 다 있을 걸. 우리 부락 같은 경우는 타성이라고는 하나도 없으니까. 전원이 다 장사에 참석하는 거지. 염습은 인자 주로 가까운 사람들이 하지. 난 내 재종제가 했어. 집에 어른은 칠십을 못 넘겼지. 육십아홉! 그때만 해도 노인이지. 젊다고 안 했거든. 평생에 뭐 큰옷(도포)을 입고, 갓 쓰고 다니셨으니까 뭐~ 평소에 노인네지. 좋은 예로서, 내가 진주에 있을 때 어른이 오시면, 마침 내 집이 시장관사 바로 앞에 있었어. 거 시장이 아버지카만(보다) 나(나이)가 네다섯이나 차이가 있을까? 얼축 같은 이런 사람들이 시장이거든. 아~, 이 사람들이 집에 어른을 보면, 막 '어르신!' 쿠제(하제). 맨날 굽신거린다고. 특히 삼장사 비를 세우고 할 때는… 그때는 갓을 쓰고 이래 시청에 들어가면, 그때는 육군 중령, 대령이지. 아마~, 아휴~, 기억이 퍼떡 안 난다. 이 무슨 시장이랴! 나 불과 몇 살 차이 아닌데도 어른이라고 굽실굽실하거든. 왜 그러냐면, 실제 나이는 안 그런데, 갓을 쓰고, 큰옷을 입고 있으니…. 아버지 나이가 그때 뭐 한 오십대거든. 근데 모두들 '어르신!' 이라고 이래 한단 말이다. 의복을 갖고 다 나값(나이값)을 한다고. 우선 서울대학병원에 있을 때. 그때 예순여덟, 예순아홉 때 아닌가! 거기 간호원이고, 서울대학병원 원장이고, 과장이고 간에…. 뭐 교수들 나이가 한 오십 가까이 안 됐겠어. 나이 한 열 살 더한 거를 굽실굽실하고. 집에 어른은 말을 탕탕 나 하고, '이놈들!' 하고 그랬거든. [허허~ 웃으시면서] 간호원들이 '저 호랭이 할배 봐! 호랭이 할배 봐!' 라고 했거든. 그때 어른이 몸이 아프니께네 '이년들아~, 내 여기 아프다!' 고 쿠니(그러니), 안 그럴 택이 없지. 나는 그렇지 않지! 내가 연세도 환히 알고, 뭐 어른…. 항상 참, 어른은 엄한 분이고, 받들어야 되니께. 학교 다닐 때도 학교에 오시거나 그런 일은 없지. 형님이 늘 대행하지. 종형이…. 어른하고 동행을 해도 친구들이 별로 말이 없었지. 늘 보는 모습이라!

모친상도 삼 년 탈상을 하셨나요?

어머니는 어른 돌아가시고, 삼 년 탈상을 하고 일 년 있다가 돌아가셨지. 어머니는 대장암으로 한 이삼 개월은 고생했지만, 잔병치레를 별로 안했는데…. 돌아가실 때 연세가 일흔셋인가? 일흔넷인가! 어머니 장사는 그리 오래 안 갔어. 내가 기억하기로 아마 구일장을 지냈을 거야. 아버지 장사는 '유월장(踰月葬)!' '유월'은 달을 바꾸라는 뜻이거든. 팔월 장례보다 구월 장례가 더 낫다는 그런 뜻이지. 그 당시 출상하는 날이 제대로 안 맞아. 그래 갖고 구월 말로 넘긴 거라고. 어머니는 돌아가

모상(母喪), 상여(喪輿)와 영여(靈輿)/구술자 사진 해설 : 위채 마당에 마련된 어머니의 꽃상여와 영여(靈輿). 상여는 시신을 운구하는데 사용되는 것이라고 한다면 영여는 발인할 때에 혼백, 영정, 향합 등 영좌에 놓았던 제기들을 담아 장례행렬에서 명정 다음에 따르는 가마로서 일명 '영거(靈車)'라고도 하지.

모상(母喪), 출상 : 발인제와 노제를 지내고 출상하는 장례행렬의 모습으로 상여 앞에 명정(銘旌), 운삽(雲翣), 공포(功布), 영여((靈輿) 등이 나가고, 상여 뒤에는 주상, 상주, 복인, 무복친, 조문객 등의 순서로 뒤를 따르고 있네.

신 날이 음력으로 십일월 초하루이니, 양력으로 따지면 십일월 이십육일이라. 그래서 구일장을 지내니까 달을 넘겨 양력으로 십이월 오일이 출상하는 날이 되는 기라. 어머니 장사 때는 여기에 아무도 없어서 고향집을 잠가 놓고 혼백을 모시고 마산으로 갔지. 마산 내 집에 빈소를 채려 놓고 삼 년 동안 수빈을 했어. 내가 아침 먹기 전에 어머니 빈소에 상석을 드리고 곡한 다음에 출근을 하고, 또 퇴근해서는 상석을 드리고 곡을 하고…. 삼 년 동안 하루도 빠진 일이 없었지. 도시에서 고풍을 지키기가 힘들었지. 그렇다고 곡소리를 크게 내는 것도 아니고…. 혹시 내가 어디 출장을 가면 안식구가 대신 하지. 안 할 수는 없거든. 그래 가지고 그때 이웃들이 처음에는 찡그리는 상이더니만 일 년이 지나고, 이 년이 되니까는 본받을 일이라고 하면서 나중에는 오히려 인사하면서 존경하더라고. 어머니가 계실 때 딸은 안 치우고, 며느리만 봤지. 손부하고, 증손녀 하나를 보고 그래 돌아가셨어. 어머니가 편찮기 전에 증손녀를 봐서 내가 그걸 보듬고 댕기고 그랬지. 아버지는 손자가 군에 있을 때 별세했거든. 그래서 손자도 못 보시고 임종을 하셨지. 옛날이나 지금이나 증손 보기는 좀 힘들지. 옛날에는 조혼을 했지만, 그 반면에 일찍 돌아가시거든. 그러니 증손 보는 기 썩 힘들다고. 내가 고등학교 다닐 때까지 내 외증조가 살아 계셨거든. 저 어른이 구십을 넘기시니께네 그리 됐단 말이야. 그런 일이 그리 흔하지 않았다고. 증손 보는 일이 썩 힘들다고. 그리고 어머니 상중에 하나 있는 딸을 치웠지. 본양 유가에서는 상중에 혼례를 안 하는데, 상주는 혼주가 될 수 없는 것이 예법이거든. 그래서 내가 결혼식장에 딸을 못 데리고 들어갔어. 내 조카들도 그럴 수가 없고, 또 내 딸 삼촌이라고 하는 것들도 못하는 기고…. 그래가 내 장조카, 큰집 당질이 내 딸을 데리고 들어갔지.

집안의 전통을 계승해 나가는 게

모상(母喪)을 마치고 인제 고향에 들어오신 겁니까?

내가 고향에 다시 들어온 거는 어머니 삼년상을 마친 이듬해 오월이지. 팔십이년도 칠월에 딸을 치웠고, 그해 십이월에는 어머니 삼년상을 마치고 고향에 있던 빈소도 철거했지. 그러고 나서 내가 고향에 완전히 들어와 살려고 팔십삼년도 오월달에 마산시청에 사표를 냈거든. 정규직으로만 따져서 마산시청에서 시작했던 이십 년 동안의 공무원 생활을 마산시청에서 청산한 셈이라! 그때 부산에서 대학원을 다니던 머슴아가 서울로 직장이 되어서 가족들을 데리고 올라가게 되자, 양덕에 있던 내 집을 팔아 가지고 서울에 작은 아파트를 하나 장만해 주었지. 그리고 나도 마산 양덕에 있던 내 집을 팔고 팔십삼년도 오월에 고향으로 들어왔지. 보통학교 이학년 다니던 어린아가 아버지를 따라 고향을 나갔다가 사십 년이 지나서 오십대 노인네가 되어 귀향할 때 집사람과 함께 달랑 둘만 들어왔지. 그때 여기 들어와 갖고 지금까지 쭉 살고 있지. 삼 년 전에는 집사람마저 세상을 버렸으니 이래 큰 집을 혼자 지키고 살고 있지 뭐~. 어린 나이에 고향을 나갈 때는 몰랐는데, 고향에 들어온 지 벌써 이십오 년이란 세월이 지나 돌아보니 마을에 변화라고 하는 거는 첫째 식구가 많이, 동네 주민이 많이 줄었어! 그럴 수밖에 없는 기, 숫자가 많이 줄었지. 여기저기 빈집들이 있으니까. 전부 다 도시에 나가 버리고… 도시로, 도시로 몰려들 나갔지. 젊은 사람들은 다 도시로 나갔거든. 밖에서 공부하고 나면, 그 도시에서 직장을 다니고, 여기에 남아 있던 부모들도

경력기록카드 : 퇴직한 날짜가 정확히 기록되지 않은 것은 정규직 공무원으로 이십 년을 근속해야만 연금을 받을 수 있기 때문에 마산시 지방토목기원보로 발령된 육십삼년 삼월을 기점으로 이십 년이 지난 팔십삼년 삼월에 사표가 수리된 것으로 알고 있지.

나이가 많으니까 따라 나가게 될 수밖에 없더라고. 이 모든 거가 도시화, 산업화의 결과이지. 이쪽 자체적으로는 변화된 것이, 자연적으로 변화된 특이한 거는 없고…. 다른 지역의 사진들을 보면, 뻘건 민둥산들이 산림녹화가 되어 푸른 산이 되었다고 하는데…. 우리 동네 같은 경우는 뭐 일부러 나무를 심어 놓은 건 없어. 왜냐면 안 베니까. 벌채를 못하도록 엄하게 막으니까. 그리고 인자 연료의 혁신이 온 것 아닌가! 연탄이 나오고, 요새는 집집마다 기름보일러지! 장작으로 군불 때는 집은 없거든. 그러니까 오히려 산이 너무 무성해서 문제거든. 지금 정부에서 간벌이라고 이래 가지고 짠 나무는 베어 버리고 이러지. 이것도 앞으로 일이십 년만 더 지나면 기반이 잡을 거야. 나무가 더 커져 버리면 잡목은 저절로 못 나거든. 근데 지금은 산이 완전히 옷을 입었다고 해도 어중간한 때이지. 우리 동네는 어릴 때 산이 아주 좋았고…. 그때는 정상적인 것이 밑에 자잘한 게 별로 없고, 가지를 칠 게 별로 없었어. 사변 후에 절단이 났거든. 도시로 전부 다 화목으로 나간 거지. 동네 주민들이 장작을 패 가지고 내다가 팔았지. 특히 내가 알기로는 사변 때, 휼병관계로 군에 후생사업단체가 있었어. 휼병감실(恤兵監室)이라고 했지. 아마 이네들이 그런 장난을 많이 했다고 봐. 동네마다 와 가지고 벌채를 해 갖고 가져가고 이랬다고. 동네사람들이야 품삯이나 받아먹고 그랬겠지. 산 주인은 나무를 팔아먹었을 기고. 그때 너무 험하게 한 것이 아닌가 생각이 들어. 그래서 벌거숭이가 된 산이 한 사오십 년이 되니까 지금 언강 푸르러졌지.

 저 위에 저수지는 언제 축조되었나요?
 저 위에 '월현지'는 일제 때, 일제 말엽에 관에서 물론 조절을 해주었는가는 모르지만도 주민들이 상당히 대출해서 축조한 거지. 처음에 시밭은 주민들이 모금을 해 갖고, 전답을 확보해 가지고 일부 하다가 방치해 두었던 거를 관에서 본격적으로 달라붙었지. 근데 일제 때에는 별 효력을 못 냈어. 여기 이 동네는 예전부터 집성촌이었고, 주거환경도 척박했지 뭐! 요새 인자 수리시설이라는 것, 저수지가 되고 하니 앞에는 논이 있지. 해방 이후에는 논과 밭의 비율이라는 게 일대사, 사분에 일은 논이고, 사분에 삼은 밭일 거야. 논이 뭐 작은 하천변에 쪼매 있을 수 있는 기거든. 저수지가 되고 나서는 오히려 득이 된 기지. 작년 재작년에 인자 월현지 제방을 방수공사하고 나서 물이 아주 질기거든. 일 년에 한 번 물만 가두어 놓으면 일 년 농사는 걱정이 없어. 해방 후에는 쪼매난 저수지였고, 군사혁명 이후에 저리 큰 게 됐다고 보지. 군사혁명 이후에 밀가루 포대 내주고 사방공사를 한 거는 아니야. 여기서는 그건 안 했어. 최근에 내가 주관한 거는, 마을 앞에 도로를 확장, 포장할 때에 월현지 올라오는 길을 직선으로 발랐거든. 발랐는데, 거기에 저수지 면적이 들어갔다고. 그래 부락민들이 국토관리청에다 '너희가 여기다 흙을 이만큼 넣음으로써 담수량이 요만큼 적어졌다. 그러니 그만큼 준설을 해내라. 준설을 해 갖고 그 흙으로 제방을 좀 높이란 말이다. 제방 확장 좀 해 달라!' 고 이의를 걸었더니만, 그네들이 인정을 해서 못을 더 키웠다고. 내 집 앞에 도로는 옛날부터 있는 기고, 월현지 그거는 직선을 내면서 저수지 면적을 갖다가 도로에 넣어 가지고 포장을 했다고. 그래서 내가 그렇게 걸은 거거든. 이 도로가 포장하기 전에 일반교통이 들어왔어. 이게 본양 국도가 아니라 진주 대구 간 지방도로였다고. 국도가 된 거는…. 가만 있자. 그 누구야. 전두환 정부 들어서고 나서 도로공사 사장하던 여기 출신 정 뭣이고? 퍼뜩 기억이 안 나노. 의령 출신 정동호 도로공사 사장. 그 양반이 여기 국회의원 출마하기 전에 국도로 승격시키면서 포장을 했지. 그래서 먼지만 뿌옇게 날리던 이 도로가 아스팔트로 포장이 된 거지. 내가 팔십삼년도에 들어왔으니까 고향에 들어온 지가 벌써 이십여 년이야! 참 세월이 빠르다. 그 동안 여기 농사를 짓는 거를 보니 담배하고, 벼농사! 담배라 하는 거는 이 동네 짓는 사람이 삼사 인밖에 안 되거든. 한 사람이 여기서 원예작물을 재배해. 수박이니, 양상추니…. 지금 여기 면적은 사실 요새 기계 가진 젊은 사람이 달려들면 둘이 농사지을 것밖에는 안 된다고. 실제로 집안에 종식이라는 아가 하고 있는데, 들판 전부를 점령하고 있거든. 근데 앞으로 다들 나이 많아 가지고 농사를 못 짓게 되니, 누가 한 사람만 더 나왔으면 싶어. 여기 들판이 둘이서 농사짓기가 딱 맞아. 여기 이 동네 전답은 살아 있는 사람 명의보다는 죽은 사람 명의로 되어 있는 거가 훨씬 많아. 종중에 종답이 있을 기고, 유림에 유림 제실 제답이 있을 기고, 주로 그런 용도지. 그 수확을 가지고 제사나 묘사 때만 쓰지. 그리고 인제 서원 제실 거는 거 행례, 차례 비용으로 쓰거나 제실을 유지, 보수하는 그거지 뭐.

고향을 지키시기가 힘드시죠?

고향에 들어와서 집안의 전통을 계승해 나가는 게 쉽지가 않아. 무척 힘들어! 첫째 어디 제실에 차례, 행례를 지낼 때에 손님들이 이리 오시면 옛날에는 집안사람들이 와서 음식 수발을 했거든. 그리고 반드시 전일에 와야 되고…. 가령 내일 지낸다고 하면 하루 전에 들어와서 자야 되거든. 일반적으로 전야에 오는 거지. 그러면 인자 숙식을 해결해 줘야 되거든. 그게 불가능한 거라! 한 십 년 전까지만 해도 숙식은 다 해결되었으나, 지금 그 사람들이 나 칠십이 다 넘었단 말이다. 그러니까 안 된 거지.

그 이후에 젊은 사람들이 들어오지 않고, 그 사람들만 나이가 들었거든. 그래 수용하는 사람들도 불가능하고, 오는 손님들도 불편하고. 자기 집에 있으면 따뜻한 방에 그저 요 깔고, 이불 덮고, 베개 베고 편안하게 잘 건데. 얄궂게 묵혀 놓았던 제실 방에 불만 넣어 가지고 밑만 뜨겁게 하고, 덮을 것도, 깔 것도 옳게 없는데 목침만 베고 잘라고 하니 불편하지. 근게 세태가 안 맞는 기라. 그래서 요새는 부득이 당일치기를 한다고. 될 수 있으면 숙박을 안 하려고 하지. 당일로 해도 인자 시간을 어떻게 정하냐면, 열두시 이전에는 지내야 돼. 체면상, 제를 오전에는 해야 되겠다 말이야. 오전에는 지내야 되는데 열한시쯤에 제를 하거든. 마치면 열두시가 될 정도로, 점심식사가 되게끔! 그것도 대접하려고 하면 힘들다 이거야! 종사 같은 거는 날을 우리가 정하기 때문에 일요일로 택하면 외지에 나간 사람들로 불러들일 수가 있는데…. 제사가 서원 저런 거와 같이 그렇게는 못한다고. 돌아가신 날이 이미 정해져가 있으니까. 그러면 젊은 사람들 불러들이는 게 힘들다고. 최근에 내 집안뿐만 아니라 아무 문중이라도 가보면 대체로 근처 식당에 위임할 수밖에 없다고. 식당에 위탁을 해 가지고 '손님이 몇 명쯤 될 것이다. 그것 좀 해 달라!' 고 주문을 하면, 식당에서 미리 음식을 해 가지고 와서 솥을 걸어 놓고 따슬(따뜻하게 할) 건 따숩고 이러지. 근데 그런 것들도 앞으로 자꾸 개량이 되는데, 참말로 말이 안 되는 소리지. [난감해 하면서 헛웃음을 웃음]

이 동네 문중에 드나드는 식객들이 많지요?
식객이라고 봐가 안 되지. 그네들은 길손하고도 다르고, 식객이라고 해도 곤란하지. 글자 그대로 우리가 모시는 손님인데…. 식객이라 하는 건, 참 과객 매쿠로(마냥) 들어와서 밥을 얻어먹는 거고. 이거는 내 집에 내 할배(할아버지)한테 제사 지내러 오는 사람인데, 문중에서 우리가 칙사 대접을 해야 되는 거 아닌가. 더구나 힘든 일은 내 집안을 찾아오는 그들을 대접하는 그거라! 결국 말하자면, 내 집에 서원이니, 제실이니 그런 거는 다들 집안 웃대(윗대) 할배들인데…. 김가, 박가들이 내 할배한테 제사 지내러 오는 걸 갖다가 칙사 대접을 해야 될 거 아닌가. 그리고 제물 역시 우리 문중에서 마련한 제물이 아니란 말이지. 옛날 그 사람들 윗대 할배들이 돈을 내 갖고 마련한 제답에서 나온 소출로 장만한 제물이란 뜻이지. 그게 문중 재산이 아니라 유림 재산이지! 아까 말하다시피 그걸 갖다가 명의변경을 우째 해야 될 기고. 내 거라서 내 이름으로 바꾸겠나! 우짜겠나! 그러니까 이름을 변경하기가 힘들다 이기야. 또한 유림 제답이니, 제답에서 나온 소출을 갖고 사용한 지출내력을 보통 문서로 결산하지. 본양 유림들도 본 행사를 마치고 나면 그 자리에서 일반적으로 문서결산을 하거든. 감사를 받거든. 그것도 예전에는 하룻밤을 자니까 결산이 가능했는데, 요새는 그것도 힘들어. 그러니 금년 것은 다음해에 결산보고를 하는 수밖에 없어. 왜 그러냐면, 손님들이 떠나고 나면 노잣돈 준 그걸 갖다가 지금 당장 결산이 되나. 손님이 갈 때 우리가 노자라도 줘야 되는 거 아닌가. 이게 결산이 안 된다고. 가고 난 뒤에 노자가 얼마며, 누가 얼마 가갔다고 알아야 결산이 될 것 아닌가. 그러니 부득이 결산은 그 다음해로 미룰 수밖에 없어. 그것도 말이 안 되는 기. 옛날에는 당일에 하던 긴데 지금은 그것마저도 불가능하다고. 여기 이 동네는 쪼매 해도 유림들이 맨들어 놓은 계가 참으로 많아. 결국 말하자면, 옛날 어른들이 참말로 이루어 받쳐 놓은 것들이 많다는 말이지. 우선 내 집안에는 첫째 좌도재 계가 있고…. 아니다! 그 위에, 좌도재계 이전에 송암계가 있

부상(父喪) 입비(立碑) : 어른이 돌아가시고 대상(大祥) 전에 유림들이 모여서 비를 세우는데, 여기 모인 사람들이 중절모를 쓰고 절을 하더라고. 사실 요즘에는 모자를 쓰고 절을 하면 실례인데, 이 사람들은 서양모자인 중절모를 갓 대용으로 생각하더라고.

다! 다음에 괴당계가 있고, 또 내려오면 좌동계, 그리고 임천정에 수산계, 겸수재에 후계(厚契). 겸수재계를 갖다가 후계라 하거든. 그냥 겸수재계라고도 한다. 그 다음에 수유당계가 있고…. 인자 막 들먹인 그 정도는 우리 일가들 돈이 아니라, 그거는 타성들 돈이야! 유림계가 그런 거거든. 일가들이 모이면 그건 종중이고, 타성바지 유림들이 모이면 그건 유림계란 말이다. 저런 거는 우리 맘대로 하지도 못해. 만성(萬姓 : 여러 성씨)이 와서 입계하면서 낸 돈으로 마련한 전답을 우찌 우리들 맘대로 하겠어. 입계할 때 입계비가 얼마다고 정해지진 않았지. 대개 보면, 내 같은 경우는 입계할 때 한 삼만원! 특수한 인연이 있을 때는 백만원 낼 수도 있겠지.

어르신도 외향에 출타하는 경우가 많으시겠어요?

고향에 살다 보면 외향에 출타하는 경우가 상당히 많아. 다른 문중이나 서원에 출입하는 경우가 일 년에 한 너댓(네댓) 번은 있지. 외향에 출타할 때마다 외양 갖추기가 아주 불편해. 아이~고! 내가 요새 차를 운전해야 되니께네 한복은 입되, 두루마기는 벗어서 옆자리에 놓고, 도포하고 유건은 가방에 넣고…. 목적지에 가서는 도포를 입고, 유건을 쓰고 들어가지. 예전에는 거의 다 갓 쓰고 그랬는데, 요샌 불편하다고 유건으로 대신하지. 갓 쓰고 출입하던 분위기가 언제쯤 사라졌는지 딱 집어서 말을 못하지만…. 어른 장례 때에 유림에서 비를 세우고 나서 묘역을 둘러볼 때가 기억나. 그때가 벌써 삼십 년 전인데…. 본양 유림에서는 일이 있을 때 갓을 쓰고 출입하는 게 원칙이라! 그런데 어른 묘역에 비석을 세울 때 여기 오신 어른들을 보면 중절모를 쓴 분들이 많이 있었지. 사실 우리가 모자를 쓰고 있을 때 절을 할 경우가 생기면 모자를 벗어야 되는 게

갓을 쓴 모습 : 내 회갑이 1991년인데 이듬해 8월 17일(음력 7월 19일)에 집사람과 함께 가까운 친척들만 초대하는 회갑잔치를 집에서 했지. 그때 차후를 생각해서 갓을 쓰고 사진을 한 장 찍은 기라! 혹시나 영정사진으로 쓸까 해서….

예법이지. 하지만 어른 비석을 세울 때 오신 사람들은 중절모를 쓰고 절을 하더라고. 이래 와 가지고 갓 대용으로 중절모를 쓰고 절을 한다고. 중절모는 서양 모잔데…. 그러니까 요새 야외행사에서는 중절모를 쓰고, 서원이라든지 실내행사에 가면 유건을 쓴다고. 야외 같은 데 보니까 어떤 사람은 갓 쓰고, 어떤 사람은 중절모 쓰고 있어. 실질적으로 저 사람들, 유림에서 볼 때는 중절모가 갓 대용이다 이렇지 뭐. 그러고 내가 한 십여 년 전에 성주 무슨 면이고…. 퍼뜩 안 올라 오노. 정한강[48] 하고 김동강[49]하고 있는 면인데…. 수류면! 거기 제를 드리러 갈 때 갓을 가갔어. 그날 갓을 쓴 사람이 둘이더라고. 내하고, 정한강 종손 정렴. 그 친구도 똑 내 맨쿠럼(처럼) 그러고 왔더라고. [허허~ 웃으시면서] 거기서 처음 인사를 했는데 자연스럽게 친해지더라고. 똑같이 지도 차 끌고 가고, 나도 차 끌고 가고, 갓은 뒤에 다 싣고…. 그래 인연이 되어가 같이 한 방에서 잤지. 그 뒤로 갓을 갖고 간 일이 거의 없어. 주로 유건을 가지고 다니지. 또 김동강 서원,[50] 내나 성주 넘어가 [경북 성주군 대가면 사도실 거길 갔는데…. 그때만 해도 전날에 갈 때거든. 전날 갔는데, 내가 정이 남다르고 해서 심산장(심산 김창숙의 생가)에서 잤거든. 심산 본가의 사랑채에서 잤는데…. 거도 보니까 역시 갓 쓰고 온 사람 몇 안 되더라고. 그날 헌관을 퇴계 종손이 했는데 갓 쓰고 왔고, 그 이웃에 사는 정한강 종손도 갓 쓰고 오고…. 그때부터 사살 갓이 퇴조를 하되. 우리 파조가 은암공인데…. 대종묘사를 지낼 때 도포 안 입은 사람은 아예 제단에 못 올라오게 하지. 그러니 요새 도시에 사는 아들도 그날 양복 입고 와도 마지 못해 도포를 걸쳐 입고, 유건을 둘러쓰지. 안 그러면 못 올라오게 한다고. 몇몇이 '어르신 이걸 바꿉시다!' 고 이러면, 내가 '그거 안 된다! 니들 입고 있는 도포를 보니까 오만원짜리네! 사만원짜리네!' 라고 그런다고. 요새 시장에 가면 나이론으로 만든 거를 오만원이면 좋은 거를 사요. 그놈은 구겨져도 다릴 필요도 없거든. 디리(대충) 감아서 가방에 넣었다가 내 입으면 되거든. 저놈들이 도포를 입으면 점잖아 지고, 못된 장난을 별로 안 한다고. 행동이 불편하니 술도 제멋대로 못 먹고, 바락도 못 지기고…. 내가 그걸 좋아해서 꼭 도포를 입히고 있어!

문중의 젊은 사람들에게, 가내 후손들에게 남기고 싶은 말씀 없으세요?

문중 젊은이들에게 '힘이 닿으면, 고풍을 그냥 지키라! 흔히들 개량하자는 소리를 하는데, 그런 말은 하지 말라!' 고 부탁하고 싶어. 부득이한 경우에는 할 수가 없어 개량해야만 되겠지만…. 좋은 예로서 홀기 같은 거. 우리 대종묘사도 홀기가 있는데…. 지금 한문으로 된 옛날 홀기를 내놓으면 읽을 사람이 몇이나 되겠나. 그러니 젊은이들이 이걸 개량하자는 기라. '내 죽고 나면 했지! 살아 있는 동안은 하지 마라!' 고 하지. 그 이유는 한글로 번역을 해가 읽으면…. 뜻은 알궤아듣는데(알아듣는데), 엄숙한 게 없어. 예를 들어서 집례가 '헌관단전궤(獻官壇前跪)'라고 하는 그걸 내나 우리말로 번역해서 읽으면 '절할 사람은 제단 앞에 꿇어앉으시오!' 라는 말이 된다고. 이렇게 하는 것하고, 옛날식으로 한문 홀기를 읽는 거가 다르다고. 그러기 때문에 종종 집안의 전통을 지키려고 애쓰는 사람이 나온다고. 그런 사람이 하나둘씩 나오면 되는 기라. 그들이 커 가지고, 또 대가 바뀔 때가 되면 또 나올 거라고 보지. 그러니 그때까지 끌고 나가란 말이지. 내가 문중 젊은이들에게 그리 시키고 있지. 집안 후손에게도 '옛날 전통을 최대한도로 이용하라! 얄궂게 바꾸지 마라!' 고 말하고 싶어. 우리 동네뿐만 아니라 다른 동네도 한학을 하는 사람들이 거의 다 끊겼지! 사실 그게 집안에서 가슴 아픈 일이 아닐 수 없지! 지금 그런 학과가 안 있나! 요새 젊은 사람들 한문하고, 옛날 사람들 한문하고 좀 다르더라고. 우리 집에도 지금 기미년생이면 팔십 몇이고? 천구백십구년생이면 지금 나이가 몇인가! 하여튼 택당 같은 이가 올해 여든여덟이 아닌가! 그 어른도 이제 정신이 가 버렸지. 어세 아래 나한테 눈물을 흘리면서 전화를 걸었더라고. 요기 대곡 설매실에 있는데···. 내외가 구십이 가까운 노인들인데···. '내가 도저히 여기 있을 수가 없다. 이제 못 견디고 아들을 따라서 서울로 간다. 죽어서나 고향에 올란가? 그 때나 보자!" 고 하직인사를 하는 전화가 왔더라고. 그 어른 떠나면 우리 집 일도 낭패라! 그러나 나는 또 좀 덜하기, 다른 집들은 우리 집카만(보다) 몇십 년 전에 다 떨어졌다고. 현대 학자는 지금도 많이 나오지. 옛날 고문서들은 요새 한학을 하는 사람들도 번역을 하겠데. 그리고 지 힘으로 안 되면 어데 가면 될 것이라는 걸 알겠지. 그렇게 해서라도 번역할 것 아니가! 나는 이렇게 보고 있어. 그런 거는 짜드라 겁을 안 낸다고. 내일 모레면 죽을 사람인데, 뭐 할 말이 있겠냐 만은···. 여기 이 동네는 금광이

나, 온천이 발견되면 발전할까? 그 이외는 발전될 것 같지가 않아! 나는 그리 봐요. 요새 사람들이 발전한다는 개념이 틀렸다고 봐. 지금 선진국에서는 자연 그대로 보존하는 게 발전인데, 이 나라는 어찌된 일인지 때려 부수는 게 발전이거든. 근께 난 이런 상태로 그냥 그대로 내버려 둬라! 제발 여기 길도 더 크게 내지 말고, 다른 시설도 하지 말란 말이다. 마을의 정체성을 확보할 수 있게 그냥 그대로 놔둬라. 집안의 고풍을 지 멋대로 얄궂게 바꾸지 말고…. 이게 옳은 발전이 될지도 모르는 일이 아니가! 얄궂게 바꾸지 않고 지켜 나가다 보면 그걸 이어 가려는 뜻을 지닌 젊은 사람이 반드시 나타날 것이라는 생각이 들어. 그래서 여기가 만성이 머리를 조아리는 우리만의 터전이 계속 유지될 것이라고 보는 거지!

주

1. 이백(李伯, 1297~?), 호(號)는 은암(隱庵).
2. 족보에 기록된 생일은 음력으로 7월 19일(양력 9월 1일)이다. 하지만 진주 도동국민학교 학적부, 진주농림중학교 학적부, 주민등록증 등에 기재된 생일은 양력 10월 19일로 되어 있다. 이를 음력으로 환산하면 9월 9일이 된다. 예전부터 집안에서는 음력 생일인 7월 19일을 챙겨왔던 점으로 볼 때, 양력 10월 19일은 중양절(음력 9월 9일)을 양력으로 환산하여 호적에 등재한 구술자 부친의 의도가 있었던 것으로 파악됨.
3. 이후동(李垕東, 1735~1802), 자(字)는 춘보(春甫), 호는 평촌(坪村).
4. 초명은 남기(南基), 자는 상부(尙夫), 호는 평암(平庵) 또는 평관(平觀).
5. 족보명은 이태식(李泰植, 1875~1951), 실명은 이태곤(李泰坤), 자는 자강(子剛), 호는 수산(壽山). 1919년 곽종석이 주동한 파리장서사건에 가담하여 왜경을 피해 도피생활을 할 수 있었던 것은 족보명과 실명이 달랐기 때문이다. 면우 곽종석과 심산 김창숙의 문집에 수록된 편지의 내용을 통해 이태곤과 이태식이 동일 인물인 동시에 독립운동에 기여한 공을 확인한 결과 지난 2004년 8월 15일 건국훈장 애족장를 수여받았다.
6. 본명은 종석(鍾錫, 1864~1919), 호는 면우. 경상남도 거창 출신으로 퇴계의 학문을 계승한 이진상(李震相)에게서 성리학을 전수받았다. 1919년 3·1운동이 일어나자 거창에서 김창숙과 함께 전국 유림들의 궐기를 호소하고, 파리만국평화회의에 독립호소문을 보내는 파리장서사건을 주동하였다.
7. 3·1운동이 일어나자 전국의 유림 대표 곽종석, 김복한 등 137명이 조선의 독립을 호소하는 유림단의 탄원서를 작성, 서명하고, 김창숙이 이를 상하이에서 파리의 만국평

화회의에 우송하였다. 그러나 일제 경찰에 의해서 발각되어 곽종석 이하의 유림대표가 대부분 체포되었고, 일부는 국외로 망명하였다.
8. 본명은 수(銖, 1890~1943), 호는 희당(希堂) 또는 창계(滄溪). 경상남도 합천 출생으로 곽면우의 문인으로서 파리장서사건에 참여하였다. 1927년에는 집근처에 창계정사(滄溪精舍)를 짓고 후학들에게 조선의 역사를 가르치다가 일본 경찰에 연행되어 추궁을 받다가 끝내는 단식을 하다가 1943년 향년 54세로 세상을 떠났다.
9. 군북역은 함안군 군북면 덕대리 14-30번지(경전선 삼랑진 기점 60.8km)에 위치한 보통역으로 1923년 12월 1일 마산~진주 간 경전남부선 개통에 따라 보통역으로 영업을 시작하였다. 1968년 2월 7일 진주~순천 간 개통(80.5km)으로 경전선으로 개칭하여 현재에 이르고 있다. 최초 영업 당시에는 여객과 소화물 수송을 많이 하였으나 육로교통의 발달과 인구의 감소 등으로 현재 소화물 취급은 하지 않고 있다.
10. 망경동은 진주군 섭천면 천전동 지역으로, 1914년 3월 1일 내동면 천전리라고 하였다. 1918년 5월 1일 진주면으로 편입되고, 도시화되면서 1932년 일제에 의해서 일본식 지명인 '명치정'으로 개칭되었다. 1949년 8월 15일에는 망경남동과 망경북동으로 분할되고, 1990년 4월 1일 망경동으로 통합되어 오늘에 이르고 있다.
11. 일제는 1910년 10월 1일 전국을 13도 12부 317군으로 나누는 지방행정구역개편을 시행하였다. 이에 따라 진주는 1925년 4월 경남도청이 부산으로 이전되기 전까지 경남의 도청소재지가 되었다. 사전에는 길가를 뜻하는 '도방(道傍)'이란 단어가 있지만, 여기서는 도청소재지를 뜻하는 '도방(道邦)'이란 단어로 사용된 듯하다.
12. 1912년에 일제는 진주성의 출입을 원활하게 하기 위하여 현재의 진주교 자리에 남강을 가로지르는 최초의 다리인 '배다리' 즉 '선교(船橋)'를 가설하였다. 그리고 1925년 4월 경남도청이 진주에서 부산으로 빠져나간 뒤에 주민 무마용으로 진주교의 전신인 옛 '남강 다리'를 1927년도에 만들었다.
13. 경상남도 사천시 용현면 선진리 왜성 안에 있는 공원. 선진리 왜성은 임진왜란 때 왜군들이 쌓은 성으로, 성을 쌓을 때 700여 그루의 벚나무 숲도 함께 조성하였다. 현재 공원 안에는 사천해전 때 승전을 거둔 충무공 이순신의 공을 기리기 위하여 세운 사천해전승첩기념비가 세워져 있다.

14. 베이스볼 즉 야구를 잘못 지칭한 것 같음.
15. 경상남도 사천시(泗川市) 곤명면(昆明面) 용산리(龍山里) 이명산 기슭에 있는 절로써 일제강점기에는 만해 한용운(韓龍雲)이 수도하고, 소설가 김동리(金東里)가 한 동안 머물면서 『등신불』을 쓴 곳으로도 유명하다.
16. 진주 도동초등학교 행정실에 문의한 결과 '1931년 10월 19일생 이종윤은 도동초등학교 제 16회 졸업생으로써 1946년도에 졸업했지만 정확한 날짜는 기록이 없어 알 수가 없다'고 하면서 '제15회 졸업생들은 1945년 3월 19일에 졸업식을 거행했다'고 부언을 하였음.
17. 螢の光 窓の雪　　　　　　　반딧불의 빛과 창밖의 눈으로
    書(ふみ)讀む月日重ねつつ　　책 읽는 나날을 보내노라니
    いつしか年もすぎの戸を　　　어느덧 세월이 흘러 삼나무 문을
    開けてぞ今朝は別れゆく　　　열고 오늘 아침에는 떠나간다네.

    止まるも行くも限りとて　　　남는 자도 떠나는 자도
    形見に思う千万(ちよろず)の　서로의 마음엔 천만가지의 생각들이 떠올라
    心の端を一言(ひとこと)に　　그 마음의 일단을
    幸(さき)くとばかり歌(うと)うなり 건강하라는 한마디 말에 담아 노래 부르네.
18. 진주산업대학교 교무처에 전화로 문의하였더니 만경동에 거주하던 1931년 10월 19일생 이종윤이 단기 4279(1946)년 9월 13일 진주농림중학교에 입학하였다'고 확인을 해줌.
19. 남자 주연은 김승호가 아니라 전창근(全昌根)임.
20. 한국전쟁 시기 북한군이 사용한 모터사이클은 독일군 'BMW-R-71'을 소련군이 카피 생산한 것이다. 이후 북한에서는 이 모터사이클의 카피형인 '천리마' 자체 생산하기도 하였다. 북한의 모터사이클은 제602 모터지크연대, 제603모터지크연대, 제12오토바이정찰연대 등에서 다양한 부대에서 운용했다. '모터지크'는 한국전 당시 북한에서 사용한 용어로 자료에 따라 '모타치클' '모터찌그' '모다치골' '모타찌그' '모터지크' 등 다양한 방식으로 표기되어 있다. 한국군에서는 사이드카를 장착한 모터사이클을 '사이드카' '사이도카' '모터지크 삼륜' 등으로 표기

하고 있는 것을 볼 수 있다.
21. 정일권은 1950년 삼군총사령관, 1954년 참모총장, 1956년 연합참모총장 등을 역임함.
22. 족보에 보면, 수산 어른이 타계한 날을 음력으로 1951년 11월 23일이라고, 기록하고 있는데 이를 양력으로 환산하면 1951년 12월 21일이 됨. 따라서 백일장을 지냈을 때 출상일은 양력으로 3월 30일이 됨.
23. 일제 때에 중국의 화북(華北)지방을 일컫는 지명.
24. 김황(金榥, 1896~1978)의 호. 곽종석의 문인이며, 김창숙(金昌淑) 등과 교유하였다. 1919년 고종의 인산(因山)에 참석하여 파리장서(巴理長書)를 기획하고, 비밀 연락을 맡았다가 제1차 유림단사건에 연루되어 옥고를 치루었다. 1926년 김창숙의 독립자금 모집에 협력하고 비밀모금운동에도 활동을 전개하였다. 1928년 내당(內唐, 지금의 경남 산청)으로 이거하여 강학을 시작하고, 이후로 1천여 명의 문인을 배출하였다.
25. 본명은 이진상(李震相, 1818~1886). 호는 한주(寒洲). 경북 성주 사람으로 곽종석(郭鍾錫), 허유(許愈), 이정모(李正模), 윤주하(尹胄夏), 장석영(張錫英), 이두훈(李斗勳), 김진호(金鎭祜) 등의 문인을 둔 구한말의 유학자.
26. 권용현(權龍鉉, 1899~1988)의 호는 추연(秋淵)이며, 1988년 1월 20일 경남 합천군 초계면 유하리에서 흔히들 우리나라 마지막이라고 일컫는 유림장(儒林葬)으로 장사를 지냈다.
27. 진주산업대학교 교무처에 문의한 결과 '1931년 10월 19일생 이종윤은 진주농림중학교 제38회로 1952년에 졸업을 했지만 원본이 훼손되어 정확한 날짜는 알 수 없으나 3월 11일로 짐작된다'고 알려줌.
28. 1936년 7월 철도강생회(鐵道康生會)는 철도노동자의 원호사업과 복지사업, 철도이용객에 대한 봉사 및 편의를 제공할 목적에서 설립되었다. 1943년에는 교통강생회로, 1967년 7월에는 홍익회(弘益會)로 각각 명칭이 바뀌었다가 2005년에 홍익회에서 유통분야가 분리되어 한국철도유통(韓國鐵道流通, Korvans)이 되었다.
29. 3선개헌은 1969년 대통령 박정희의 3선을 목적으로 추진되었던 제6차개헌이며, 여

기서는 1954년 11월 29일 초대 대통령에 대해서는 3선 금지조항을 철폐한다는 내용의 사사오입 개헌을 지칭함.
30. 본명은 하겸진(河謙鎭, 1870~1946). 자는 숙형(叔亨), 호는 회봉(晦峰), 본관은 진양(晋陽). 경남 진양군 수곡면(水谷面) 토곡리(土谷里)에서 재익(載翼)의 아들로 출생, 곽종석의 문인으로서 1919년 제1차 유림단(儒林團) 사건(파리장서 사건)과 1926년 제2차 유림단 사건에 연루되어 투옥되었다. 1931년 덕곡서당(德谷書堂)을 세웠고, 1938년 『동유학안(東儒學案)』을 저술하였다.
31. 첫날밤에 신방에 넣어 주는 주안상의 경남 사투리.
32. 본명은 성여신(成汝信, 1546~1632), 호는 부사(浮查)·부사야로(浮查野老), 남명(南冥) 조식(曺植)의 문인.
33. 본명은 이노(李魯, 1544~1598), 자는 여유(汝唯), 호는 송암(松巖), 남명 조식(曺植)의 문인. 1592년에 임진왜란이 일어나자 조종도(趙宗道)와 함께 귀향하여 의병을 일으켰다. 경상우도 초유사(招諭使) 김성일(金誠一)과 함양에서 만나 군사와 군량을 모았고, 그 종사관(從事官)으로 활동하였다. 저서로는 『용사일기(龍蛇日記)』『문수지(文殊志)』『사성강목(四姓綱目)』『송암문집』 등이 있다.
34. 『于亭集』卷二, pp. 9a~14b에 보면, 우정이 담원과 왕래하였던 서한으로 「與鄭薝園」 二首와 「答鄭薝園」 二首가 수록되어 있다.
35. 『于亭集』卷三, 「矗石樓重建記」, pp. 5a~6b에 보면 진주고적보존회(晉州古蹟保存會)에서 1956년 5월에 촉석루 중건계획을 수립하였고, 5년이 지난 1960년 10월에 루상에서 낙성식을 거행하였음을 밝히고 있다.
36. 정인보 선생은 1948년 대한민국 수립 후 초대 감찰위원장이 되었으며, 이듬해 4월 장관 임영신이 관련된 독직사건의 처리를 두고 이승만 대통령과 마찰을 빚어 사직하였다.
37. 이병주 『동서양 고전탐사』 2(생각의나무, 2002), p. 287에 보면, 이병주가 『사기(史記)』를 읽게 된 배경에 대해 나는 『사기』를 1961년 5월 말경 부산 영도경찰서의 유치장에서 읽기 시작했다. 성환혁 씨가 준 한문 원서는 학력이 모자라 읽을 수가 없었기 때문에 오다케 후미오(小竹文夫), 오다케 다케오(小竹武夫) 양인의 번역

서를 읽었다'라고 밝히고 있다. 이를 통해서 성환혁 즉 우정이 이병주를 면회 간 사실을 확인할 수 있었다.
38. 혼례식에 사고가 발생하였을 때 수습하는 일을 맡은 사람.
39. 제보자는 이병주의 소설 『지리산』을 『빨치산』으로 착각하고 있음.
40. '유솜'의 원명은 'USOM-K : United States Operation Mission to Korea('미국 대한경제사절단' 또는 '미국 대외원조처'라고도 불림)'이며, 1958년 6월 29일 주한 유엔군경제조정관실(OEC : Office of Economic Coordination)이 'USOM-K'로 개편되었다.
41. 부산광역시 동래구 있는 해발 117m의 옥봉산 북동쪽에 있는 명장정수장을 지칭함.
42. 성지곡(聖知谷)은 부산광역시 부산진구 초읍동 북쪽에 위치한 백양산(641.5m)에서 발원하는 동천(東川)의 상류계곡이며, 성지곡수원지는 이 계곡을 개발하여 조성한 우리나라 최초의 근대적인 상수도 수원지로서 1907년 일본인들에 의해서 착공되었고, 1909년에 완공되었다.
43. 마산 중앙부두 앞 바다에 김주열 열사의 시체가 떠오른 날은 1960년 4월 11일임.
44. 손성수는 제 14대 마산시장으로 재임한 기간은 1961년 10월 2일부터 1963년 7월 25일까지이다.
45. 역대 진주시장 중에서 휴전 후인 1953년 11월부터 1957년 11월까지 역임한 인물은 김용주 시장이다.
46. 특이한 것이 막내아들이라는 뜻의 '末子(말자)'를 쓰지 않고 '止子'를 씀.
47. 본명 이헌주(李憲柱), 호 중립(中立).
48. 본명은 정구(鄭逑, 1543~1620), 호는 한강(寒岡), 본관은 청주(淸州). 한훤당(寒喧堂) 김굉필의 외증손으로서 남명 조식과 퇴계 이황의 문하에서 성리학을 배운 광해군 때의 학자 겸 문신.
49. 본명은 김우옹(金宇顒, 1540~1603), 호는 동강(東岡), 본관은 의성(義城). 남명 조식의 문인. 기축옥사(1589) 때 정여립과 교분이 있어서 회령으로 유배되었다가 임진왜란으로 풀려났고, 한성부좌윤으로 재직 시(1599)에 유성룡을 위해 상소를 올려 억울함을 풀어 주었다.

50. 원명은 서원이 아니라 '청천서당(晴川書堂)'이다. 1729년에 세워진 '청천서원(晴川書院)'은 흥선대원군의 서원철폐령(1871)으로 폐쇄되었고, 심산 김창숙의 부친 김호림(金護林)이 '청천서당'으로 고쳐 세웠으며, 일제강점기에 김창숙이 세운 성명학교(星明學校)의 건물로 쓰이기도 하였다.

가계도

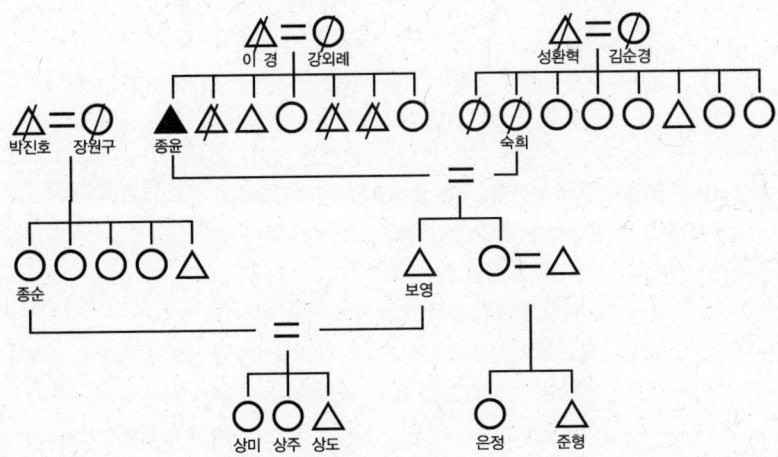

연보

1931년(1세)	7월 19일(음력), 경상남도 의령군 정곡면 오방리에서 부친 이경(李經)과 모친 강외례(姜外禮)의 장남으로 태어남.
1933년(3세)	10월 20일(음력), 둘째 동생 종해(鍾海)가 태어남.
1934년(4세)	집안에 '만' '작은 만' '삼만'이라는 종이 있었음.
1935년(5세)	1월 19일(음력), 셋째 동생 종삼(鍾三)이 태어남.
1936년(6세)	두 동생과 세 명의 사촌 형들과 함께 사진을 찍음.
1938년(7세)	사종 형들과 함께 재종조 수산 어른(본명 이태식)의 서실 임천정(臨川亭)에서 『천자문』을 읽었고, 제일 먼저 책거리를 함.
1938년(8세)	3월, 경남 의령군 정곡면 중교 소재의 정곡국민학교에 입학하였음. 3월, 가랑이가 따진 '돌띠 주구리(저고리)'에 검정고무신을 신고 학교를 다녔으며, 비가 오면 삿갓을 쓰고 짚으로 만든 우장을 걸치고 학교에 감. 5월, 학교에서 남쪽으로 일 키로 미터 떨어진 동산(현재 정곡농공단지)으로 봄 소풍을 감. 6월 10일(음력), 첫째 여동생 종란(鍾蘭)이 태어남. 경남 의령군 정곡면 정곡국민학교 1학년 담임선생의 함자가 최복갑이었음.
1939년(9세)	3월경, 경남 함안군 군북면 덕대리에 위치한 군북역에서 진주행 경전남부선 기차를 타고서 가족들과 함께 진주 초전동으로 이사를 감.

3월경, 경남 진주부에 있는 순 콘크리트 다리인 진주철교(본명은 남강교)를 처음으로 봄.

3월경, 경남 진주부 하대동에 위치한 도동국민학교 1학년으로 전학을 감.

4월경, 전학 가서 '돌띠 주구리'를 입고 학교에 다녔기 때문에 급우들로부터 '이나카투베(촌놈)'이라고 놀림을 당함.

4월경, 전학을 가서 검정색 윗도리와 반바지 그리고 검정색 스타킹으로 이루어진 교복을 처음으로 입음.

11월 29일, 넷째 동생 종헌(鍾憲)이 태어남.

봄, 초장동 동네 사람들이 상투를 틀고, 갓을 쓰고 다니는 아버지를 '국단지'라고 놀리는 소리를 들었음.

봄, 출석을 부를 때 창씨개명한 이름인 '아사노 쇼링(朝野鍾崙)'으로 불림.

가을, 운동회를 시작하기 전에 운동장에서 전교생들이 '라디오 다이소우'(라디오체조)를 들으면서 맨손체조를 함.

백부가 진주 명치정에서 '교남상회'라는 지물포를 운영하였음.

진주역에서 진주법원까지 2.5키로 미터의 거리를 '종로'라고 하여 차량 한 대가 두 바퀴만 올리고 다닐 수 있도록 포장되어 있었음.

사촌 종국(鍾國) 형의 등에 업혀서 진주 미우라 극장에서 들어가서 '미야모도 무사시(宮本武藏)라는 일본 극영화를 처음으로 봄.

1940년(10세) 5월, 소풍을 가면 제일 선호한 군것질이 연필 모양으로 긴 껌이었고, 솜사탕 장사와 같은 잡상인들이 반드시 따라옴.

5월, 콩고물을 묻힌 주먹밥이나, 주먹밥에 김을 둘둘 말은 김밥을 종이로 싼 다음 보따리에 싸서 메고 소풍을 감.

5월, 잘사는 집에 아이들은 니쿠사쿠(배낭)를 메고, 허리에는 납작한 물통을 차고 소풍을 갔음.

1942년(12세) 2월 15일, 도동국민학교에서 일본군이 싱가포르를 함락한 날을 기념하

	기 위하여 전교생에게 흰 고무공을 하나씩 나누어 줌.

기 위하여 전교생에게 흰 고무공을 하나씩 나누어 줌.

가을, 운동회 때 달리기, 공굴리기, 기마전, 오자미 던지기, 릴레이 경주 등의 종목이 있었음.

고무공이 터지면 자전거방에 가서 때운 다음 고무공 배꼽에 주사기바늘을 찔러 가지고 자전거펌프로 바람을 넣음.

동네에서 야구, 종이때기, 구슬치기, 자치기, 술래잡기 등의 놀이를함.

1943년(13세) 5월, 사천군 용현면 선진리에 있는 선진공원으로 소풍을 갔는데, 그곳에서 처음으로 바다를 보았음.

가을, 보자기를 들고 학교 근처의 야산으로 솔방울을 주우러 다님.

겨울, 바게쯔(양동이)를 들고 학교 창고로 솔방울을 배급받으러 다님.

1944년(14세) 3월 24일, 다섯째 동생 종오(鍾五)가 태어남.

봄, 국민학교 오학년 때부터 담임선생님이 일주일에 벌점카드 열 장씩을 줌.

1945년(15세) 7월 이전, 학교에서 삼사 키로 떨어진 야산으로 관솔을 채취하러 감.

8월 3일(음력 6월 26일) 고향에서 할머니가 세상을 떠남.

8월 12일경 할머니 초상을 마침.

8월 15일, 징병 영장을 받은 사촌 종구(鍾球) 형이 '일본이 졌다!'는 소식을 전해 듣고 군에 가지 못함을 슬퍼하면서 우는 모습을 봄.

8월 15일 이전, 아버지가 보국대 통지서를 받고 머슴을 대신 내보냄.

8월 15일 이후, 일장기 위에 검은 먹으로 태극기를 만든 것을 처음 봄.

10월, 근 한 달간 휴교했던 학교가 개학하자 등사판으로 민 교재로 태극기 그리는 방법과 한글을 배움.

10월, 구주탄광으로 징용을 갔던 외삼촌이 돌아옴.

1946년(16세) 3월경, 진주 도동국민학교 제 16회로 졸업할 예정이었지만, 해방이후 한글을 가르칠 목적에서 졸업이 늦어짐.

6월 26일, 진주 도동국민학교 졸업.

9월 13일, 진주농림중학교 입학.

	9월 13일, 진주농림중학교 입학생들 중에서 한 반에 대여섯 명은 지역 사회 유지의 자제로 구성된 보결생이었음.

9월 13일, 진주농림중학교 입학생들 중에서 한 반에 대여섯 명은 지역 사회 유지의 자제로 구성된 보결생이었음.

진주농림중학교 다닐 때 동기생 칠팔 명이 적십자 뱃지를 달고 다니는 일명 '적십자 멤버'를 조직하였음.

교복모자의 본래 창을 떼어 버리고 마분지로 큰 창을 만들어 붙인 다음 포마드나 들기름을 붓고 담뱃재로 반짝반짝 윤이 나도록 문질러서 쓰고 다님.

1947년(17세) 2월경, 전창근 주연의 '자유만세'를 진주농림중학교 적십자 멤버들이 단체로 관람함.

4월 22일, 막내 여동생 종화(鍾和)가 태어남.

학교에서 껄렁껄렁 불량기가 있어 보이는 학생들을 일명 '까다'라고 부름.

가을, 당시 남학생은 여학생 교복을, 여학생은 남학생 교복을 입고 사진 찍는 것이 유행이라서 친구와 함께 진주여중 교복차림으로 사진을 찍음.

1948년(18세) 여름, 영천 송순건의 집으로 놀러갔다가 사진관에 가서 광한루 배경 앞에서 영화 '춘향전'의 이도령 복장을 하고 친구 여동생과 함께 사진을 찍음.

1949년(19세) 9월, 진주농림중학교 3학년부터 교련수업을 받음.

10월 27일, 지리산 빨치산 진주 습격.

1950년(20세) 6월 11일(음력), 사촌 종진(鍾震) 형이 세상을 떠남.

7월 13일, 군에 입대한 동기생을 축하하고자 교실에서 기념사진을 찍음.

7월 13일 이후, 넷째 동생 종헌을 데리고 합천 외가로 피난을 감.

7월 말, 외증조부의 호통에 못 이겨서 다시 의령 오방리 고향으로 감.

8월, 고향에 인민군이 들어오자, 전 식구(아홉)와 사촌 종국(鍾國) 형의 식구들과 함께 창녕 성씨들의 집성촌인 제립재 고모 집으로 피난을 감.

8월, 사촌 종국(鍾國) 형 내외와 함께 마을 뒷산을 넘어 다니면서 제립재 식구들에게 양식을 공급함.
8월, 제립재 고모 집에서 다시 설매실 무곡 할배 집으로 피난을 감.
9월, B29가 진주시를 융단폭격하는 장면을 보고 설매실로 다시 돌아옴.
9월, 설매실 무곡 할배 집에서 진주 만경북동 집으로 돌아옴.

1951년(21세) 봄, 사변 이후 처음 학교가 소집되어 갔더니 운동장에 9연대가 주둔하고 있었음.
봄, 동기생 조항래가 중위 계급장을 달고 복학을 함.
9월 25일, 진주농림중학교 5학년에서 진주농고 3학년으로 자동으로 편입학(1951. 9. 1. 진주농림중학교가 3년제 농림고등학교로 개편됨).
12월 21일(음력 11월 23일), 재종조 수산옹이 돌아가셔서 백일장을 지냄.
겨울, 학도호국단 감찰부 요원으로서 11사단 9연대 특무상사들과 친하게 지내면서 남강 도하훈련도 빠짐.
국군이 인민군에게서 노획한 세 발 달린 사이도카를 얻어 탈 요령으로 진주특무대 상사들과 친하게 지냄.
진주에 있는 진주고등학교, 진주사범학교, 진주농림학교가 진주고등학교 운동장에 모여서 분열식 경합을 벌림.
얼룩무늬 교련복과 각반을 개인적으로 구매함.
친구들 하숙집에서 탁주와 사이다를 혼합한 '탁사이주', 소주와 탁주를 혼합한 '소탁주'를 만들어 나누어 마심.
진주농림중학교 운동장에 주둔하고 있던 9연대가 '지리산 빨치산 두목 강규찬 두'라는 명패를 단 알콜병에 강규찬의 머리를 넣어 전시함.

1952년(22세) 3월 11일, 진주농림학교 졸업(제38회)함.
3월 30일 이전, 수산의 장례식에 문상을 온 조문객들이 전직환에게만 사(詞)를 보여주면서 만장(輓章)을 써주도록 부탁함.

3월 30일, 재종조 수산 어른의 출상 때 조문객이 1,500여 명이나 되었고, 호상을 보았던 중재(重齋) 김황(金榥)이 누런 황소를 타고 상여를 따름.
4월, 부산시청에 근무하던 사촌 종국(鍾國) 형의 집으로 들어감.
4월, 성균관대학 정외과에 입학하여 동대신동 임시교사에 등교함.
4월, 사촌 형수가 권하여 처음으로 깡통맥주를 사발에 부어 마심.
봄, 처음 다방에 들어가 카운터에 가서 직접 커피를 주문하고, 나중에 직접 커피값을 냄.
여름, 해양대학을 다니는 윤한포와 함께 모교인 진주농림학교를 방문하여 담임선생과 시공담당 선생을 만나 사진을 찍음.
가을, 사촌 형수와 함께 부산에 있는 양복점에 가서 밀양모직 제품의곤색 양복지로 '료마이(兩前, 더블 양복)' 한 벌을 맞춰서 입음.
진농 동기생 정현문과 윤한포가 병역관계로 인하여 일본으로 밀항함.

1953년(23세) 9월, 휴전에 따라 성균관대학이 혜화동 본 교사로 환교하자, 진농 동기생인 이명길과 함께 서울역 뒤 만리동에 방을 하나 얻어 자취를 시작함.
9월, 등교할 때는 남대문에서 혜화동까지 전차를 탔으며, 하교할 때는 종종 피카디리와 단성사에 들어가 서부영화를 봄.
9월, 쌀과 부식은 진주에서 가져다 먹었고, 배추를 사다주면 주인집 할매가 종종 김치를 담가 주었음.
겨울, 서울역에서 흘러나오는 갈탄을 조금씩 구매하여 조개탄을 만들어 난방을 함.

1954년(24세) 2월, 혼례 날짜가 정해지자 진주 만경동 집에서 고모부의 집례로 관례를 올리면서 '치숭(致崇)'이라는 자(字)와 유건(儒巾)을 받음.
3월 초, 1학기 등록을 하고, 학생증에 날인만 받았을 뿐 강의를 수강하지 않고 부산 사촌 종국(鍾國) 형의 집으로 내려감.
3월 중순, 우정 성환혁의 차녀 숙희와 경남 진양군 수곡면 효자리 처가에서 혼례를 올릴 때 친척, 친구들로부터 큰 거울과 밥상을 선물로 받음.

3월 중순, 우인 대표 20여 명이 축사를 읽자, 처족들이 우인 대표를 '우환 대표'라고 부르면서 앞마당에 떡국 한 솥을 가져다가 대접함.

3월 중순, 처가에서 이틀 밤을 자고 나온 다음에 장인의 서실인 열천정(洌泉亭)으로 나가 하룻밤을 자고 처가로 재행을 함.

3월 중순, 혼례를 올리던 날 처가에서 신랑과 그 친구들이 불량타는 소문을 듣고 신랑의 모교 은사 이병주를 대방(大房)으로 앉혀 놓음.

4월, 부산 사촌 종국(鍾國) 형의 집에서 놀면서도 군대는 가기가 싫어서 연락선을 타고 제주도로 감.

4월, 제주도에 있는 경비부 사령관 관사에 가서 몇 개월 놀다 옴.

9월, 부산시 재무과 용도계장으로 근무하는 사촌 종국 형의 주선으로 부산시 건설국 수도과에 임시직 공무원으로 근무함.

11월, 혼례를 올리고 육 개월이 지나서 신부가 진주 만경북동 시댁으로 신행을 하여 시부모에게 현구례(見舅禮)를 올림.

12월 15일(음력, 양력 1955년 1월 8일), 내자가 진주 만경북동 본가에서 아들 보영을 낳자 어머니가 손수 산후조리를 해줌.

1955년(25세)　2월, 부산 영주동 손방에서 아들과 함께 세 식구가 신혼살림을 시작함.

1956년(26세)　9월 25일, 부산시 건설국 수도과 임시직 공무원으로 촉탁됨

10월, 유솜을 통해서 들어온 폴란드제 시멘트들 중에서 일부 굳은 시멘트를 여자 일꾼을 대어 망치로 두드려 깬 다음 채로 걸러서 씀.

1957년(27세)　명장 저수장에서 영주동 배수지까지 관로확장을 하면서 유솜을 통해들어온 독일산 칠백 미리 주철관을 부산 안락동 현장에 처음으로 포설함.

빠에서 술을 마시면 뜨내기 사진사들이 사진을 찍은 다음에 보내주겠다고 주소를 가르쳐 달라거나, 그 다음에 또 가면 돈을 내라고 생떼를 씀.

1958년(28세)　5월 23일(음력), 부산 영주동에서 딸을 낳음.

1960년(30세)　3월 15일, 부산시 임시직 공무원으로 근무할 당시 거주지 투표소에 배치되어 투표자를 네다섯 명씩 예닐곱 차례 데리고 들어가 공개투표를 함.

5월, 3·15부정선거와 4·19 이후에 마산시청에서 집기가 부족하여 부

	산시청에 창고에 보관되어 있던 낡은 집기류를 수리하여 보내줌.
	10월, 장인 성환혁이 사변 때 폭격으로 소실된 촉석루 중건 낙성식을 맞이하여 「촉석루중건기(矗石樓重建記)」를 찬(撰)하고 서(書)함.
1961년(31세)	7월 1일, 마산시 건설과 임시적 공무원으로 촉탁됨.
1962년(32세)	병적지인 고향에 가서 두 달간 식목사업을 하고 병역을 면제받았던 산림녹화사업단에 참여하여 병역문제를 해결함.
1963년(33세)	2월 1일, 마산시 건설국 수도과 노무원으로 근무함.
	3월 18일, 병역문제가 해결되자 마산시 건설국 수도과 정규직 공무원인 지방토목기원보로 발령을 받음.
	한일합섬 부지 육만 평을 측량함.
1964년(34세)	3월 27일, 마산시 건설국 수도과 정규직 공무원인 지방토목기원으로 발령을 받음.
	6월 29일, 마산시 건설국 수도과 정규직 공무원인 지방토목기사보로 발령을 받음.
	한일합섬 부지 육만 평을 맞추라는 시장의 시자에 따라 경남 마산시 양덕동 222번지 일대를 측량함.
1965년(35세)	일일 생산량이 5천 톤 규모의 웅남취수탑 공사를 시작함.
	부친의 서실(書室) '수유당(收楡堂)'을 낙성함.
1966년(36세)	1월 한일합섬이 양덕에서 가동을 시작함
	6월 16일(음력), 장인이 세상을 떠남.
1967년(37세)	1월 10일, 진주시 수도과 지방토목기사로 발령을 받음.
	1월 13일, 진주시 수도과 공무계장으로 발령을 받음.
1968년(38세)	여름, 진주시청에 근무하는 부시장, 과장들과 함께 남강으로 천렵을 나가 투망질로 잡은 피리와 은어를 그 자리에서 회로 먹음.
	겨울, 진양호 담수 이전에 엽총을 메고 남강 강변에 있는 수수밭으로 토끼사냥을 나아가 잡아오면 중국집에서 직원들과 회식을 함.
	겨울, 토끼가 해열제로 좋다는 속설이 있어서 사냥을 나가서 토끼를 잡

	으면 어린 아이들이 있는 직원들에게 나누어 줌.
1969년(39세)	4월 13일(음력), 사촌 종국 형이 세상을 떠남.
1970년(40세)	2월 11일, 진주시 건설과 토목계장으로 발령을 받음.
	5월 23일, 둘째 종해(鍾海)가 세상을 떠남.
	7월 3일, 진주시 수도과장 직무대리로 발령을 받음.
	가을, 총무처에서 실시하는 사무관 승급시험을 대비하기 위해 진주시청 직원들의 묵인 하에 청진동에 여관을 잡아 놓고 한 달간 종로학원을 다님.
1972년(42세)	10월 16일, 진주시 수도과장으로 발령을 받음.
1973년(43세)	2월 13일, 진주시 수도과장과 건설과장을 겸직함.
	2월 26일, 진주시 건설과장으로 발령을 받음.
	10월, 장인의 문집인 『우정집(于亭集)』(3冊)이 발간됨.
1974년(44세)	2월 5일, 밀양군 건설과장으로 발령을 받음.
	10월 21일, 진주시 수도과장으로 발령을 받음.
1975년(45세)	8월 15일, 육영수 여사 일주기 분향소가 진주시청에 마련되자 사무관급 이상의 안식구들로 구성된 '화익회'의 회원들이 시장 마누라의 인솔로 참배함.
1977년(47세)	8월 4일, 마산시 구획과정으로 발령을 받음.
1978년(48세)	5월 11일, 마산시 수도과장으로 발령을 받음.
	8월 12일(음력), 부친이 세상을 떠나 28일장을 치름.
1979년(49세)	8월 12일(음력), 부친 소상을 맞아서 『평암집(平庵集)』(3冊)을 발간하고, 묘역에 비석을 세움.
	10월, 낙동강 용수를 끌어올 계획을 수립하기 위해 일본, 캐나다, 미국 등 3국을 시찰함.
1980년(50세)	8월 12일(음력), 부친 삼년상 탈상.
	낙동강에서 마산시, 창원시, 진해시가 합동으로 일일 이십만 톤을 취수할 수 있는 남지취수장 건설계획을 수립함.

1981년(51세)	1월 31일, 아들이 결혼을 함
	7월 16일, 첫째 손녀 상미(相美)를 봄
	11월 1일(음력), 모친이 세상을 떠나 9일장을 치름.
1982년(52세)	7월 18일, 딸을 시집보냄.
	11월 1일(음력), 모친 소상.
1983년(53세)	3월 27일, 공무원 20년 장기근속을 하였기에 때문에 표창을 받음.
	5월, 마산시청에 사표를 내고 양덕동 집을 처분하고 고향으로 들어감.
	5월, 아들 내외가 서울로 이사를 감
	11월 1일(음력), 모친 삼년상 탈상.
1984년(54세)	3월 4일, 외손녀를 봄.
	5월 29일, 둘째 손녀 상주(相珠)를 봄.
1986년(56세)	2월 27일(음력), 손자 상도(相道)를 봄.
	12월 24일, 외손자를 봄.
1987년(57세)	6월 12일(음력), 넷째 종헌(鍾憲)이 세상을 떠남.
1992년(62세)	7월 19일(음력), 아내의 화갑년을 맞아 고향 집에서 회갑잔치를 함.
1993년(63세)	6월 28일(음력), 장모가 세상을 떠남.
1995년(65세)	6월 18일(음력), 사촌 종구(鍾球) 형이 세상을 떠남.
2000년(70세)	2월 17일, 다섯째 종오(鍾五)가 세상을 떠남.
	3월, 큰손녀가 이화여자대학교 사범대학 수학교육과에 입학함.
2003년(73세)	3월, 둘째 손녀가 서울대학교 사범대학 생물교육과에 입학함
2004년(74세)	2월, 큰손녀가 이화여자대학교 사범대학 수학교육과를 졸업함
	3월, 손자가 경희대학교 문리과대학 이학부에 입학함.
	3월, 큰손녀가 서울 대림중학교 수학교사로 발령을 받음.
	5월 14일(음력), 부인이 뇌출혈로 세상을 떠남.
	8월 15일, 재종조 수산 어른(성명 이태식)이 사후에 국가로부터 독립유공자로 인정을 받아서 건국훈장 애족장을 수여함.
2005년(75세)	5월 14일(음력), 아들이 부재모상(父在母喪)이라 기년(期年) 탈상함.

2007년(77세)   2월, 둘째 손녀가 서울대학교 사범대학 생물교육과 졸업함. 3월, 둘째 손녀가 경기도 남양주시 양오중학교 과학교사로 발령을 받음.